21 世纪高等教育
经济管理类双语系列教材

ECONOMIC MANAGEMENT

Macroeconomics

宏观经济学

（双语版）

◎ 杨柏 邹小勤 主编

◎ 陈银忠 朱菊芹 刘祥艳 副主编

人民邮电出版社
北京

图书在版编目（ＣＩＰ）数据

宏观经济学：双语版 / 杨柏，邹小勤主编. -- 北
京：人民邮电出版社，2013.9（2015.1重印）
21世纪高等教育经济管理类双语系列教材
ISBN 978-7-115-32516-7

Ⅰ. ①宏… Ⅱ. ①杨… ②邹… Ⅲ. ①宏观经济学－
双语教学－高等学校－教材 Ⅳ. ①F015

中国版本图书馆CIP数据核字(2013)第189724号

内 容 提 要

《宏观经济学（双语）》是一本创新型的双语教材。在借鉴了中外诸多教材的基础上，本书内容深
度定位于初级到中级之间，以凯恩斯主义宏观经济学为主线，内容既包含了宏观经济学的主流理论，
又反映了中国经济发展中的一些规律性内容。

本书共分为 8 章，第一章为导论，介绍研究方法与研究内容；第二章为宏观经济均衡理论，介绍
宏观均衡的含义及总需求—总供给模型；第三章为国民收入核算理论，介绍主要的宏观经济衡量指标；
第四章为产品市场和货币市场的均衡，主要内容是分析这两个市场的同时均衡；第五章为失业与通货
膨胀，分析失业与通胀的类型与形成；第六章为经济周期与经济增长，介绍经济周期的划分和主要的
经济增长模型；第七章为宏观经济政策，主要介绍财政与货币政策；第八章为开放经济与对外经济政
策，主要介绍目前世界经济格局，分析中国对外经济的经验。

本书可供高等学校经济类、管理类各专业开设宏观经济学双语课程使用，也可作为高职高专和经
济学爱好者的自学教材。

◆ 主　　编　杨　柏　邹小勤

　　副 主 编　陈银忠　朱菊芹　刘祥艳

　　责任编辑　刘　琦

　　责任印制　沈　蓉　杨林杰

◆ 人民邮电出版社出版发行　　北京市丰台区成寿寺路 11 号

　　邮编　100164　　电子邮件　315@ptpress.com.cn

　　网址　http://www.ptpress.com.cn

　　北京艺辉印刷有限公司印刷

◆ 开本：787×1092　1/16

　　印张：14.75　　　　　　　　2013年9月第1版

　　字数：245千字　　　　　　　2015年1月北京第2次印刷

定价：52.00 元

丛书序

经济全球化的发展，使各国家和地区之间的联系越来越紧密，开展和推进双语教学对高等教育国际化的重要性和迫切性日益凸显。为了培养满足现代社会要求的复合型人才，双语教学已经成为现代高等教育中不可或缺的重要部分。教育部颁发的《关于加强高等学校本科教学工作提高教学质量的若干意见》中明确提出，要在高校积极推动使用英语等外语进行教学，其中还提到"本科教育要创造条件使用英语等外语进行公共课和专业课教学"。双语教学就是实施双语教育的手段，它强调的是在非语言学科中用外语上课，目标是培养既有丰富专业知识，又精通外语的国际型人才。目前，这已经成为高等教育改革的热点，同时也是高等教育改革的一个重要方向。

经济管理类专业作为涉外性、应用性、实践性强的专业类型，在专业中会广泛地应用到相关的英语专业术语，日常操作规范、法律、法规以及国际惯例等也都以英文文本形式出现。在经济管理类课程教学中采用双语教学，能较快地提升学生的外向型综合素质、开拓视野、提高竞争力。不仅能使培养出的经济管理类专业人才更贴近培养目标，还能使专业发展与国际接轨，提升教学内容的科学性、前瞻性，让培养出来的学生能够在以后的工作中按照国际规则行事，提升工作的国际化水准。特别是在经济金融全球化的背景下，大批具有国际化视野、与国际接轨的高级经济类专业人才是我国境内跨国机构的主要雇用人员，我国企业也将随着中国"走出去"战略的实施，需要派出大量的人才到国外分支机构进行日常管理与运营。因此，培养国际化的人才是经济管理类专业进行人才培养的迫切要求，而实施双语方式教学将是高校进行国际化人才培养的一个重要实现方式。

然而，高等院校专业课双语教学在实施过程中也遇到了一系列的问题，在教学师资对象内容、教材等方面仍存在一定的问题，导致教授内容的深度和广度受到了限制。双语教学不只是教学语言的改变，它还有三方面的作用：传授专业知识，传授英语知识，训练专业方法和英语的应用技能。因此对高校来说，要想成功地进行双语教学，首先需要改变传统的教育思想和教学方法，使教育、教学更接近世界先进水准。也正是基于这个原因，很多高校选择使用英文原版教材，但是经过多年教学发现，英文原版教材在我国高校教学使用中的缺陷也很突出。原版教材的作者一般以其母国为背景，所以编制的教材不涉及我国国情，教师在教学中就需要对教材进行重新加工，提供适合我国国情的相关案例、资料和思考讨论题，以启发学生对相关理论、规律、法规的适用性的思考，这无疑大大地加重了教师的负担。如果能够开发一套适合我国经济管理类专业教学规律的优质双语教材，就可以解决目前双语教学的困境。可见，编写优质的双语（英文）教材，不仅是我国高校双语教学的迫切要求，也是我国高校教师的历史责任。正是基于以上原因，我校组织了经济管理类专业核心课程的优质师资力量，编写了这套"21世纪高等教育经济管理类双语系列教材"。这套教材采用"中文内容，英文批注"的形式，巧妙地将内容讲解和英语教学结合起来，既降低了学生对专业知识理解的难度，又实现了教师对英文内容的讲解和传授。

雨果说：当一种观念的时代已经到来，没有什么力量能够阻挡它。双语教学的模式从过去到目前一直是一个充满争议的话题，但我们相信，双语教学的时代已经到来，所以希望通过积极的尝试，能够更好地融入这个双语时代，尽管这个过程将注定充满曲折。

丛书编写组

前　言

FORWARD

如何进行经济学的双语教学？如何编写（译）经济学的双语教材？

面对这对"孪生"问题，目前国内的经济学双语教学主要采用"拿来主义"：选定好英语原版教材，使用原版配套的英语教学课件外加汉语讲授。如果说有些改变的话，是有些老师将原版英语教材的某些语句或词汇作些汉语批注；将英语教学课件汉语化；对课堂教学的英语讲授要求达到一定的比例。尽管有了这些变化，由于没有经济学基础，初学者在使用英语原版经济学教材时，总是一时难以找到经济学的感觉，语言的障碍是在所难免的。虽然有学者说直接阅读英语原版经济学教材能更好地理解内容，但这需建立在对经济学有一定的理解基础之上。基于此，有人就否定双语教学，认为通过汉语对初学者传授经济学知识会更方便、有效，于是就选用翻译版或是国内学者编写的教材。在尝试了以上两种教学模式后，我们深感各有不足之处。难道"鱼和熊掌"就那么难以兼得吗？能不能在这二者之间作出一个恰当的取舍和兼顾，取得双赢的效果呢？经济学上讲，人们的决策总是面临权衡取舍（Trade-off）；最佳的决策不是非此即彼，而是在边际上。正是基于以上考虑，我们决定结合平时的教学经验，编写一部新式的双语教材。

在编写过程中，我们的指导思想如下。①分清经济学教学中的"道"与"术"。我们认为，重要的是传"道"：要对初学者准确地讲授经济学的基本原理，使其真正领悟其中的经济学思想。语言只是传"道"的方式与手段，属于"术"的层面。对于初学者，我们用师生都更熟悉的语言将老师理解深透的原理讲授给学生，不啻为一种便捷的方式。只有跨过了这一步，才能更好地帮助学生将现代经济学的思想接上"地气"——解释身边的现象，演绎"中国的故事"。②经济学思想和语言相互促进。先用汉语领悟思想，在此基础上掌握外语表达，再进一步阅读外语文献来促进思想认识的加深。我们的目标是：争取使学生能够用汉语和英语自如地表达现代经济学的思想，相互促进，获得双赢。③立足生活，结合现实；放眼世界，接轨国际。使学生能够在准确掌握经济学思想以后，自行阅读经济学外文文献，并能有效运用国外的经济学思想和理论分析、解决国内现实问题。总之，我们既不"为双语教学而双语"，也不为抵制双语教学而"将孩子和脏水一起倒掉"。

基于这一指导思想，本教材的主要做法如下。

（1）我们首先用汉语编写教材，然后选出教材中部分内容，如原理性的语句、专业术语等译成英语，批注旁边。这样，在学习经济学原理的同时，又顺便学习并掌握了专业英语。

（2）每章开头都以案例为引导，增强感性认识，再进入理论的讲解。

（3）每章开头都有本章内容提要，并列出重要的专业术语，每章末都有本章小结。

（4）在专题内容章节中增加了相关知识点的国内外案例分析，特别加大了国内的案例分析。

（5）针对中国学生数学基础普遍较好的特点，适当增加了一些便于深入理解经济学原理的数学推导。

本书作者写作分工如下：第一章、第二章由刘祥艳编写；第三章、第四章、第五章由陈银忠和朱菊芹编写；第六章、第七章、第八章，由杨柏和邹小勤编写。其中杨柏和邹小勤负责全书的统稿工作，朱菊芹和刘祥艳承担了编译部分的审稿事宜。

在编写过程中，我们充分发挥学校的资源优势，参与编写的既有讲授西方经济学多年的一线老师，又有海外留学归来的新生代教师，还有具备经管背景知识的专业英语老师。通过选择这样的编者队伍，力争保证书稿经济学思想的准确性和英语表达的规范性。

在本书的编写中，我们也借鉴了众多国内外同行的相关著作和教材。在此，谨向这些专家和学者表示感谢。

双语教学的模式与教材的编写，目前以至将来都还会是一个充满争议的话题，将一直处于研讨中。因此，鉴于理论研究不够深入，加上编者水平有限，书中难免存在一些缺点和错误，恳请各位专家和读者不吝指教。

编　者

2013 年春于四川外国语大学

目 录

CONTENTS

第一章 导论 1

    第一节 经济学分类 3

        一、宏观经济学 3

        二、微观经济学 4

        三、宏观经济学和微观经济学的关系 5

    第二节 宏观经济学的发展历史 6

        一、1929 年 ~ 1933 年大萧条大危机时期 6

        二、20 世纪 50 ~ 60 年代西方经济发展的黄金时代 6

        三、20 世纪 70 年代经济滞胀 6

        四、20 世纪 80 年代 6

    第三节 宏观经济学的研究对象和研究方法 7

        一、宏观经济学的研究对象 7

        二、宏观经济学的研究方法 8

    本章小结 9

    综合练习 10

第二章 宏观经济均衡理论 11

    第一节 宏观经济均衡及其实现 12

        一、总供给与总需求 12

        二、总需求决定总供给 13

        三、宏观经济均衡的实现过程 15

    第二节 总支出函数 16

        一、消费函数和储蓄函数 16

        二、投资函数 20

        三、总支出函数 21

        四、总支出的变动 22

    第三节 乘数理论 23

        一、乘数理论 23

        二、政府收支条件下的乘数 25

三、乘数的运用　　　　　　　　　　　　27

第四节　总供求均衡　　　　　　　　　　28

一、总需求曲线　　　　　　　　　　　　28

二、总供给曲线　　　　　　　　　　　　31

三、总需求—总供给模型　　　　　　　　32

本章小结　　　　　　　　　　　　　　　35

综合练习　　　　　　　　　　　　　　　36

第三章　国民收入核算理论　　　　　　　39

第一节　宏观经济运行　　　　　　　　　41

一、国民经济　　　　　　　　　　　　　41

二、国民经济与宏观经济的关系　　　　　41

三、宏观经济运行的基本条件　　　　　　42

第二节　国内生产总值　　　　　　　　　44

一、国内生产总值的内涵　　　　　　　　44

二、国内生产总值的计算方法　　　　　　45

三、两种国内生产总值的恒等关系　　　　50

第三节　国内生产总值与其他总量的关系　51

一、国民生产总值与国内生产总值　　　　51

二、国内生产净值与国民收入　　　　　　52

三、名义国内生产总值与实际国内生产总值　53

四、国内生产总值与人均国内生产总值　　55

五、GDP 指标的意义与缺陷　　　　　　　55

第四节　国民收入的决定及变动　　　　　58

一、两部门经济中的国民收入决定及乘数　58

二、三部门经济的收入决定　　　　　　　60

三、四部门经济中国民收入的决定　　　　62

本章小结　　　　　　　　　　　　　　　63

综合练习　　　　　　　　　　　　　　　64

第四章　产品市场和货币市场的均衡　　　65

第一节　IS 曲线　　　　　　　　　　　　67

一、IS 曲线及推导　　　　　　　　　　　67

二、IS 曲线的斜率　　　　　　　　　　　70

三、IS 曲线的移动   70

四、产品市场的失衡   71

第二节　LM 曲线   71

一、LM 曲线及推导   72

二、LM 曲线的斜率   73

三、LM 曲线的移动   74

四、货币市场的失衡   76

第三节　IS-LM 模型   77

一、产品市场和货币市场的同时均衡：IS-LM 模型   77

二、产品市场和货币市场均衡的变动   79

本章小结   84

综合练习   85

第五章　失业与通货膨胀   87

第一节　失业理论   88

一、失业的类型与原因   88

二、失业的经济后果   94

三、失业治理对策   96

第二节　通货膨胀   102

一、通货膨胀的概念与衡量   102

二、通货膨胀的类型   109

三、通货膨胀的成因   110

四、通货膨胀对经济的影响   113

五、通货膨胀的治理   116

第三节　失业与通货膨胀的关系   120

一、通货膨胀与失业交替发展   120

二、通货膨胀与失业并存   121

本章小结   123

综合练习   124

第六章　经济周期与经济增长   127

第一节　经济周期   128

一、经济周期的内涵   128

二、经济周期的划分   130

三、经济周期的原因   131

第二节 经济增长   133

一、经济增长及衡量指标   133

二、经济增长的因素分析   136

第三节 经济增长模型   142

一、哈罗德—多马经济增长模型   142

二、新古典增长模型   144

三、新经济增长理论   146

第四节 经济发展   147

一、经济发展   147

二、经济增长与经济发展的关系   149

三、影响经济发展的基本因素   150

四、经济发展模式   151

第五节 经济的可持续发展战略   155

一、可持续发展战略   155

二、可持续发展的指标   158

三、可持续发展的对策   159

四、我国的可持续发展战略   160

本章小结   162

综合练习   163

第七章 宏观经济政策   165

第一节 宏观经济政策目标与需求管理   166

一、宏观经济政策目标和工具   167

二、市场经济的弊端   171

三、凯恩斯革命   172

四、需求管理   174

第二节 财政政策   175

一、财政政策工具   175

二、财政政策的运用   178

三、财政政策的时滞   179

四、财政政策的自动稳定器   180

第三节 货币政策   181

一、货币政策工具   181

二、货币政策的运用   186

三、货币政策的时滞 187

四、需求管理理论的借鉴意义 188

本章小结 190

综合练习 191

第八章 开放经济与对外经济政策 193

第一节 经济全球化及本质 195

一、经济全球化的含义 195

二、经济全球化的本质与内容 196

三、经济全球化对发展中国家的影响 199

第二节 区域经济一体化 203

一、区域经济一体化的含义与成因 203

二、区域经济一体化形式 204

三、区域经济一体化模式 205

四、区域经济一体化对世界经济格局的影响 207

第三节 我国对外经济关系 208

一、对外开放是我国的基本国策 208

二、发展外向型经济和自力更生的关系 210

三、我国发展对外经济关系的基本形式和格局 211

第四节 对外经济政策 215

一、对外贸易政策 216

二、对外金融政策 217

本章小结 220

综合练习 221

chapter 1

第 一 章 导 论

学习要求

通过对本章的学习，要了解经济学的一般分类；宏观经济学的研究对象和方法；宏观经济学的理论体系，特别是对宏观经济学的形成与发展以及主要争论的问题有一个粗略的了解。

重点掌握

宏观经济学与微观经济学的概念；宏观经济学的研究对象和方法。

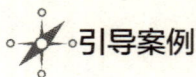

引导案例

日本泡沫经济破灭的警示

20世纪80年代的日本"泡沫经济"具有独特的宏观、微观和结构性因素。中国目前宏观经济环境与日本20世纪80年代中期的"泡沫经济"有某些相同之处，但差异较大。提高对"泡沫经济"的警惕与认识，采取适当的宏观经济政策应对不同阶段的经济发展显得极为重要。

追求宏观经济稳定是每个国家经济政策的重点。但是，如果用传统的宏观经济理论看待经济波动，会有很大的偏差。因为在利率、物价和国内实体经济都平稳的情况下，同样会突然出现经济崩溃。以日本为例，上世纪日本在"泡沫经济"破灭前的几年，从传统的宏观指标看，经济运行是正常的，通货膨胀和失业率都在2%左右的低水平，长期利率也在3%上下，投资、消费和进出口都在正常区间，然而以房地产和股票市场为代表的资产市场价格急剧攀升，在90年代初使日本经济陷入长期萧条之中。

日本"泡沫经济"破灭的根本原因在于过去被认为依附于实体经济的金融市场改变了其从属地位，成了经济运行的主角，更多的企业和个人在资产运作中转向金融市场寻求利益。随着全球财富的快速增长，物质生产领域消化不了那么多剩余资金，这些资金就自创了各种金融交易市场，这些市场有着天生的高流动性、高波动性。而且，在个人的资产持有中，金融资产的比重不断提高，财富效应也相应扩大，最终使金融市场成为宏观经济不稳定的重要因素。

日本的案例符合宏观经济学中泡沫可能引致经济崩溃的原理，而且有深刻的内涵，它涉及一国经济赶超型高速增长阶段结束后如何保持长期平稳增长的问题，如果没有在这个阶段过渡好，就会陷入"泡沫经济"中，不可自拔。

宏观经济失衡是导致日本"泡沫经济"的主要原因。

第二次世界大战后，日本陷入巨大的社会动荡和猛烈的制度变革中。在这种动荡中，日本形成了赶超型的经济增长机制，20世纪整个60年代，日本实现了史无前例的每年10%以上的增长率，80年代迅速进入了发达国家的行列。但是，日本在进入经济发达国家行列不久便陷入"泡沫经济"中，而泡沫的破灭使日本经济长期无法恢复正常增长。

日本产生"泡沫经济"除了政府的广泛行政干预导致企业行为扭曲，独特的公司治理结构造成企业的内部人控制和银行影响力过大，金融自由化带来的大量过剩资金加速"泡沫经济"的形成等三方面的原因外，还有一个重要原因就是宏观经济政策存在重大失误。日本政府宏观经济政策的重大失误，可以从两个方面分析，一是在1985年"广场协议"后，急速开放的资本市场，二是"泡沫经济"形成和破灭后的调整应对政策。

（案例来源：中日经济技术研究网，http://www.cnjpetr.org/jingjifazhan/
caomoxianxiang/20100518/16739.html）

经济学作为一门历经两百多年发展、复杂、综合的社会科学，很难以单一的标准进行划分。尽管如此，经济学家仍然对其作了一个粗略的分类。

第一节　经济学分类 [1]

1. Branches of Economics

经济学研究的基本问题包括资源配置与资源利用，由此经济学被分为宏观经济学和微观经济学。

一、宏观经济学 [2]

2. Macroeconomics

宏观经济学是指以整个国民经济为研究对象，通过研究经济中各有关总量的决定及变化来说明资源如何才能得到充分利用。[1]

在理解宏观经济学概念时应注意以下几点。

第一，研究的对象是整体经济。也就是说，宏观经济学研究的不是经济活动中的各个单位，而是由这些单位组成的整体。这样，宏观经济学就要研究整体经济的运行方式与规律，从总体上分析经济问题。

第二，解决的问题是资源利用。宏观经济学把资源配置作为既定的前提，分析现有资源未能得到充分利用的原因，达到充分利用的途径，以及如何增长等问题。

第三，中心理论是国民收入决定理论。宏观经济学把广义国民收入（国内生产总值等总量概念）作为最基本的总量，以国民收入的决定为中心来研究资源利用问题，分析整个国民经济的运行。国民收入决定理论被称为宏观经济学的核心。其他理论则是运用这一理论来解释整体经济中出现的各种问题。

---

[1]　Macroeconomics is the study of national economy as a whole. It illustrates how resources can be fully utilized through the research of the recognition and variations of related variables in economy.

第四，研究方法是总量分析。总量是指能反映整个经济运行情况的经济变量。这种变量有两类：一类是个量的总和，如国民收入是组成整个经济的各个单位的收入总和，总投资是各个企业的投资之和等；另一类是平均量，如价格水平是各种商品与劳务的平均价格等。总量分析就是分析这些总量的决定、变动及其相互关系，并通过这种分析说明经济的运行状况，决定经济政策。因此，宏观经济学也被称为"总量经济学"。

二、微观经济学 3

微观经济学是指以单个经济单位为研究对象，通过研究单个经济单位的经济行为和相应的经济变量单项数值的决定来说明价格机制如何解决社会资源的配置问题。[2]

在理解微观经济学概念时应注意以下几点。

第一，研究的对象是单个经济单位的经济行为。4 单个经济单位是指组成经济的最基本的单位：家庭与厂商。家庭是经济中的消费者和生产要素的提供者，它以实现效用（即满足程度）最大化为目标。厂商是经济中的生产者和生产要素的需求者，它以实现利润最大化为目标。

第二，解决的问题是资源配置。5 资源配置即生产什么，如何生产和为谁生产的问题。解决资源配置问题就是要使资源配置达到最优化，即在这种资源配置下能给社会带来最大的经济福利。微观经济学从研究单个经济单位的最大化行为入手，来解决社会资源的最优配置问题。

第三，中心理论是价格理论。6 在市场经济中，家庭和厂商的行为要受价格的支配，生产什么，如何生产和为谁生产都由价格决定。价格像一只看不见的手，调节着整个社会的经济活动，从而使社会资源的配置实现最优化。因此，价格理论是微观经济学的中心理论，其他内容则围绕这一中心理论。正因为如此，微观经济学也被称为价格理论。

第四，研究方法是个量分析。7 个量分析是对单个经济单位和单个经济变量的单项数值及相互关系所作的分析。例如，某种商品的价格，某种产品的产量就属于价格和产量这类经济变量的单项数值。微观经济学就是分析这类个量的决定、变动及相互之间的关系。

3. Microeconomics

4. It is the study of economic behaviors of individual households and firms.

5. It focuses on resources allocation.

6. Price Mechanism is the core theory.

7. The study approach is micro-analysis.

[2] Microeconomics is the study of how individual households and firms make decisions and how they interact with one another in markets. It demonstrates how to allocate resources through the price mechanism.

三、宏观经济学和微观经济学的关系 [8]

8. Relationships between Macroeconomics and Microeconomics

从宏观经济学与微观经济学的含义及理解可以看到，宏观经济学和微观经济学在研究的对象、解决的问题、中心理论和分析方法上都有所不同，可以通过表 1-1 进行比较。

表 1-1　宏观经济学与微观经济学比较

	宏观经济学	微观经济学
研究的对象	整个国民经济	单个经济单位
解决的问题	资源利用	资源配置
中心理论	国民收入决定理论	价格理论
分析方法	总量分析	个量分析

尽管宏观经济学和微观经济学存在着差别，但作为经济学的不同组成部分，它们之间又有着密切的联系，主要表现在以下几方面。

第一，宏观经济学与微观经济学是互相补充的。经济学的目的是要实现社会经济福利的最大化。为了达到这一目的，既要实现资源的最优配置，又要实现资源的充分利用。微观经济学是在假定资源已实现充分利用的前提下，分析如何达到最优配置的问题；宏观经济学则是在假定资源已实现最优配置的前提下，分析如何达到充分利用的问题。它们从不同的角度分析社会经济问题。从这个意义上来说，微观经济学与宏观经济学不是互相排斥的，而是相互补充的，它们共同组成经济学的基本原理。

第二，宏观经济学与微观经济学的研究方法都是实证分析。微观经济学与宏观经济学都把社会经济体制作为既定的前提，不分析社会经济体制变动对经济的影响。也就是说，它们都是把市场经济体制作为一个既定的存在，分析这一经济体制下的资源配置与利用问题。这种不涉及体制问题，只分析具体问题的方法就是实证分析。从这种意义上看，微观经济学与宏观经济学都属于实证经济学的范畴。

第三，微观经济学是宏观经济学的基础。单个经济单位之和构成整体经济，宏观经济学分析的经济总量就是由经济个量加总而成的，对宏观经济行为和经济总量的分析是以一定的微观经济学分析为基础的。例如，失业理论和通货膨胀理论作为宏观经济学的重要组成部分，总要涉及劳动供求和工资决定理论，以及商品价格如何决定的理论，而充分就业的宏观经济模型，正是建立在以完全竞争为假定前提的价格理论和工资理论基础之上的。

第二节　宏观经济学的发展历史 [9]

一、1929 年～1933 年大萧条大危机时期

凯恩斯发表了名著《就业、利息和货币通论》，书中提出的政策建议使西方国家避免了 1929 年经济危机和大萧条造成的灭顶之灾，使这些国家在第二次世界大战后很长一段时间中处于相对繁荣的状态，并对以后的西方经济学产生过且继续产生重大影响，由此开创宏观经济学研究的先河。

二、20 世纪 50 ～ 60 年代西方经济发展的黄金时代

经济的有效增长引发了经济学家对经济增长理论研究的兴趣。其中，琼·罗宾逊的资本积累理论，通过对多种"经济成长模型"的构建使基于短期分析的凯恩斯主义理论长期化和动态化。保罗·萨缪尔森的公共财货理论，把经济学从 30 年代以前用语言和图示的分析发展为定量的数学式和推理方法的分析，使其在近 30 年中占据支配地位。威廉·阿瑟·刘易斯的经济发展模式，提出一国经济发展如何从封闭经济中的二元结构模式向开放经济中的二元结构模式过渡，从而促进一国经济的持续增长。此外，还有詹姆斯·爱德华·米德的国际经济理论和简·丁伯根的计量经济学。宏观经济学在这个阶段得到了充分的发展。

三、20 世纪 70 年代经济滞胀

凯恩斯理论受到了批评。这时期形成了货币主义学派、新古典学派和宏观经济周期理论三个学派。货币主义强调货币在经济中的作用，以控制货币流量来控制宏观经济运行。新古典综合派的萨缪尔逊则完成凯恩斯宏观经济学和微观经济学的综合，认为货币只是在短期内影响经济，而不是长期影响，从而创新经济学的理论体系。经济周期理论提出了实物经济理论，认为经济周期不取决于货币，而取决于实物。

四、20 世纪 80 年代

这一时期提出了新增长主义和新凯恩斯主义。前者用统计技巧来分析经济发展轨迹和经济波动，后者则用新凯恩斯主义来治理新萧条，就像 30 年代用凯恩斯主义治理大危机一样。

第三节　宏观经济学的研究对象和研究方法 [10]

一、宏观经济学的研究对象 [11]

宏观经济学是以整个国民经济活动作为研究对象的，它分析一国国民收入或国内生产总值的决定与变动，以及它与社会就业、通货膨胀、经济增长和经济周期、财政和金融等之间的关系。宏观经济涉及的变量都是总量指标，这种指标通常包括两种意义，一种是个量相加得到的总和，另一种是个量的平均数。具体来说，宏观经济学包括以下几种研究对象。

（一）经济增长 [12]

经济增长是指一个国家或地区在一定时期内生产的产品和劳务总量的增加。在经济分析中，通常用一国实际国内生产总值的增长率或国民收入的增长率作为衡量指标。经济增长理论是现代西方宏观经济学的一个重要组成部分，它是研究国民收入的增长，通过研究实现经济增长的条件，以及影响经济增长的因素等问题，来解释国民收入或产量长期发展的情况。

（二）经济周期 [13]

经济周期又叫经济增长的周期波动、商业循环，是指经济增长过程中国民收入及总体经济活动水平有规律地呈现上升和下降的周而复始的运动过程。经济增长的周期波动是经济增长过程中的普遍现象。

（三）失业 [14]

失业是指当前工资水平下愿意工作的人无法找到工作。一个国家的失业总人数被称为失业人口，有工作的人则被称为就业人口，两者之和是一国的劳动人口。失业率是失业人口与劳动人口的比率。根据通常的划分方法，失业主要有摩擦性失业、结构性失业和周期性失业三种。失业的危害突出地表现在产出和收入的减少、人力资本的流失和犯罪率的上升等，会对一国的经济发展造成严重的阻碍。

（四）通货膨胀 [15]

通货膨胀简称通胀，是一种纸币现象，凡是实行纸币制度的，都有可能发生通货膨胀。由于现在世界各国实行的都是纸币制度，因而通货膨胀又是一个世界性的问题，也是争论最多的问题之一。它指的是平均价格水平的上升。与它相反的是通货紧缩，代表平均价格水平的下降。平均价格水平通常用价格指数来衡量。

（五）国际收支平衡 [16]

在当前的世界格局中，任何一个有一定规模的国家经济都是开放的经济，都与其他国家有着大量贸易和金融联系，宏观经济学的研究对象自然也包括国与国之间的国际经济。在国际经济中，当一国的出口大于进口，称为贸易顺差；当进口大于出口，则是贸易逆差。近年来，贸易逆差问题受到逆差国媒体和政策制定者越来越高的重视。是什么引起贸易的不平衡，贸易逆差对逆差国及其贸易伙伴国的经济有何影响都是宏观经济学家着力回答的问题。

二、宏观经济学的研究方法 [17]

（一）宏观经济学研究的两个假设前提 [18]

第一，政治制度、经济制度和社会道德标准是既定的、已知的。宏观经济学对国民经济进行总量分析，总是把一定的制度作为分析的前提，不涉及和讨论制度因素，即制度的变化及变化的原因和后果。

第二，国民经济的个量是既定的、已知的。宏观经济学在研究消费时，着眼于考察社会总消费与总收入、总储蓄、总投资的相互关系，分析社会消费支出变动的总趋势。

（二）宏观经济分析的具体分析方法 [19]

宏观经济学与其他经济科学一样，把唯物辩证法作为根本方法。同时，科学抽象法也是宏观经济学的常用方法。除了这两种方法，宏观经济学更注重系统分析方法、实证分析方法、动态分析方法、数量分析方法、比较分析方法这几种方法的应用。

本章小结

（1）宏观经济学是指以整个国民经济为研究对象，通过研究经济中各有关总量的决定及变化来说明资源如何才能得到充分利用。它的研究对象是整体经济；解决的问题是资源利用；中心理论是国民收入决定理论；研究方法是总量分析。

（2）微观经济学是指以单个经济单位为研究对象，通过研究单个经济单位的经济行为和相应的经济变量单项数值的决定来说明价格机制如何解决社会资源的配置问题。它的研究对象是单个经济单位的经济行为；解决的问题是资源配置；中心理论是价格理论；研究方法是个量研究法。

（3）宏观经济学和微观经济学之间有着密切的联系，主要表现在宏观经济学与微观经济学是互相补充的；宏观经济学与微观经济学的研究方法都是实证分析；微观经济学是宏观经济学的基础。

（4）宏观经济学研究是在以下两个假设前提条件下进行的：第一，政治制度、经济制度和社会道德标准是既定的、已知的。第二，国民经济的个量是既定的、已知的。

关键词

宏观经济学	微观经济学	经济增长	经济周期
失业	通货膨胀	国际经济	宏观经济政策

综合练习

1. 单项选择题

（1）宏观经济学的中心理论是（　　　）。

A. 价格决定理论 　　　　　　B. 工资决定理论

C. 国民收入决定理论 　　　　D. 汇率决定理论

（2）微观经济学解决的问题是（　　　）。

A. 资源分配 　　　　　　　　B. 资源利用

C. 资源共享 　　　　　　　　D. 资源获取

（3）下列各项中除哪一项外，均被认为是宏观经济的"疾病"（　　　）。

A. 高失业 　　　　　　　　　B. 滞胀

C. 通货膨胀 　　　　　　　　D. 价格稳定

（4）表示一国居民在一定时期内生产的所有最终产品和劳务的市场价值的总量指标是（　　　）。

A. 国民生产总值 　　　　　　B. 国内生产总值

C. 名义国内生产总值 　　　　D. 实际国内生产总值

（5）在凯恩斯看来，造成资本主义经济萧条的根源是（　　　）。

A. 有效需求不足 　　　　　　B. 资源短缺

C. 技术落后 　　　　　　　　C. 微观效率低下

2. 问答题

（1）简述对宏观经济学的理解。

（2）简述宏观经济学与微观经济学的联系。

（3）宏观经济学的研究前提包括什么？

chapter 2

第二章 宏观经济均衡理论

学习要求

通过对本章的学习，要了解消费函数、总支出函数、乘数理论、供求均衡等基本概念和原理。学会应用基本的概念和原理对宏观经济均衡进行分析，懂得运用乘数理论来分析宏观经济总量的变动，懂得分析总需求与总供给均衡时的宏观经济状况。

重点掌握

总供给不变时总需求决定国民收入；消费函数；边际收入倾向；总支出函数；乘数理论；供求均衡。

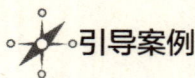

住房需求是投资

在许多人的观念中购买住房是一种消费，与购买冰箱、彩电、汽车一样。在经济学家看来，购买住房实际是一种投资行为，即投资于不动产。从购买行为的目的来看，消费是为了获得效用，如购买冰箱、彩电、汽车等都是为了使满足程度更大，但投资是为了获得利润，亦称投资收益。在发达的市场经济中，人们购买房子不是为了住或享受，而是作为一种投资得到收益。住房的收益主要有两个来源：一是租金收入；二是房产本身的增值。土地是有限的，因此从总趋势来看，房产是升值的。正因为这样，许多人把购房作为一种收益大而风险小的不动产投资。

把购房作为消费还是投资在经济学家看来十分重要。因为决定消费和投资的因素不同。在各种决定消费的因素中最重要的是收入，但在决定投资的各种因素中最重要的是利率。因为利率影响净收益率，只有利率下降，收益率提高，人们才会投资，而且只要净收益率高，就愿意借贷投资，因此，要刺激投资就要降低利率。如果经济政策的目标是刺激人们购买房产，关键不在于增加收入，而是降低利率。

资料来源：张淑云；李文和．西方经济学 P193．化学工业出版社．2003.12

第一节　宏观经济均衡及其实现 [1]

本节将说明各种宏观经济变量如何相互作用并达到均衡，以及均衡条件下国民收入是如何决定的。

一、总供给与总需求 [2]

在宏观经济学中，总供给与总需求是可以决定均衡国民收入，以及通货膨胀、失业等问题的最重要的宏观经济变量。为了说明均衡国民收入水平的决定与变动，有必要解释这两个变量的含义。

总供给（AS）是一个经济社会在一定时期内生产出来的所有物品和劳务的数量总和 [1] 也就是一个经济的总产出，其市场价值总和构成该社会这一时期

1. Macroeconomic Equilibrium and Implementation

2. Aggregate Supply and Aggregate Demand

[1]　Aggregate supply(AS)is the sum of all goods and services which produced by an economic society in a certain periods.

的 GDP 总量。通常当我们度量总供给水平时习惯使用总产出的概念。总供给的度量也可使用总收入的指标，把所有生产要素所有者的收入加总起来就是经济中的总收入。

总产出和总收入都是总供给的衡量指标，这两个量是相等的，它们代表的都是总供给。则：$AS=C+S+T$

C 表示消费收入，S 表示储蓄收入，T 表示政府税收。

总需求（AD）是一个经济社会在一定时期所有成员对最终产品和劳务的有效需求之和。[2]

有效需求指既有需求的愿望，又有货币支付能力。[3]

度量总需求的指标称为总支出，总支出（AE）是用支出法计算的 GDP，包括家庭消费[3]、企业投资[4]、政府购买[5]和净出口[6]。家庭和政府需要购买物品与劳务，企业需要进行投资，这些均构成经济内部的需求，加上来自国外的需求构成经济中的总需求。总需求可以用总支出这个统计指标来度量，因此可以得到以下等式：

$$AE=C+I+G+（X-M）$$

在总支出的四个组成部分中，消费占的比例最大，在发达国家占总支出的三分之二左右。最小的部分是净出口。投资的比例在不同的国家有所不同，通常发展中国家投资的比例大一些。政府购买则取决于政府规模的大小和对经济的干预程度。一般来说，各国政府购买大于投资，并且有上升趋势。

二、总需求决定总供给[7]

当经济社会中的总供给等于总需求时，就实现了宏观经济均衡，这时的国民收入既不增加也不减少，处于不再变动的状态，称为均衡的国民收入。既然国民收入水平是由总供给和总需求共同决定的，那么，均衡国民收入决定的基本条件就是：总供给等于总需求，也就是说，当一国一定时期对物品和劳务需求的总和与同一时期的总产出相等时，国民收入处于均衡状态。我们用总产出、总收入度量总供给，用总支出度量总需求，那么，当总供给等于总需求时，总产出、总收入、总支出必然相等，即：

$$Y= 总收入 = 总支出$$

这个恒等式表示当总供给等于总需求，或者说总产出、总收入等于总支

3. Household Consumption,C

4. Firm Investment,I

5. Government Purchases,G

6. Net Export, X-M

7. Aggregate Demand Determines Aggregate Supply

---

[2]　Aggregate demand (AD) is the sum of effective demand for the final goods and services by an economic society in a certain periods.

[3]　Effective demand refers to both the desire of demand and the ability to payment.

出时，国民经济就处于均衡状态。

总收入：$AS=C+S+T$。实际上政府的税收可分为政府支出和政府储蓄，所以：$AS=C+S$

总支出：$AE=C+I+G+（X-M）$。实际上政府购买 (G) 和净出口 (X-M) 无非用于消费和投资支出，所以：$AE=C+I$

$$Y= 总收入 = 总支出$$

$$AS=AE$$

$$C+S=C+I$$

$$S=I$$

即：当投资等于储蓄时，国民收入 Y 为均衡的国民收入。因此，国民收入的均衡条件为：$I=S$。

这里需要说明和强调的是，此处的投资等于储蓄，是指经济要达到均衡计划投资必须等于计划储蓄。而国民经济核算中的 $I=S$，则是指实际已经发生了的投资（包括计划投资和非计划存货投资在内）始终等于储蓄。这是均衡条件，也就是说，要想经济达到均衡，就必须让投资等于储蓄。但是，实际上，计划投资不一定等于计划储蓄，设想的经济均衡不一定就是实际已经实现的均衡。只有投资和储蓄二者在计划和实际上都相等时，收入才正处于均衡状态。而国民收入核算中指的实际投资和实际储蓄的相等是根据定义得到的事后状态，所以，二者必然相等。

那么，总供给和总需求这两个宏观经济变量是怎样相互作用的呢？在均衡国民收入的决定中，哪个经济变量处于主导地位，并引致其他变量发生改变以与之相适应呢？

凯恩斯认为，总需求是经济中占主导地位的经济变量，总需求决定总供给，均衡的国民收入是由总需求决定的。凯恩斯观点的理论依据是，在短期内，由于价格难以调整，不能通过价格变动来保持总供给和总需求的平衡，这会造成总需求不足，从而使资本、劳动等各种资源得不到充分利用。因此，凯恩斯认为，短期中，决定宏观经济状况的关键因素是总需求，即总需求决定了总供给，进而决定了短期国民收入的水平。显然，凯恩斯的国民收入决定理论是短期分析，通常适用于对宏观经济的年度间运行情况的分析。

凯恩斯[8]的观点有现实依据。20 世纪 30 年代初，西方国家的经济处于大萧条[9]中，供给过剩，凯恩斯认为这是由于价格不能及时调整带来的总需求不足造成的，他认为解决这场危机的办法是增加总需求。凯恩斯甚至开玩笑地建议，如果实在没有支出的办法，可以由政府把钱埋在废弃的矿井中，然

8. Keynes

9. The Great Depression

后让人们投资把这些钱挖出来，这也可以刺激经济增长 [10]。凯恩斯的幽默实际上是在说明一个严肃的命题：增加总需求可以增加国民收入，使经济走出萧条，这正是凯恩斯主义宏观经济学的主题。

10. Economic Growth

三、宏观经济均衡的实现过程 [11]

11. The Implementation Process of Macroeconomic Equilibrium

均衡是指一个系统内部相反力量的作用互相抵消，不再变动的相对静止状态。宏观经济均衡就是指当各种相互作用的宏观经济变量之间达到某种平衡，彼此不再变动时，经济处于一种相对稳定的状态。宏观经济变量主要是总需求和总供给，因此，宏观经济均衡是在总需求与总供给的相互作用中实现的，当经济中的总供给等于总需求，即总产出等于总支出时，宏观经济就实现了均衡。可用图 2-1 说明宏观经济均衡的实现过程。

在图 2-1 中，横轴表示总供给，用总产出或总收入 Y 度量，纵轴表示总需求，用总支出 AE 度量，45°线表示经济中总供给等于总需求，也就是说，该线上的任何一点都表示经济中的均衡，线外的任何一点都表示非均衡的状态。[12]

12. Disequilibrium

如图 2-1 所示，假定经济中的总支出为 100 万元，水平线表示这里不考

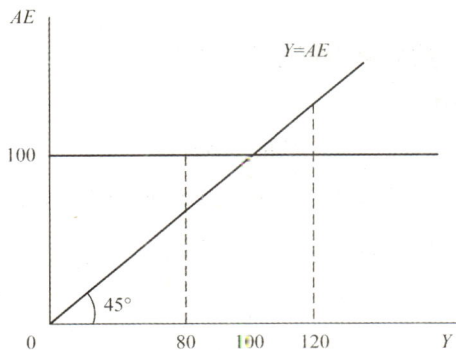

图 2-1　宏观经济均衡的实现

虑总支出的变动情况。如果厂商市场预测失误，总产出达到了 120 万元，总供给大于总需求，存在物品与劳务的过剩，多出的 20 万元产品可以看成厂商存货 [13] 的非意愿增加，厂商会减少生产，非意愿增加的存货就会减少；如果厂商的总产出为 80 万元，则存货非意愿地减少 20 万元，总供给小于总需求，存在物品与劳务的短缺，厂商将增加生产，使存货恢复到意愿的水平；只有当实际产出水平为 100 万元，与总支出相等时，厂商的产出不再调整，存货不再发生变化，这时就实现了宏观经济的均衡，均衡的国民收入为 100 万元。

13. Stock

在研究国民收入决定理论时，需要把均衡的国民收入和潜在的国民收入

区分开来。潜在的国民收入是指经济中既定资源充分利用时所能达到的国民收入水平。[4]

14. Full Employment

通常可用劳动力实现充分就业代表经济中资源实现充分就业的状态，所以又称为充分就业 [14] 的国民收入。

15. National Income Determination Theory

均衡的国民收入是宏观经济均衡时的国民收入水平，但宏观经济均衡时并不一定实现了充分就业，宏观经济均衡会高于或者低于充分就业均衡，所以，均衡的国民收入并不一定等于潜在的国民收入。国民收入决定理论 [15] 是要说明总需求与总供给如何使国民收入水平趋于均衡状态。

16. Aggregate Expenditure Function

第二节　总支出函数 [16]

凯恩斯的宏观经济学认为，总需求（总支出）是处于主导地位的经济变量，在总需求中，消费所占的比重约为三分之二，所以，我们要先了解消费，以及与之相关的储蓄。同时，在总需求（总支出）中，除了消费，还有投资。投资在总支出中所占的比例尽管不大，但波动幅度较大，对宏观经济的稳定十分重要。

17. Consumption Function and Saving Function

一、消费函数和储蓄函数 [17]

（一）消费函数

消费函数是消费与收入之间的依存关系。[5]

在其他条件不变的情况下，消费随收入的变动同方向变动，即收入增加，消费增加；收入减少，消费减少。如果以 C 代表消费，Y 代表收入，则消费函数可写为：

$$C=f(Y)$$

消费与收入之间的关系，可以用平均消费倾向和边际消费倾向来说明。平均消费倾向是指消费在收入中所占的比例。[6]

如果以 APC 代表平均消费倾向，则：

---

[4] Potential national income is the level of national income which can be achieved by making full use of resources in the economic society.

[5] Consumption function reflects the interdependent relationship between consumption and income.

[6] Average propensity to consume(APC)refers to the proportion of consumption in income.

$$APC = \frac{C}{Y}$$

边际消费倾向是指增加的消费在增加的收入中所占的比例。[7]

如果用 MPC 代表边际消费倾向，用 ΔC 代表增加的消费，用 ΔY 代表增加的收入，则：

$$MPC = \frac{\Delta C}{\Delta Y}$$

影响消费支出的因素有以下几点。

第一，可支配收入[18]。可支配收入是居民户提供生产要素得到的收入，加上政府转移支付，再减去个人所得税后的收入。居民户的可支配收入只能用于消费品与劳务支出及储蓄。随着居民户可支配收入的增加，用于消费品与劳务的支出也在增加。

第二，预期的收入[19]。预期的收入是居民户对未来收入的预期。在其他条件不变的情况下，居民户预期的未来收入越高，现期的消费支出也就越多。

第三，生命的阶段[20]。生命的阶段是人一生中不同的生存阶段。青年阶段，可支配收入中更大部分用于消费品与劳务支出。老年阶段，可支配收入中更小部分用于消费品与劳务的支出。

第四，节约的程度[21]。每个人和每个家庭节约的程度差别很大，在其他条件不变的情况下，不节约的家庭，消费支出占可支配收入的比率更大。

第五，利率[22]。利率水平越高，消费支出水平越低。高利率使消费信贷代价更高并更能吸引人们储蓄，从而抑制了消费。

18. Disposable Income

19. Expected Income

20. Stages of life

21. Level of saving

22. Interest Rate

资料 2.1

中美边际消费倾向比较

据估算，2010 年美国的边际消费倾向约为 0.68，中国的边际消费倾向约为 0.48。也许这种估算不一定十分准确，但是一个不争的事实是，中国的边际消费倾向低于美国。为什么中美边际消费倾向有这种差别呢？

一些人认为，这种差别在于中美两国的消费观念不同，美国人崇尚享受，今天敢花明天的钱。中国人有节俭的传统，一分钱要掰成两半花。但是，在经济学家看来，这并不是最重要的。消费观念属于伦理道德范畴，由经济基础决定，不同的消费观来自不同的经济基础。要用经济与制度因素来解释中美边际消费倾向的这种差别。

首先，来看收入。美国是一个成熟的市场经济国家，尽管经常发生

[7] Marginal propensity to consume(MPC)refers to the proportion of the increased consumption in the increased income.

经济周期性波动，但经济总体上是稳定的。经济的稳定决定了收入的稳定。当收入稳定时，人们就敢于消费，甚至敢于借贷消费。中国是一个转型中的国家，正在从计划经济转向市场经济，尽管经济增长速度快，但就每个人而言都有下岗的危险，收入并不稳定。这样，人们就不得不节制消费，以预防可能出现的下岗及其他风险。

其次，来看制度。人们敢不敢花钱，还取决于社会保障制度的完善性。美国的社会保障体系较为完善，覆盖面广而且水平较高。失业有失业津贴，老年人有养老金，低于贫困线有帮助，上大学又可以得到贷款。这样完善的社会保障体系使美国人无后顾之忧，敢于消费。而中国过去计划经济下的社会保障体系被打破了，新的市场经济条件下的社会保障体系还没有完全建立起来，且受财政实力的限制难以在短期内有根本性的改变，从而人们要为未来生病、养老、孩子上学等必需的支出进行储蓄，消费自然少了。

最后，边际消费倾向还与收入分配状况相关。在总收入为既定时，收入分配越平等，社会的边际消费倾向越高，收入分配越不平等，社会的边际消费倾向越低。这是因为富人的边际消费倾向低而穷人的边际消费倾向高。例如，如果一个社会 20% 的富人占有 80% 的收入，边际消费倾向为 0.2，其余 80% 的人占有 20% 的收入，边际消费倾向为 0.7，这个社会的边际消费倾向为 0.8×0.2+0.2×0.7=0.16+0.14=0.30。如果另一个社会 20% 的富人占有 40% 的收入，边际消费倾向为 0.2，其余 80% 的人占有 60% 的收入，边际消费倾向为 0.7，这个社会的边际消费倾向为 0.4×0.2+0.6×0.7=0.08+0.42=0.50。后一个社会比前一个社会收入分配平等，所以边际消费倾向高于前一个社会。中国目前的收入不平等比美国严重，因此，边际消费倾向低是正常的。

在这五个因素中，最重要的是可支配收入的水平。

由以上的分析可以看出，各国边际消费倾向由许多因素决定，在短期内不易改变。

（二）储蓄函数

储蓄函数是储蓄与收入之间的依存关系[8]。

在其他条件不变的情况下，储蓄随收入的变动同方向变动，即收入增加，储蓄增加；收入减少，储蓄减少。如果以 S 代表储蓄，储蓄函数就是：$S=f(Y)$

---

[8] Saving function reflects the interdependent relationship between consumption and income.

储蓄与收入之间的关系，可以用平均储蓄倾向和边际储蓄倾向来说明。平均储蓄倾向是指储蓄在收入中所占的比例。[9]

如果用 APS 代表平均储蓄倾向，则：

$$APS = \frac{S}{Y}$$

边际储蓄倾向是指增加的储蓄在增加的收入中所占的比例。[10]

如果用 MPS 代表边际储蓄倾向，用 ΔS 代表增加的储蓄，则：

$$MPS = \frac{\Delta S}{\Delta Y}$$

消费者的全部收入分为消费与储蓄，所以：

$$APC + MPC = 1$$

同样，消费者全部增加的收入分为增加的消费与增加的储蓄，所以：

$$MPC + MPS = 1$$

经济学家认为，人们的全部消费实际上可以分为两部分，一部分是不取决于收入的自发消费，另一部分是随收入变动而变动的引致消费。自发消费 [23] 是由人的基本需求决定的最必需的消费，如维持生存的衣、食、住等。无论收入多少，这部分消费都是不可少的。在经济分析中，假设这部分消费不取决于收入，是一个固定的量。自发的含义就是指它是由人的生存需要决定的，不随收入的变动而变动。引致消费 [24] 是指收入所引起的消费，这部分消费的大小取决于收入与边际消费倾向。如果以 C_0 代表自发消费，c 代表边际消费倾向，则可以把消费函数写为：$C = C_0 + c \cdot Y$。根据这个公式，我们可以作出消费函数的图形，如图 2-2 所示。

23. Spontaneous Consumption

24. Induced Consumption

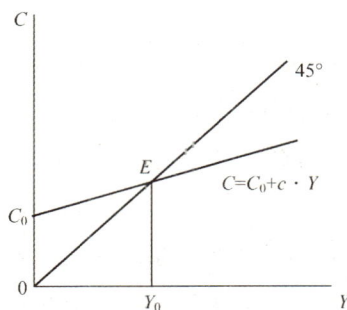

图 2-2　消费函数

[9]　Average propensity to save (APS) refers to the proportion of saving in income.

[10]　Marginal propensity to save (MPS) refers to the proportion of the increased saving in the increased income.

在图 2-2 中，横轴 Y 代表收入，纵轴 C 代表消费，45°线表示在这条线上任何一点都是收入与消费相等。$C=C_0+c \cdot Y$ 是消费函数曲线，其位置由自发消费 C_0 决定，斜率由边际消费倾向 c 决定。这条曲线向右上方倾斜，说明消费随收入增加而增加。在消费函数曲线与 45°线相交的 E 点，收入与消费相等。在 E 点之左，消费大于收入，有负储蓄；在 E 点之右，消费小于收入，有储蓄。

二、投资函数 [25]

25. Investment Function

投资函数是指投资与利率之间的关系 [11]。

以 I 代表投资，i 代表利率，投资函数可写为：

$$I=b \cdot i$$

在上式中 b 是投资的边际利率，即利率变动会引起投资多大程度的变动。如果既定的利率变动引起的投资变动幅度大，则投资的边际利率大；如果既定的利率变动引起的投资变动幅度小，则投资的边际利率小。

决定投资的因素主要有以下几方面。

第一，利率。利率越低，投资量越大。企业不论是以贷款进行投资，还是以自有资金进行投资，利率都是最重要的影响因素。利率越低，任何一项投资的机会成本就越低。利率越高，任何一项投资的机会成本就越高，越无利可图，利率与投资成反比例变动关系。

第二，预期的通货膨胀。预期的通货膨胀率越高，投资量越大。预期的通货膨胀率越高，引起的预期未来净收益就越大。而且，相对于投资的最初成本的预期未来净收益越大，该投资的收益就越大。预期通货膨胀率与投资成正比例变动关系。

第三，预期利润。新投资的预期利润越高，投资量越大。预期利润越高，引起这种净收益的投资就更有利，企业也就愿意更多地投资。

第四，折旧。折旧是现有资本设备的损耗。资本设备存量越多，这些存量的年代越长，资本的损耗量也就越大。损耗的资本一般需要重置。因此，折旧的资本量越大，用于更新这些资本的重置投资也就越大。

尽管投资受多种因素的影响，但其中最重要的因素是利率。

我们知道，投资与利率之间是反方向变动关系，即利率上升投资减少，利率下降投资增加。因此，投资函数是一条向右下方倾斜的曲线，如图 2-3 所示。

[11]　Investment function reflects the interdependent relationship between investment and rate.

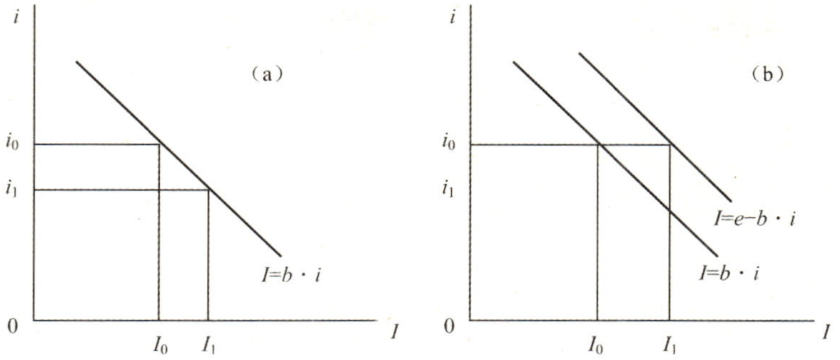

图 2-3　投资函数

在图 2-3（a）中，横轴 I 代表投资量，纵轴 i 代表利率，向右下方倾斜的 $I=b \cdot i$ 为投资函数曲线。从图上可以看出，当利率从 i_0 下降到 i_1 时，投资从 I_0 增加到 I_1。

总投资一般被分为两个部分，一是用于购买新的厂房、设备的净投资；二是用于重新购置机器、厂房、设备的重置投资[26]。一年中的重置投资总是不变的。投资函数如果加上重置投资（用 e 表示），则表示为：$I=e-b \cdot i$。重置投资在一定时期内一般不随利率的变动而变动，总是表现为一个常数，如方程式中的 e。重置投资的变动会引起投资曲线的平行移动，如上图（b）所示。

在国民经济模型中，总是假定利率不变，于是，当年总投资也是一个不变数，是常量（I_0），所以：$I=e-b \cdot i=I_0$。

三、总支出函数[27]

在分析了消费函数、储蓄函数和投资函数后，可以分析总支出函数。总支出函数等于消费函数加上投资函数。如果用 AE 代表总支出函数，则为：

$$AE=C+I$$

由于：$C=C_0+c \cdot Y \quad I=I_0$

所以：$AE=C_0+c \cdot Y+I$

$$AE=C_0+c \cdot Y+I_0$$

$$AE=A_0+c \cdot Y$$

这里的 $A_0=C_0+I_0$，A_0 代表自发总支出。自发总支出[28] 是指自发消费和自发投资的总和。而总支出中随着国内生产总值的变动而变动的支出就是引致总支出[29]。

这样，AE 与 45° 线相交于 E 点，决定了均衡国内生产总值为 Y_0，如图 2-4 所示。

26. Replacement Investment

27. Aggregate Expenditure Function

28. Spontaneous Aggregate Expenditure

29. Induced Aggregate Expenditure

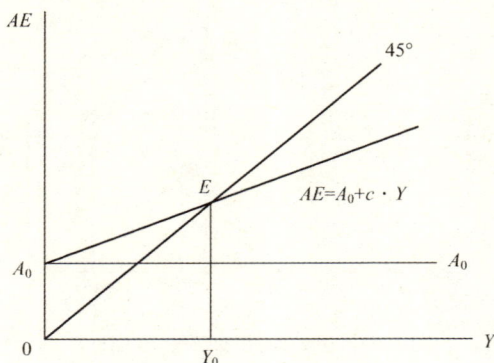

图 2-4　国内生产总值均衡

在图 2-4 中，总支出曲线 AE 的截距为 A_0，即自发总支出，斜率为边际消费倾向 c，AE 向右上方倾斜说明总支出中由于包含引致消费，所以随国民收入的增加而增加。AE 与 45° 线相交于 E 点，决定了均衡的国内生产总值为 Y_0。同时：

$$Y=AE$$
$$AE=A_0+c \cdot Y$$
$$Y=A_0+c \cdot Y$$
$$Y-c \cdot Y=A_0$$
$$Y_0=\frac{1}{1-c}A_0$$

以上公式说明均衡的国内生产总值 Y_0 是由边际消费倾向 c 决定的。

四、总支出的变动 [30]

30. Changes in Aggregate Expenditure

均衡的国内生产总值是由总支出决定的，因此总支出的变动必然引起均衡的国内生产总值的变动。总支出水平的高低，决定了均衡的国内生产总值的大小。所以，总支出的变动必然会引起均衡的国内生产总值同方向变动，即总支出增加，均衡的国内生产总值增加；总支出减少，均衡的国内生产总值减少。我们可以用图 2-5 来说明这一点。

在图 2-5 中，总支出曲线向上方移动，即从 AE_0 移动到 AE_1，表示总支出增加；总支出曲线向下方移动，即从 AE_0 移动到 AE_2，表示总支出减少。当总支出为 AE_0 时，决定了国内生产总值为 Y_0。当总支出为 AE_1 时，决定了国内生产总值为 Y_1。$Y_1 > Y_0$，说明由于总支出水平由 AE_0 增加到 AE_1，而使均衡的国内生产总值水平由 Y_0 增加到 Y_1。当总支出为 AE_2 时，决定了国内生

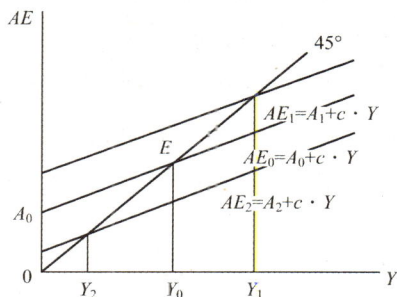

图 2-5　总支出的移动与 GDP 变动

产总值为 Y_2。$Y_2 < Y_0$，说明由于总支出水平由 AE_0 减少到 AE_2，而使均衡的国内生产总值由 Y_0 减少到 Y_2。

在图 2-5 中，总支出变动表现为总支出曲线的平行移动，说明总支出变动是由于自发总支出的变动引起的。设自发总支出的变动量为 ΔA_0，则这三条总支出曲线为：

$$AE_0 = A_0 + c \cdot Y$$

$$AE_1 = A_0 + \Delta A_0 + c \cdot Y$$

$$AE_2 = A_0 - \Delta A_0 + c \cdot Y$$

根据上述总支出与国内生产总值变动的关系，还可以进一步研究储蓄与国内生产总值变动的关系。在既定的收入中，消费与储蓄是反方向变动关系的，即消费增加，储蓄减少；消费减少，储蓄增加。消费是总支出的一个重要组成部分，储蓄增加使消费减少，总支出减少，从而使国内生产总值减少；反之，储蓄减少使消费增加，总支出增加，从而使国内生产总值增加。因此，储蓄的变动会引起国内生产总值反方向变动。

根据消费与储蓄对国内生产总值的不同影响，凯恩斯得出这样一个与传统道德观相矛盾的推论：按照传统的道德观，增加储蓄是好的，减少储蓄是恶的，但按上述储蓄变动引起国内生产总值反方向变动的理论，增加储蓄会减少国内生产总值，会使经济衰退，因而是恶的；而减少储蓄会增加国内生产总值，会使经济繁荣，因而是好的。这种矛盾被称为"节俭悖论"[31]。

31. Paradox of Thrift

第三节　乘数理论[32]

32. Multiplier Theory

一、乘数理论

总支出的增加会引起国内生产总值增加，但是，一定量自发总支出的增加会使国内生产总值增加多少，即总支出增加与国内生产总值增加量的关系如何呢？通过乘数理论的学习可以理解这一问题。

乘数是指自发总支出的增加引起的国内生产总值增加的倍数，或是国内生产总值增加量与引起这种增加量的自发总支出增加量之间的比率。[12]

根据均衡的国内生产总值决定公式，增加的总支出与增加的国内生产总值相等，即：

$$\Delta Y = \Delta AE = \Delta A_0 + c \cdot \Delta Y$$

$$\Delta Y - c \cdot \Delta Y = \Delta A_0$$

$$\Delta Y = \frac{1}{1-c} A_0$$

增加的国内生产总值（ΔY）与引起这种增加的自发总支出（ΔA_0）之比（$\frac{1}{1-c}$）就是乘数。如果以 a 代表乘数，则有乘数公式：

$$a = \frac{1}{1-c}$$

乘数公式表明：乘数的大小取决于边际消费倾向，即边际消费倾向越高，乘数越大；边际消费倾向越低，乘数越小。这是因为边际消费倾向越大，增加的收入中就有更多的部分用于消费，从而使总支出和国内生产总值增加得更多。

从乘数的公式还可以看出，因为边际消费倾向是小于 1 的，所以乘数一定是大于 1 的。

乘数理论是通过总支出调节国内生产总值均衡的理论依据，它证明了政府不仅能够调节国民经济，而且能够有效地调节国民经济。政府不仅可以通过调节投资、储蓄、政府支出、政府收入来调节国民经济，而且政府可以用较少的调节量，如较少的投资量，通过乘数机制的作用，取得成倍的国内生产总值，使国内生产总值均衡。

乘数理论的客观基础是国民经济各部门之间客观存在着连锁关系。这是因为，乘数机制的作用也反映了国民经济各个部门之间存在着密切的联系。某一部门自发总支出的增加，不仅会使本部门的收入增加，而且会在其他部门引起连锁反应，从而使这些部门的支出与收入也增加，最终使国民收入的增加数倍于最初自发总支出的增加。当然，乘数发生作用是有一定前提条件的，

---

[12] Multiplier refers to a increasing multiple of the gross domestic product (GDP) which induced by the increase of spontaneous aggregate expenditure, or the rate between the increase of the GDP which induced by the increase of spontaneous aggregate expenditure and the increase of spontaneous aggregate expenditure.

也就是说，只有在社会上各种资源没有得到充分利用时，总支出的增加才会使各种资源得到利用，产生乘数作用。如果社会上各种资源已经得到了充分利用，或者某些关键部门（如能源，原料或交通）存在着制约其他资源利用的"瓶颈状态"，乘数也就无法发挥作用。

由此可见，乘数是一种机制，是一种使国民经济各个部门之间密切联系的传导机制。

我们可以用一个例子说明乘数的作用机制。假如某厂商投资支出增加100万元用于扩大生产规模，这100万元投资是总需求的增加，它将带来投资品的产出增加100万元，这些新增加的产出将转化为国民收入，使要素所有者的收入增加100万元。但是，事情并没有到此为止。假设要素所有者的边际消费倾向为0.8，他们会把其中的80万元用于消费支出，这样，总需求又增加80万元，必然会带来国民收入增加80万元，新增加收入中又有80万元 ×0.8=64万元用于消费，从而形成又一轮总需求的增加，总需求的增加又会带来产量和收入的增加，这样下去，该厂商最初100万元投资，会引起许多部门的收入增加，最后各部门增加的收入之和一定大于最初增加的100万元投资，即收入的增加量（ΔY）：

$$\Delta Y = 100\ 万 + 100\ 万 \times 0.8 + 100\ 万 \times 0.8^2 + 100\ 万 \times 0.8^3 + 100\ 万 \times 0.8^4 + \cdots\cdots$$

$$= (1 + 0.8 + 0.8^2 + 0.8^3 + 0.8^4 + \cdots\cdots) \times 100\ 万$$

$$= \frac{1}{1-0.8} \times 100\ 万 = 500\ 万元$$

从例子中可以看出，最初增加的100万元支出引起的国民收入增加是500万元，是最初增加的5倍。同样，最初支出的减少也会引起国民收入减少大于最初的减少。

乘数传导机制作用的表现为：第一，当总支出增加时，所引起的国内生产总值的增加要大于最初总支出的增加。第二，当总支出减少时，所引起的国内生产总值的减少要大于最初总支出的减少。因此，乘数的作用是双重的，是一把"双刃剑"。

二、政府收支条件下的乘数 [33]

政府支出乘数是指政府的支出能使国内生产总值增加的倍数。[13]

政府支出乘数实际上就是政府赤字预算乘数 [34]，所以把政府的任何支出

33. The multiplier of government revenue or purchase

34. Government Deficits Budget Multiplier

[13]　Government purchase multiplier refers to the multiple of the increase of GDP which induced by the increase of government purchase

都可以看成政府投资，即 $G=I$。

如果用 K_G 代表政府支出乘数，则：$K_G=\dfrac{\Delta Y}{\Delta Q}$

由于 $G=I$，

所以，$K_G=\dfrac{\Delta Y}{\Delta G}=\dfrac{1}{1-\dfrac{\Delta C}{\Delta Y}}$

如果用 c 表示 $\dfrac{\Delta C}{\Delta Y}$，即 c 就是边际消费倾向，则：

$$K_G=\frac{1}{1-c}$$

政府收入乘数又叫赋税乘数，是指政府增加或减少税收所引起的国内生产总值变动的程度。[14]

由于政府的收入主要来源于税收，所以，税收增加，国内生产总值减少；税收减少，国内生产总值增加。

如果用 K_T 代表政府收入乘数，ΔT 代表税收的变动额，则：

$$K_T=\frac{\Delta Y}{\Delta T}$$

根据乘数理论，把消费支出看成投资，则：

$$\frac{\Delta Y}{\Delta C}=\frac{1}{1-c}\qquad \Delta Y=\frac{\Delta c}{1-c}$$

消费增量（ΔC）与税收增量（ΔT）两者之间的关系表现为反方向变动关系，即税收增加会使消费量减少，用公式可以表示为 $\Delta C=-\Delta T$。但是，并非税收的增加量就一定是消费的减少量，因为政府如果不增加这些税收 ΔT，消费者也未必把它们（ΔT）全部用于消费，这还要取决于边际消费倾向（c）的大小。所以，根据消费增量与税收增量的这种关系，征税额变动后的消费变动的绝对值应该是征税变动额（ΔT）与边际消费倾向（c）之乘积。

即：$\Delta C=-c\cdot\Delta T\qquad \Delta T=\dfrac{\Delta C}{-c}$

将上式代入政府收入乘数公式可得：

$$K_T=\frac{\Delta Y}{\Delta T}=\frac{\dfrac{\Delta C}{1-c}}{\dfrac{\Delta C}{-c}}=\frac{-c}{1-c}$$

即：$K_T=\dfrac{-c}{1-c}$

---

[14] Government revenue multiplier also called tax multiplier, it refers to the multiple of the increase of GDP which induced by the increase or decrease of tax.

平衡预算乘数[35]等于政府支出乘数与政府收入乘数之和。如果用 K_B 代表平衡预算乘数，则：

$$K_B = K_G + K_T = \frac{1}{1-c} + \frac{-c}{1-c} = 1$$

35. Balanced Budget Multiplier

即：$K_B = K_G + K_T = 1$

平衡预算乘数主要用于一国政府在制定财政政策时的参考：第一，如果社会总支出不足，国内生产总值处于较低水平，社会存在通货紧缩缺口时，就需要政府扩大支出，减少税收。政府支出究竟应扩大多少，税收究竟应减少多少，应该根据 K_B、K_G、K_T 而定。第二，如果社会总支出过度，国内生产总值超过充分就业水平，社会存在通货膨胀缺口时，就需要压缩政府支出，增加税收。政府支出究竟应压缩多少，税收究竟应增加多少，也应该根据 K_B、K_G、K_T 而定。

三、乘数的运用[36]

36. Implement of Multiplier

在经济分析中，乘数是十分有用的。在 20 世纪 80 年代末，美国的边际支出倾向接近 0.5，可支配收入的边际消费倾向为 0.9，国内生产总值中的可支配收入接近 2/3，所以，消费支出是国内生产总值的 60%，国内生产总值的边际消费倾向为 0.6。进口量在国内生产总值中的比重将近 15%，边际进口倾向为 0.15，边际支出倾向为 0.45（0.6 ~ 0.15），这时的乘数为：

$$a = \frac{1}{1-0.45} = 1.82$$

那么，在经济衰退与复苏时期，乘数的数值会有什么变化呢？表 2-1 反映的是美国不同时期的乘数。

表 2-1　美国不同时期的乘数　　（单位：10 亿美元）

年份	自发支出变动	引致支出变动	实际国内生产总值变动	乘数
1960 ~ 1987	1121.9	1032.4	2154.3	1.92
1974 ~ 1975	-99.8	65.5	-34.4	0.34
1981 ~ 1982	-117.1	3.3	-82.8	0.71
1982 ~ 1983	50.3	62.8	113.1	2.25
1983 ~ 1987	383.3	157.2	540.5	1.41

资料来源：《1988 年总统经济报告》，第 250 ~ 251 页

从表 2-1 可以看出，从 20 世纪 60 年代到 80 年代末，美国的乘数从 1.92 下降到 0.71。表中的乘数是用除以实际国内生产总值变动量自发支出变动量得出的。自发支出的变动量包括投资、政府购买和出口变

动量之和，引致支出的变动量为消费减进口的变动量。表中第一行表明 1960～1987 年乘数的平均值为 1.92。第二行与第三行是两个衰退年份的乘数，1974～1975 年的衰退是由于石油价格急剧上升引起的投资减少，1981～1982 年的衰退是由于高利率和悲观的利润预期所引起的投资减少。在这两个衰退时期，尽管自发支出减少了，但引致支出增加了，结果，实际国内生产总值的减少小于自发支出的减少。在这两个衰退时期中，乘数都小于 1。第四行和第五行是两个复苏阶段，这两个阶段的乘数大于衰退时期。

　　衰退时期乘数小而复苏时期乘数大的原因在于边际消费倾向。在复苏开始时，人们预期收入的增加是长期的，从而边际消费倾向就高。当经济周期处于衰退时期，人们预期收入的变动是暂时的，从而边际消费倾向就低。在两个衰退期开始时收入减少，人们认为他们面临的收入损失是暂时的，并不会减少消费。消费支出增加了，但仍小于没有衰退时。因此，消费增加就是对阻碍经济增长的暂时性因素的一种理性反映。由于消费支出并没有减少，衰退的严重程度就有所减弱，乘数小于 1，消费在某种程度上起到了减震的作用。当经济进入复苏、收入增加时，人们认为收入增加中的大部分是持久的，结果，消费增加增强了自发性支出的增加，乘数大于 1。

第四节　总供求均衡 [37]

37. Equilibrium between AS and AD

　　对于短期宏观经济，凯恩斯用总支出与国内生产总值的关系来说明。现代经济学家不满足于对短期宏观经济的分析，要对长期宏观经济进行分析，就要借助于总供求均衡分析。

一、总需求曲线 [38]

38. AD Curve

　　如前所述，总支出曲线说明了总支出与实际国内生产总值的关系。现代经济学家不是通过总支出曲线来说明总供求均衡，因此，必须将其转换为总需求曲线进行分析。

　　我们首先列出总需求表，总需求表反映了当其他影响购买支出的因素不变时，在每一价格水平上的实际国内生产总值的需求量。然后依据需求表绘制总需求曲线，总需求曲线用图形表示就是某种价格水平相对应的实际国内生产总值的需求量。因此，总需求是指实际国内生产总值需求量与物价水平之间的整体关系，可以用表 2-2 反映这种关系。

表 2-2　总需求表

	物价水平（GDP 折算数）	实际国内生产总值（万亿元）
a	140	3.5
b	120	4.5
c	100	5.5

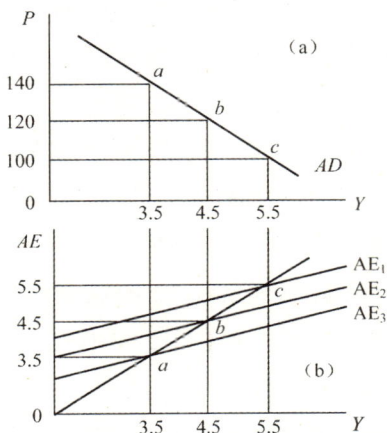

图 2-6　总需求曲线

根据表 2-2 可以绘制出总需求曲线，如图 2-6 所示。

在图 2-6（a）中，横轴 Y 代表实际国内生产总值，纵轴 P 代表物价水平，连接各点的 AD 曲线为总需求曲线。总需求曲线表示了在其他影响因素不变的情况下物价水平与实际国内生产总值之间的关系。从图中可以看出，这两者是反方向变动关系，即总需求曲线向右下方倾斜，当物价水平高时，实际国内生产总值的需求量低；当物价水平低时，实际国内生产总值的需求量高。

现代经济学家通过物价变动对总支出和总需求的影响，来说明总支出曲线与总需求曲线的相互关系。如图 2-6（b）所示，横轴 Y 代表实际国内生产总值，纵轴 AE 代表总支出。当物价水平较低时，实际总支出较大，反之，则实际总支出较小。例如，当物价水平为 100 时，总支出曲线 AE_1 与 45° 线相交于 c，均衡的支出为 5.5 万亿元；当物价水平为 120 时，总支出曲线 AE_2 与 45° 线相交于 b，均衡的支出为 4.5 万亿元；当物价水平为 140 时，总支出曲线 AE_3 与 45° 线相交于 a，均衡的支出为 3.5 万亿元。我们也可以这样理解，物价水平与实际总支出反向变动，引申出了总需求曲线。

总需求曲线分析的意义有以下几点。

第一，总需求曲线与财产效应。人们的消费需求取决于收入和财产的多少，收入和财产增加，必然引起消费增加。财产取决于物价水平的高低，这是因为财产可以分为实际财产与名义财产。在名义财产不变时，实际财产取决于物价水平。如果物价水平下降，实际财产就会增加；相反，实际财产就会减少。因此，财产效应就是物价水平通过对实际财产的影响而影响实际消费[15]。

当物价水平上升时，实际财产就会减少，消费也会随之减少；相反，实际财产就会增加，消费也会随之增加。由于消费是总需求的一个组成部分，所以，物价水平与总需求呈反方向变动关系。可以用下列关系式表示：物价水平↑（表示增加）→实际财产↓（表示减少）→消费↓→总需求↓，或：物价水平↓→实际财产↑→消费↑→总需求↑。

第二，总需求曲线与利率效应。影响投资需求的因素很多，其中一个重要的因素就是利率，因为利率决定了投资的成本。当人们为追求利润最大化进行投资时，如果利率上升，会导致投资成本增加，扣除成本后的净利润率就会下降，投资必然减少；相反，则会导致投资成本减少，净利润率上升，投资必然增加，所以，投资与利率呈反方向变动。利率效应就是物价水平通过对利率的影响而影响投资。[16]

因此，从投资的角度看，总需求与物价水平呈反方向变动关系。可以用下列关系式表示：物价水平↑→实际货币量↓→利率↑→投资↓→总需求↓，或：物价水平↓→实际货币量↑→利率↓→投资↑→总需求↑。

第三，总需求与汇率效应。净出口尽管受多种因素影响，但其中最重要的是汇率。一国汇率上升，即相对于外国货币本国货币更值钱，这时，如果外国产品价格不变，用本国货币表示的外国产品的价格就会下降，从而进口增加，用外国货币表示的本国产品的价格就会上升，从而出口减少。汇率上升引起一国进口增加，出口减少，净出口减少；汇率下降引起一国出口增加，进口减少，净出口增加。汇率效应就是物价水平通过对汇率的影响而影响净出口。[39]

可以用下列关系式表示：物价↑→利率↑→汇率↑→净出口↓→总需求↓，或：物价↓→利率↓→汇率↓→净出口↑→总需求↑。

财产效应，利率效应和汇率效应分别说明了价格对消费、投资和净出口的影响，当物价上升时，财产效应使实际财产减少，消费减少；利率效应使投资减少；汇率效应使一国汇率上升，净出口减少。这样，物价上升就引起

39. Exchange rate effect refers to the changes of price level would affect net export through affecting the exchange rate.

[15] Property effect refers to the changes of the price level would affect the actual consumption through affecting the actual property.

[16] Interest rate effect refers to the changes of price level would affect the investment through affecting the interest rate.

总需求减少。这正是总需求曲线所表明的关系。

案例 2.1

战争与经济

"大炮一响，黄金万两"。震惊世界的"9.11"发生后，美、英两国对阿富汗发动了军事打击。这对美国经济产生了一些积极影响：不少人希望美国军火商能得到大量的坦克和飞机订单，通过军事支出的增加，引起总需求的增加；就业情况也因许多人应征上前线而得到缓解；美国股市乃至经济借此一扫晦气。

专家分析认为，此次战争对美国经济的影响与越战和海湾战争不同。20 世纪 60 年代末，联邦政府的巨额国防开支和非国防开支，使本来已很强劲的私营部门总需求进一步增强，并积聚了很大的通货膨胀压力，这种压力在整个 70 年代也未能得到充分缓解。此后一直到 80 年代末期，大部分经济决策的主要任务就是抑制通货膨胀。相反，海湾战争却引发了一次经济衰退，这是"沙漠盾牌行动"初期消费者信心急剧下降导致的结果。但是由于当时军队所需的大部分物资并不是依靠投资在未来实现的，所以并没有产生通货膨胀。

阿富汗战争同以往迥异。首先，美国政府不可能像海湾战争那样动用大规模地面部队。其次，更重要的是，这场对抗隐蔽敌人的战争将主要通过非常规手段进行，与此相关的国防资源大多是军备库存中没有的，需要新的开支计划。这对经济中的总需求会产生积极的影响。

二、总供给曲线[40]

总供给曲线表示经济中总供给与物价水平之间的关系。分析总供给曲线时，一定要区分短期总供给曲线[41]与长期总供给曲线[42]。

短期总供给曲线。短期中总供给的大小取决于多种因素，在这里我们分析物价水平对短期总供给的影响，短期总供给曲线是反映短期中总供给与物价水平之间关系的一条曲线[43]。

换言之，短期总供给曲线告诉我们，在每一种物价水平时，经济中的总供给量，如图 2-7 所示。

在图 2-7 中，AS 代表短期总供给曲线，并分为两部分，一部分向右上方

40. AS Curve

41. Short-run AS Curve

42. Long-run AS Curve

43. Short-run AS curve reflects the relationship between AS and price.

倾斜，表示总供给随物价水平的上升而上升；另一部分向上垂直，表示总供给要受经济中资源与其他因素的制约，不可能随物价的上升而无限增加。如图 2-7（a）所示，当总供给增加到 Y_2 时，无论物价水平如何上升，总供给都无法增加，成为一条垂线。这是与总需求曲线的不同之处。

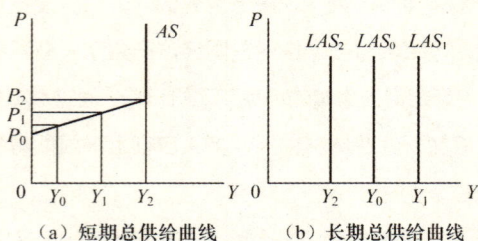

（a）短期总供给曲线　　　（b）长期总供给曲线

图 2-7　短期总供给曲线与长期总供给曲线

长期总供给曲线。在长期中引起短期总供给曲线向右上方倾斜的原因都不存在。因此，长期中总供给曲线是一条垂线。长期总供给曲线是一条表示总供给与物价水平之间不存在任何关系的垂线 [17]。

这时重要的是确定长期总供给曲线的位置。长期总供给也就是充分就业的总供给，即充分就业 GDP 或潜在 GDP。潜在 GDP 取决于制度、资源与技术进步 44。因此，我们可以根据这些因素确定长期总供给曲线的位置。随着潜在 GDP 的变动，长期总供给曲线也会移动。正常情况下，长期总供给曲线随经济增长向右方平行移动，如果发生自然灾害或战争，经济生产能力被破坏，长期总供给曲线会向左移动。在图 2-7（b）中，由制度、资源与技术进步决定的潜在 GDP 为 Y_0，长期总供给曲线为 LAS_0。随着经济增长，长期总供给曲线向右移动到 LAS_1，潜在 GDP 增加为 Y_1。如果发生了不利于经济生产能力的冲击，则长期总供给曲线向左移动到 LAS_2，潜在 GDP 减少为 Y_2。

44. Technical Progress

45. AD-AS Model

三、总需求—总供给模型 45

我们在了解总需求曲线与总供给曲线的基础上，就可以建立总需求 - 总供给模型。总需求 - 总供给模型是用来说明均衡的国内生产总值与物价水平的决定的。

把总需求曲线与短期总供给曲线放在一个图上就可以得出总需求 - 总供给模型，如图 2-8 所示。

在图 2-8 中，总需求曲线 AD 与短期总供给曲线 AS 相交于 E 点决定了均

[17]　Long-run AS curve is a perpendicular which represents AS and price does not exit any relationship.

衡的国内生产总值为 Y_0，均衡的物价水平为 P_0。这时总需求与总供给相等，实现了宏观经济的均衡。

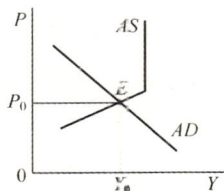

图 2-8　总需求 – 总供给模型

总需求—总供给模型决定的是均衡的国内生产总值，但要注意的是，均衡的国内生产总值并不一定等于充分就业的国内生产总值。总需求与短期总供给决定的均衡的国内生产总值可能大于、小于或等于充分就业的国内生产总值。到底会出现哪一种情况取决于不受物价水平影响的潜在总供给。因此，我们为了说明这一点，必须在总需求 - 总供给均衡的图形中引入长期总供给曲线。如图 2-9 所示。

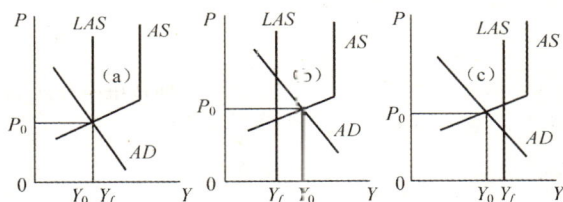

图 2-9　宏观经济均衡的不同状态

在图 2-9（a）中，总需求曲线与短期总供给曲线以及长期总供给曲线正好相交于一点。这时，均衡的国内生产总值正好等于充分就业的国内生产总值 Y_f，经济中实现了充分就业均衡，这是最理想的宏观经济状况。在图 2-9（b）中，总需求曲线与短期总供给曲线相交时，长期总供给曲线在交点的左边。这时均衡的国内生产总值为 Y_0，大于充分就业的国内生产总值 Y_f，这种均衡称为大于充分就业的均衡。这时，资源得到过度利用，资源短缺使资源价格上升，最终会使物价上升，因此，存在通货膨胀的压力，经济过热。在图 2-9（c）中，总需求曲线与短期总供给曲线相交时，长期总供给曲线在交点的右边。这时均衡的国内生产总值为 Y_0，小于充分就业的国内生产总值 Y_f，这种均衡称为小于充分就业的均衡。这时，资源没有得到充分利用，经济中存在失业。

在上述三种均衡中，只有图 2-9（a）表示的充分就业均衡是理想的，其他两种均衡无论是通货膨胀还是失业都不理想。宏观经济学正是要从总需求和总供给的角度说明引起后两种均衡的原因，并实现第一种充分就业均衡。

总供求均衡分析可以用"人民币不贬值对宏观经济的影响及调节方法"的案例说明。1997年亚洲金融危机时，东南亚各国货币纷纷大幅度贬值，而中国坚持人民币不贬值的承诺。当其他国家货币贬值（汇率下降）而一国货币不贬值时，就意味着该国货币相对于其他国家货币升值了（汇率上升）。由于中国和东南亚许多国家在出口产品结构与出口对象上的相同，人民币相对升值，使国内价格未变的商品在国际市场上价格上升，中国的出口就会减少。出口是总需求的一部分，出口减少会引起总需求减少。这对中国的宏观经济状况的影响可以用总需求—总供给模型来分析，如图2-10所示。

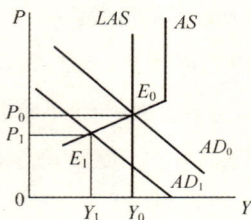

图 2-10　人民币不贬值与宏观经济均衡

在图2-10中，中国原来的经济处于充分就业均衡状态，从图上看就是短期总供给曲线 AS，总需求曲线 AD_0 与长期总供给曲线 LAS 相交于 E_0。这时，均衡的国内生产总值为 Y_0，也是充分就业的国内生产总值，此时物价水平为 P_0。人民币不贬值使出口减少，总需求减少，总需求曲线由 AD_0 向左移动至 AD_1。这时，总需求曲线 AD_1 与原来的短期总供给曲线 AS 相交于 E_1，决定了均衡的国内生产总值为 Y_1，Y_1 小于充分就业的国内生产总值 Y_0，此时物价水平为 P_1，低于充分就业均衡时的物价水平 P_0。

以上分析说明总需求变动对宏观经济的影响，可以归纳为：总需求增加，均衡的国内生产总值增加，物价水平上升；总需求减少，均衡的国内生产总值减少，物价水平下降。当总需求减少引起均衡的国内生产总值减少（衰退）和物价水平下降（通货紧缩）时，只有增加总需求才能恢复充分就业均衡。

本章小结

（1）总供给是一个经济社会在一定时期内生产出来的所有物品和劳务的数量总和，也就是经济的总产出，其市场价值总和构成该社会这一时期的 GDP 总量。总需求是一个经济社会中所有成员对最终产品和劳务的有效需求之和。

（2）宏观经济均衡是指当各种相互作用的宏观经济变量之间达到某种平衡，彼此不再变动时，经济处于一种相对稳定的状态。宏观经济均衡是在总需求与总供给的相互作用中实现的。当经济中的总供给等于总需求，即总产出等于总支出时，宏观经济就实现了均衡。

（3）消费是总需求中最主要的部分。影响消费的主要因素是收入，收入越高，消费水平越高。收入中用于消费之外的部分是储蓄，收入也是影响储蓄的主要因素，两者是正相关关系。

（4）国民收入在宏观经济均衡中的决定，当总支出等于总收入时，就实现了宏观经济均衡。国民收入的均衡条件为：$I=S$。

（5）乘数是最初支出增加所引起的国民收入增加的倍数，即 a，$a=\dfrac{1}{1-c}$。总需求任何部分的变动，如消费支出的变动、政府支出的变动、投资支出的变动、税收的变动、净出口的变动都具有乘数效应。乘数产生的原因是国民经济活动的相互关联性。

（6）总需求曲线就是用图形表示某种价格水平相对应的实际国内生产总值的需求量。总供给曲线表示经济中总供给与物价水平之间的关系。分析总供给曲线时，要区分短期总供给曲线与长期总供给曲线。

关键词

总供给	总需求	均衡的国民收入	消费函数
自发消费	引致消费	边际消费倾向	平均消费倾向
储蓄函数	平均储蓄倾向	边际储蓄倾向	

综合练习

1. 单项选择题

（1）边际消费倾向和边际储蓄倾向之和等于1，这是因为（　　　）。

A. 任何两个边际量相加总是等于1

B. MPC 曲线和 MPS 曲线都是直线

C. 国民收入的每一元不是用于消费就是用于储蓄

D. 经济中的投资水平不变

（2）在两个部门经济中，均衡发生于（　　　）时。

A. 实际储蓄等于实际投资

B. 实际的消费加实际的投资等于产出值

C. 计划储蓄等于计划投资

D. 总支出等于企业部门的收入

（3）一个家庭当收入为零时，消费支出为2000元；当收入为6000元时，消费为6000元。在图形上，消费和收入之间成一条直线，则其边际消费倾向为（　　　）。

A. 2/3　　　　　B. 3/4　　　　　C. 4/5　　　　　D. 1

（4）消费函数的斜率等于（　　　）。

A. 平均消费倾向

B. 平均储蓄倾向

C. 边际消费倾向

D. 边际储蓄倾向

（5）宏观经济的主要问题不包括（　　　）。

A. 失业　　　　　B. 通货膨胀　　　C. 经济政策　　　D. 经济波动

2. 判断题

（1）当经济处于均衡时，边际消费倾向必然等于边际储蓄倾向。（　　　）

（2）如果边际消费倾向为正，那么边际储蓄倾向就为负。（　　　）

（3）政府增加购买，储蓄增加。（　　　）

（4）在任何情况下，个人的储蓄的增加都会使实际国民生产总值减少，这就是节约的悖论。（　　　）

（5）乘数效应只适应于投资的变化而不适用于消费的自主变化。（　　　）

3. 问答题

（1）什么是均衡的国民收入，均衡的国民收入是如何决定的？

（2）如何理解乘数。

4. 计算题

设政府购买和税收分别为 500 美元和 400 美元，投资为 200 美元，消费中自发性部分为 100 美元，边际消费倾向为 0.9，求均衡国民生产水平是多少。

chapter 3

第三章 国民收入核算理论

学习要求

通过对本章的学习，要了解宏观经济运行基本条件；国内生产总值计算方法及恒等关系；掌握各宏观经济总量的基本概念。学会应用基本概念和原理对我国宏观经济变量进行分析和衡量；对综合反映社会经济活动的国民经济总量指标进行分析。

重点掌握

国民生产总值的含义；国民生产总值的计算方法；国民收入核算的基本指标。

引导案例

GDP——20 世纪最伟大的发现之一

　　美国著名经济学家保罗·萨缪尔森说："GDP 是 20 世纪最伟大的发现之一"。没有 GDP，我们就无法进行国与国之间经济实力的比较，贫穷与富裕的比较；我们就无法知道我国 2005 年的 GDP 总量排在全世界的第 4 位，低于美国的 5 倍多。没有 GDP，我们无法知道我国人均 GDP 在 2005 年已超过 1300 美元，低于美国和日本的 35 多倍。没有 GDP 这个总量指标，我们无法了解我国的经济增长速度是快还是慢，是需要刺激还是需要控制。因此，GDP 就像一把尺子，一面镜子，是衡量一国经济发展和生活富裕程度的重要指标。

　　如果你要判断一个人在经济上是否成功，首先要看他的收入。高收入的人享有较高的生活水平，同样的逻辑也适用于一国的整体经济。当判断经济富裕还是贫穷时，要看人们口袋里有多少钱，这正是国内生产总值（GDP）的作用。

　　GDP 同时衡量两件事：经济中所有人的总收入和用于经济中物品与劳务产量的总支出。GDP 既衡量总收入又衡量总支出的秘诀在于这两件事实际上是相同的。对于一个整体经济而言，收入必定等于支出，这是为什么呢？经济收入和支出相同的原因就是一次交易都有两方：买者和卖者。如你雇一个小时工做卫生，每小时 10 元，在这种情况下小时工是劳务的卖者，而你是劳务的买者。小时工赚了 10 元，而你支出了 10 元。因此这种交易对经济的收入和支出做出了相同的贡献。无论是用总收入来衡量还是用总支出来衡量，GDP 都增加了 10 元。由此可见，在经济中，每生产一元钱，就会产生一元钱的收入。

（资料来源：作者根据有关资料整理）

　　启示：GDP 如此重要，我们必须搞清楚到底什么是 GDP。国内生产总值（即 GDP）是指一个国家（或地区）在本国领土上，在一定时期内生产的全部产品和劳务的市场价值总和。准确理解 GDP 的要点：①GDP 是按照现行的市场价格计算的；②GDP 包括在市场上合法出售的一切物品和劳务，例如，你购买了音乐会的票，票价就是 GDP 的一部分；③只算最终产品，不包括中间环节；④是一个国家之内的，例如，外国人暂时在中国工作，外国人在中国开办企业，他生产的价值是中国 GDP 的一部分。计算国内生产总值（GDP）主要有支出法、收入法和生产法，以支出法为准。

第一节　宏观经济运行 [1]

宏观经济运行及基本条件是理解宏观经济总量理论的基础，也是宏观经济学说的基础。

一、国民经济 [2]

国民经济由众多机构单位组成，是各机构单位相互依存、互为条件、共同发展的有机整体。机构单位是国民经济的微观基础。[1]

机构单位是指有权拥有资产和承担负债、能够独立从事经济活动和与其他实体进行交易的经济实体。在现实生活中机构单位可以分为五类：一类是居民；一类是厂商；一类是金融；一类是政府；最后一类是国外，并且称这样分类的结果为机构部门。所谓机构部门是指机构单位依据其主要经济职能、行为和目的的基本特征分类形成的经济部门。

厂商、金融和居民作为独立决策的单个经济单位而存在，是一国的常住单位。厂商是独立地利用资源，生产产品与劳务的组织，遵守生产者行为法则，以利润最大化为目的；金融是从事货币媒介活动的经济组织，以利润最大化为目的的同时注意全社会货币供求平衡；居民则是作为一个决策单位生活在一起的一些人的集团，遵守消费者行为法则，以满足最大化需求为目的。政府是作为提供公共产品和劳务并通过收入与支出调节国民经济的组织。国外是指从事经济活动的全部非常住单位。常住单位是一国或地区经济领土内具有一定场所（住房、厂房、仓库、办公楼等）、从事一定规模经济活动并存在超过一定时期的经济单位。它是划分国内经济活动和国外经济活动的基本依据。

二、国民经济与宏观经济的关系 [3]

国民经济是人类赖以生存和发展的有机整体，是企业和居民相互依存，互为条件，共同发展的有机整体。

厂商、金融和居民的经济行为，构成微观经济。政府通过政策服务和对国民经济的调节职能，连同被调节的对象共同构成宏观经济。

微观经济是指单个经济单位的经济行为，以及与该行为相应的经济变量

---

[1]　National economy consists of lots of agencies. It is an organic integrity with those interdependent, interactive agencies. The agencies establish the micro-foundation of national economy.

的决策和实现目标的最大化和资源的合理配置。单个经济单位相互依存、互为条件、共同发展，表现为宏观经济，也构成国民经济的整体，成为国民经济的基础。

宏观经济是指整个国民经济，或国民经济总体及其经济活动和运行状态。宏观经济是国民经济现状的体现，考察宏观经济的目的是分析总供求是否均衡，国民经济则说明各微观经济单位之间的构成，考察国民经济的目的是分析社会再生产比例关系。

三、宏观经济运行的基本条件 [4]

4. Premises for Macroeconomy

宏观经济运行模式分为：简单型经济、调节型经济和开放型经济三类。[2]

简单型经济是指社会经济中只存在厂商和居民两个部门，不考虑政府和对外贸易部门，因此，也称为两部门经济。

简单型经济模型：居民向厂商提供生产要素，得到相应的收入，并用这些收入购买各种产品和劳务；厂商购买居民提供的各种生产要素进行生产，并向居民提供产品和劳务。如果居民得到的收入与厂商提供的产品和劳务相等，或居民购买产品和劳务的支出与厂商购买各种生产要素支付的费用相等，简单经济以不变的规模运行。如果居民将部分收入储蓄起来，或者厂商得到其他来源的投资，那么，只要金融机构将全部的储蓄转化为投资，即：储蓄＝投资，这个经济仍然可以平衡地运行下去。因此，储蓄＝投资是经济正常循环运行的条件。

调节型经济是指厂商、居民和政府三种单位所组成的经济结构，也称为三部门经济。调节型经济是为了弥补简单型经济缺陷而产生的。在简单型经济中，如果储蓄不等于投资，经济循环失去平衡，必然要由政府出面干预经济，使之平衡。

调节型经济模型：在简单型经济模型的基础上，政府通过财政税收和财政支出，与厂商和居民发生联系。政府支出为厂商和居民及整个社会提供公共物品，同时从厂商和居民那里获得财政税收。如果储蓄等于投资，同时政府的财政税收等于政府的财政支出，调节型经济平衡运行。如果储蓄不等于投资，则要通过政府的财政税收不等于政府的财政支出来调节，通过调节，储蓄加上财政税收等于投资加上财政支出，即：储蓄＋财政税收＝投资＋财政支出，这个经济仍然可以平衡地运行下去。因此，储蓄＋财政税收＝投资

---

[2]　The macroeconomic performance mode is divided into three categories: simple economy, adjusting economy and an open economy.

+ 财政支出是经济正常循环运行的条件。

开放型经济是指厂商、居民、政府和国外（进出口）四个部门所组成的经济结构，也称为四部门经济。世界上任何一国的经济都不是封闭的，或多或少地与国外有经济联系，即开放型经济。

开放型经济模型：在调节型经济模型的基础上，还有来自国外的产品和劳务，即进口，和卖给国外的产品和劳务，即出口。如果储蓄加上政府税收等于投资加上政府支出，同时进口等于出口，开放型经济平衡运行。如果储蓄加上财政税收不等于投资加上财政支出，可以让进口不等于出口来实现平衡运行，即：储蓄＋财政税收＋进口＝投资＋财政支出＋出口，这个经济仍然可以平衡地运行下去。因此，储蓄＋财政税收＋进口＝投资＋财政支出＋出口是经济正常循环运行的条件。

综上所述，不论是简单型经济运行，调节型经济运行，还是开放型经济运行都包含储蓄与投资恒等关系，因此，储蓄＝投资是经济运行的基本条件，也就是说简单经济模型是各种经济模型的基础，如图 3-1 所示。

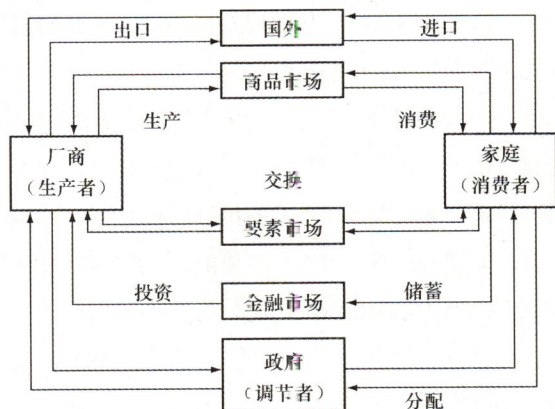

图 3-1　宏观经济运行

国民经济循环运行可以从社会再生产的过程来看。作为社会再生产过程的国民经济，由生产、分配、交换（流通）和消费（使用）各过程组成，如果从各过程循环流动的角度看，不外乎是生产部门（厂商）、消费部门（居民）和政府部门在商品市场和要素市场之间的流动。

从图 3-1 可看出，生产部门通过要素市场购买生产要素，生产出商品并通过商品市场向消费部门提供消费品，表现为生产过程。消费部门通过要素市场卖出生产要素获得收入，通过商品市场购买消费品进行消费，表现为消费过程。要素市场和商品市场的运行，表现为交换（流通）过程。政府部门向消费部门和生产部门征收税款获得政府收入，通过商品市场向生产部门购买，向消费部门和生产部门转移支付形成政府支出，表现为分配过程。因此，这种国民经济的循环流动，反映了国民经济的内在联系，反映了生产、分配、交换（流通）和消费（使用）的总过程。

第二节　国内生产总值 [5]

一、国内生产总值的内涵 [6]

5. Gross Domestic Product

6. Connotation of Gross Domestic Product

国内生产总值（GDP）是指一国或一地区在一定时期（通常为一年）内运用生产要素所生产的最终产品和劳务的市场价值的总和 [3]。国内生产总值是根据国土原则统计的，只要是在本国领土内生产的产品和劳务都要计算产值，是衡量一个国家整体经济状况的最重要的指标。美国著名的经济学家保罗•萨缪尔森曾指出："GDP 是 20 世纪最伟大的发现之一"。没有 GDP 这个指标，我们就无法进行国与国之间经济实力的比较，及贫穷和富裕的比较。

在理解这个定义时应注意以下几点。

第一，国内生产总值是指一年内生产出来的价值总值。在计算国内生产总值时不应包括以前生产的产品价值和当年正在生产的产品价值。

第二，国内生产总值是指最终产品的价值总值。在计算时不应包括中间产品的价值，以避免重复计算。最终产品是指最后供人们使用的产品。中间产品是指在以后的生产中作为投入的产品。在实际中区分最终产品和中间产品十分困难，为解决这一问题，在具体计算时采用了增值法，即只计算在生产各阶段上增加的价值。

可以用下面的例子来说明。

在表 3-1 中，三个厂商最终产品的价值为 230 元，如果按销售总价值计算则为 490 元，其中，存在 260 元的重复计算，而计算国内生产总值是指最终产品的价值总额。

第三，国内生产总值中的最终产品包括有形产品和无形产品。在计算国内生产总值时，把旅游、服务、卫生、教育等行业提供的劳务，按其获得的报酬计入国内生产总值中。由于全部的生产部门包括物质和非物质部

---

[3]　GDP is the market value of all final goods and services produced within a country in a given period.

表3-1　国内生产总值核算中的重复计算　　　（单位：元）

生产阶段	厂商 A	厂商 B	厂商 C	全部厂商合计
购买阶段厂商产品	0	90	170	相互销售总额 260
购买要素支出	80	60	90	增值总额 230
产品值（上两项之和）	80	150	260	销售总价值 490

门，因此，国内生产总值不仅包括有形产品的价值，而且包括无形产品的价值。

第四，国内生产总值一般仅指市场导致的价值，不经过市场销售的最终产品（如家务劳动、自给性产品）不计入国内生产总值中。计算国内生产总值时会受最终产品数量和市场价格水平变动的影响。按照现价计算的国内生产总值会受到现行价格水平变动的影响，称为名义国内生产总值。按照不变价格计算的国内生产总值可以排除价格水平变动的影响，称为实际国内生产总值。

第五，国内生产总值是按照国土原则计算的最终产品的价值总值。国土原则是指生产总值的计算按一国经济领土范围内本国居民和外国居民生产的物质和劳务的价值进行计算的原则。所以，国内生产总值既包括本国居民在本国领土内生产活动的产值，也包括外国居民在本国领土内生产活动的产值，但不包括本国居民在国外生产活动的产值。

从 GDP 的含义不难看出，GDP 只是用来衡量那些易于度量的经济活动的营业额，不能全面地反应经济增长的质量。

二、国内生产总值的计算方法 [7]

国内生产总值（GDP）的计算，一般采用生产法、支出法和收入法。常用的是支出法和收入法，下面分别予以说明。[4]

（一）支出法 [8]

支出法也称产品流动法、最终产品法。这种方法是从产品的使用出发，按社会最终使用的产品支出来计算国民生产总值，即将一年内所有社会成员用于最终产品和劳务购买支出的市场价格的总和加总计算，得出社会最终产品的流动量的货币价值总和。从经济循环的角度看，也就是对国民经济循环流程图的下半部分进行计量，即从产出市场加以统计。

在用支出法计算国内生产总值时，各个国家的具体统计项目有差异，以我国为例主要包括以下四大项。

7. The Measurement of Gross Domestic Product

8. The Expenditure Approach

[4]　The production approach, the expenditure approach and the income approach are commonly used in the GDP calculating.

1. 总消费

居民消费、政府消费。

2. 总投资

固定资产形成、库存增加。

3. 净出口额

出口（+）、进口（-）。

4. 统计误差

这里，总消费（C）是指在一定时期内最终产品和劳务消费支出合计，包括居民个人消费支出和政府消费支出。居民个人消费是指常住居民在一定时期内购买最终产品和劳务消费的支出，包括购买耐用品（如小汽车、家用电器等）、非耐用品（如食品、衣服等）和劳务；政府消费是指各级政府在一定时期内购买最终产品和劳务消费的支出，如政府花钱开办学校、建设道路、提供国防等方面的支出。

总投资（I）是指在一定时期内社会和私人各项投资的合计，包括社会和私人固定资产投资形成和库存增加。固定资产投资形成是指社会和私人生产单位在一定时期内通过购买和自制形成的固定资产价值。在统计上等于固定资产投资完成额减去不形成固定资产的费用。库存增加是指流动资产中实物增加额，包括：①生产单位购入的原材料、燃料和各种储备资料的增加额；②生产单位生产的在产品、半成品和产成品。将企业存货计入GDP，可以保证按生产法核算GDP与按支出法核算GDP协调一致。

净出口（X-M）是指出口减进口的结果。出口（X）是指本国厂商向国外销售的产品和劳务。出口额反映了外国购买者对本国当期生产的产品及服务的购买，将出口额计入总支出可保证与生产法测算的GDP相一致。进口（M）是指外国厂商向本国销售的产品和劳务。进口额反映了本国购买者对外国商品和服务的购买，用支出法测算GDP时应将这部分流向国外的支出予以剔除，以确保政府所有的支出发生在国内产出的产品和服务上。

支出法计算国内生产总值的公式为：

国内生产总值=总消费支出+总投资支出+净出口支出

=国民支出

这里，国民支出是指一定时期内某个国家购买商品和劳务的支出总和。

如果从各项支出的用途看，总消费、总投资、净出口可分解为用于消费的支出和用于投资的支出。

国内生产总值=用于消费的支出+用于投资的支出

$$= 消费 + 投资$$

总消费、总投资、净出口之和是一定时期社会拥有的总需求。

（二）收入法 [9]

9. The Income Approach

收入法也称要素收入法或要素支付法，它是指从收入的角度出发，把一国一年内所有生产要素提供者的收入所得加总计算出该年国民生产总值的办法。最终产品市场价值除了生产要素收入构成的成本外，还包括间接税、折旧、公司未分配利润等内容。

在用收入法计算国内生产总值时，主要包括以下四大项。

1. 固定资产折旧

2. 劳动者报酬

货币工资（工资、奖金、津贴、补助）、实物工资、社会保险。

3. 生产税净额

4. 营业盈余

业主收入、净利息、企业利润、公司红利。

这里，固定资产折旧是指一定时期内为在生产中已耗费的固定资产提取的补偿价值，它是生产经营活动中的转移价值。

劳动者报酬是指在一定时期内以各种形式支付给劳动者的报酬，包括货币工资、实物工资和社会保险。货币工资又包括基本工资、奖金、津贴和补助。

生产税净额是指一定时期内生产单位向政府缴纳的各项生产税与政府向生产单位支付的补贴相抵之后的差额。生产税也就是间接税，间接税是指生产、销售、购买使用货物和劳务的税金。

营业盈余是指一定时期内生产要素在生产过程中创造的增值价值，是企业经营效益的体现，包括业主收入、净利息、企业利润和公司红利。业主收入是指个体劳动者和私营业主的经营收入。净利息是指借贷利息的差额。企业利润是指企业经营收入中扣除税收、红利、公积金之后的利润。公司红利是指上市公司在进行利润分配时，分配给股东的利润。

固定资产折旧、劳动者报酬、生产税净额和营业盈余的合计是一定时期社会拥有的总供给。

如果从各项收入的用途看，固定资产折旧、劳动者报酬、生产税净额和营业盈余可以分解为用于消费的收入和用于储蓄的收入。

$$国内生产总值 = 工资 + 利息 + 利润 + 租金 + 折旧 + （间接税 - 政府补贴）$$

$$= 用于消费的收入 + 用于储蓄的收入$$

$$= 消费 + 储蓄$$

（三）部门法 [10]

部门法又称生产法，是按生产物质产品和提供劳务的各个部门的产值计算国民生产总值的方法。用这种方法可以反映国内生产总值的来源。国民经济部门存在着错综复杂、纵横交错的投入产出关系，所以用部门法计算 GDP 时要避免重复计算，只计算新增加的价值。对于卫生、教育、行政、司法等无法计算增值的部门，按该部门职工的工资收入加总计入国内生产总值。不同的国家对于部门的分类不同，在美国，按部门法来统计国民收入时，包括以下部门：农林渔业、采矿业、制造业、运输业、邮电业和公用事业、电煤水业、批发和零售业、金融、不动产、服务业、政府服务、政府企业等。

计算国内生产总值的三种方法是从不同的角度，不同的侧面来测算宏观经济活动的。从理论上讲，统计的结果应该是一样的，即所谓的"国民收入三面等值原则"。如果三种方法计算的结果不一致，一般以支出法统计的结果为准，利用统计误差调整收入法和部门法所得的数值。

✒ 小资料 3.1

我国国内生产总值核算采用什么方法

我国国内生产总值基本上是按国际通行的核算原则，对各种类型资料来源进行加工计算得出的。主要资料来源包括三部分：第一部分是统计资料，包括国家统计局系统的统计资料，如农业、工业、建筑业、批发零售贸易餐饮业、固定资产投资、劳动报酬、价格、住户收支统计资料，国务院有关部门的统计资料，如交通运输、货物和服务进出口、国际收支统计资料；第二部分是行政管理资料，包括财政决算资料、工商管理资料等；第三部分是会计决算资料，包括银行、保险、航空运输、铁路运输、邮电通信系统的会计决算资料等。统计资料在越来越多的领域中采用抽样调查方法和为避免中间层次干扰的超级汇总法。基本计算方法采用国际通用的现价和不变价计算方法。

人们会发现，不同时期发布的同一年的国内生产总值数据往往不一样，这是因为国内生产总值核算数据有个不断向客观性、准确性调整的过程。首先是初步估算过程。某年的国内生产总值，先是在次年的年初，依据统计快报进行初步估算。统计快报比较及时，但范围不全，准确性不是很强。初步估算数一般于次年 2 月 28 日发表在《中国统计公报》上。其次是在次年第二季度，利用统计年报数据对国内生产总值数据重新进行核实。年报比快报统计范围全，准确度也高，采用这类资料计算得到的国内生产总值数据是初步核实数，一般在第二年的《中国统计年鉴》上公布。至此，工作还未结束，因为国内生产总值核算除了大量统计资料外，还要用诸如财政决算资料、会计决算资料等大量其他资料，这些资料一般来得比较晚，大约在第二年 10 月左右得到，所以在第二年年底的时候，根据这些资料再做一次核实，叫最终核实。最终核实数在隔一年的《中国统计年鉴》上发布。三次数据发布后，如果发现新的、更准确的资料来源，或者基本概念、计算方法发生变化，为了保持历史数据的准确性和可比性，还需要对历史数据进行调整。我国在 1995 年利用第一次第三产业普查资料对国内生产总值历史数据进行过一次重大调整。表 3-2 是我国近年来的国内生产总值数据。

表 3-2　近年来我国国内生产总值数据　　　　单位：亿元

季度	国内生产总值		第一产业		第二产业		第三产业	
	绝对额	同比 (%)	绝对额	同比 (%)	绝对额	同比 (%)	绝对额	同比 (%)
2011 年第 1~3 季度	320692	9.40 %	30340	3.80 %	154795	10.80 %	135557	9.00 %
2011 年第 1~2 季度	204459	9.60 %	15700	3.20 %	102178	11.00 %	86581	9.20 %
2011 年第 1 季度	96311	9.70 %	5980	3.50 %	46788	11.10 %	43543	9.10 %
2010 年第 1~4 季度	397983	10.30 %	40497	4.30 %	186481	12.20 %	171005	9.50 %
2010 年第 1~3 季度	268660	10.60 %	25600	4.00 %	129325	12.60 %	113735	9.50 %
2010 年第 1~2 季度	172840	11.10 %	13367	3.60 %	85830	13.20 %	73643	9.60 %
2010 年第 1 季度	81622.3	11.90 %	5139	3.80 %	39243.5	14.50 %	37239.8	10.20 %
2009 年第 1~4 季度	340903	9.20 %	35226	4.20 %	157638.8	9.90 %	147642.1	9.30 %
2009 年第 1~3 季度	217817	7.70 %	22500	4.00 %	106477	7.50 %	88840	8.80 %
2009 年第 1~2 季度	139862	7.10 %	12025	3.80 %	70070	6.60 %	57767	8.30 %
2009 年第 1 季度	65745	6.10 %	4700	3.50 %	31968	5.30 %	29077	7.40 %
2008 年第 1~4 季度	314045	9.60 %	33702	5.50 %	149003	9.30 %	131340	9.50 %
2008 年第 1~3 季度	208025	9.90 %	22062	4.50 %	103974	10.60 %	81989	10.50 %
2008 年第 1~2 季度	134726	10.40 %	11800	3.50 %	69330	11.30 %	53596	10.70 %

续表

季 度	国内生产总值		第一产业		第二产业		第三产业	
	绝对额	同比 (%)	绝对额	同比 (%)	绝对额	同比 (%)	绝对额	同比 (%)
2008 年第 1 季度	63475	10.60 %	4720	2.80 %	31658	11.50 %	27097	10.90 %
2007 年第 1~4 季度	257305.6	13.00 %	28627	3.70 %	124799	14.70 %	103879.6	13.80 %
2007 年第 1~3 季度	174427.6	13.40 %	17936.8	4.30 %	86404.8	14.80 %	70086	14.00 %
2007 年第 1~2 季度	112458.3	13.40 %	9283.3	4.00 %	57614.5	15.00 %	45560.5	13.50 %
2007 年第 1 季度	53058.3	13.00 %	3654	4.40 %	26464.6	14.60 %	22939.6	12.70 %
2006 年第 1~4 季度	211923.5	11.60 %	24040	5.00 %	103162	13.00 %	84721.4	12.10 %
2006 年第 1~3 季度	144569.6	11.80 %	15058.6	4.90 %	72008.2	13.30 %	57502.8	11.80 %
2006 年第 1~2 季度	93611.6	12.00 %	7973.6	5.10 %	47909.4	13.60 %	37728.5	11.70 %
2006 年第 1 季度	44419.8	11.40 %	3093	4.50 %	22076.1	12.60 %	19250.7	11.30

11. Two Constant Relationships of GDP

三、两种国内生产总值的恒等关系 [11]

由于简单经济模型是各种经济模型的基础，因此，可以用简单经济模型来分析总收入、总支出与总产量之间的关系。

从生产部门（企业）看，生产部门向消费部门购买生产要素的支出，通过生产销售给消费部门，形成总收入。同时，从消费部门（居民）看，消费部门向生产部门支付生产要素得到的收入，通过市场向生产部门购买商品，形成总支出。可以看出，在要素市场上生产部门的支出与消费部门的收入相等，在商品市场上生产部门的收入与消费部门的支出相等，同时又都表现为国内生产总值，所以：

总产值 = 总收入 = 总支出

还因为：总收入 = 消费 + 储蓄，总支出 = 消费 + 投资，所以：

总收入 = 总支出

消费 + 储蓄 = 消费 + 投资

储蓄 = 投资

因此，投资与储蓄的恒等关系，反映了简单经济模型的基本条件。

第三节 国内生产总值与其他总量的关系 [12]

一、国民生产总值与国内生产总值 [13]

国民生产总值（GNP）是指一国或一地区在一定时期内（通常是一年）本国国民生产的最终产品和劳务的市场价值总和。[5]

国民生产总值与国内生产总值相比：①国民生产总值与国内生产总值在核算的时期、价值构成等方面相同。也就是说，它们都是指一年内生产出来的价值总值；都是指最终产品的价值总值；最终产品都包括有形产品和无形产品；都是按市场价格计算。②国民生产总值与国内生产总值在核算范围上不同。国民生产总值依据国民原则进行核算，国内生产总值依据国土原则进行核算。国土原则是指本国领土范围内生产的物质和劳务的价值，都要计入生产总值的原则。国民原则是指本国国灵生产的物质和劳务的价值，都要计入生产总值的原则。这里的本国国民既包括本国国内公民，又包括旅居外国的本国公民和取得居住权的外国公民。也就是说，国民生产总值应包括该国公民在本国和外国生产的最终产品的价值总和。

国民生产总值与国内生产总值相互联系表现为：

国民生产总值＝国内生产总值＋国外要素净收入

＝国内生产总值＋本国公民投在国外的资本和劳务的收入

－外国公民投在本国的资本和劳务的收入

例如，2010 年的国内生产总值为 401202 亿元，国外要素净收入为 2058 亿元，那么国民生产总值为：

国民生产总值＝国内生产总值＋国外要素净收入

＝ 401202 ＋ 2058

＝ 403260（亿元）

上面提到的国外要素净收入指本国公民投在国外的资本和劳务的收入与外国公民投在本国的资本和劳务的收入的差额（此数据可以在《中国统计年鉴》中的国际收入平衡表中查阅到）。如果国外要素净收入大于零，本国公民投在国外的资本和劳务的收入大于外国公民投在本国的资本和劳务的收入，则国民生产总值大于国内生产总值；反之，如果国外要素净收入小于零，本国公民投在国外的资本和劳务的收入小于外国公民投在本国的资本和劳务的收入，则国民生产总值小于国内生产总值。表 3-3 是 1998 ～ 2003 年的我国国民生产总值

---

[5] GNP is the market value of all final goods and services produced by a nation's permanent residents within a country or region in a given period.

表 3-3　1998～2003 年国民生产总值与国内生产总值统计表　　　单位：亿元

	1998 年	1999 年	2000 年	2001 年	2002 年	2003 年
国民生产总值	76967.2	80579.4	88254.0	95727.9	103935.3	116249.6
生产法国内生产总值	78345.2	82067.5	89468.1	97314.8	105172.3	116898.4
国外要素净收入	-1378	-1488.1	-1214.1	-1586.9	-1237	-648.8

资料来源：依据中经专网《中国经济年鉴》整理计算，在此基础上计算国外要素净收入。

与国内生产总值的统计数据，从中可以看到我国国外要素净收入的状况。

依据上述统计资料，可以进行国民生产总值与国内生产总值比较分析。1998～2003 年我国国民生产总值总是小于国内生产总值，并呈增幅的趋势。说明本国公民投在国外的资本和劳务的收入小于外国公民投在本国的资本和劳务的收入，反映了我国当时增大了引进外资的力度，对外开放幅度加大。

14. Net Domestic Product（NDP）and National Income

二、国内生产净值与国民收入 [14]

国内生产净值（NDP）指一个国家在一定时期生产的最终产品与劳务的净增加值，即国内生产总值中扣除了折旧以后的产值。[6] 国内生产净值不同于国内生产总值，它反映的是社会经济在当年扣除了消耗掉的折旧后的国民经济活动水平，同时也影响到当年新创造出来的财富的计算。国内生产净值的计算公式为：

国内生产净值 = 国内生产总值 - 折旧

例如，2003 年国内生产总值为 129822.21 亿元，折旧为 20511.9 亿元，那么国内生产净值为：

国内生产净值 = 国内生产总值 - 折旧

= 129822.21 - 20511.9

= 109310.31（亿元）

与国内生产净值相对应的是国民生产净值（NNP），计算公式为：

国民生产净值 = 国民生产净值 - 折旧

或者：国民生产净值 = 国内生产总值 - 折旧 + 国外要素净收入

例如，2003 年国内生产总值为 129822.21 亿元，折旧为 20511.9 亿元，国外要素净收入为 -648.8 亿元，那么国民生产净值为：

国民生产净值 = 国内生产总值 - 折旧 + 国外要素净收入

= 129822.21 - 20511.9 +（-648.8）

[6]　Net Domestic Product（NDP）is the net value of final products and services produced within a country in a given period, that is GDP minus losses from depreciation.

$$= 108661.51（亿元）$$

国民收入（NI）指一个国家在一定时期生产中使用的各种生产要素得到的全部收入，即工资、利息、租金与利润之和[7]。国民收入直接体现了各项生产要素的收入，国民收入总是依据国民原则进行统计的。因此，如果从国内生产总值统计国民收入时，必须进行调整。国民收入的计算公式为：

国民收入 = 国民生产净值 − 间接税

或者：

国民收入 = 国内生产净值 − 间接税 + 国外要素净收入

例如，2003 年国内生产净值为 109310.31 亿元，间接税为 18533.36 亿元，国外要素净收入为 −648.8 亿元，那么国民收入为：

国民收入 = 国内生产净值 − 间接税 + 国外要素净收入

$$= 109310.31 − 18533 36 + （−648.8）$$

$$= 90128.15（亿元）$$

表 3-4　1998-2003 年国内生产净值与国民收入统计表　　　　单位：亿元

	1998 年	1999 年	2000 年	2001 年	2002 年	2003 年
收入法国内生产总值	82780.25	87671.13	97209.31	106766.26	118020.19	129822.21
固定资产折旧	11981.24	13209.04	14972.41	16779.28	18493.77	20511.9
国内生产净值	70799.01	74462.09	82236.9	89986.98	99526.42	109310.31
国外要素净收入	−1378	−1488.1	−1214.1	−1586.9	−1237	−648.8
国民生产净值	69421.01	72973.99	81022.8	88400.08	98289.42	108661.51
间接税	11790.55	12567.81	14802.57	15768.87	17218.23	18533.36
国民收入	57630.46	60406.18	65220.23	72631.21	81071.19	90128.15

资料来源：依据中经专网《中国经济年鉴》整理计算。

依据上述统计资料，可以进行国内生产净值占比和国民收入占比分析。1998 ～ 2003 年我国国内生产净值占国内生产总值的比重逐年上升，反映了新创造的价值增加，经济效益好转。我国国民收入占国内生产总值的比重也逐年上升，反映了各项要素收入增加，经济实力增强。

三、名义国内生产总值与实际国内生产总值 [15]

由于国内产生总值是用货币来计算的，因此，一国国内产生总值的变动受两个因素的影响：一是生产的物品和劳务数量的变动，一是物品和劳务价

15. Nominal Versus Real GDP

[7]　National income is the total income earned by a nation's residents in the production of goods and services.

格的变动。因此，同样的最终产品实物量按不同的价格计算会得出不同的国内生产总值。用当年价格计算的全部最终产品和劳务的市场价值总和称为名义国内生产总值[8]。用从前某一年作为基期的价格计算出来的全部最终产品和劳务的市场价值总和称为实际国内生产总值[9]。

名义国内生产总值与实际国内生产总值之比，称为国内生产总值折算数[16]。

16. The GDP Deflator

如果知道了国内生产总值折算指数，就可以将名义国内生产总值折算为实际国内生产总值。其公式为：

$$国内生产总值折算数 = \frac{某年名义国内生产总值}{某年实际国内生产总值} \times 100\%$$

实际国内生产总值 = 名义国内生产总值 / 国内生产总值折算数

国内生产总值折算数是重要的物价指数指标，反映一国某年的通货膨胀情况。但是，我国由于长期以来都不使用国内生产总值折算数反映通货膨胀的物价指数，所以，国内生产总值折算数对于我国国民经济分析的意义不大。除国内生产总值折算数外，反映物价指数的还有消费价格指数和零售价格指数。消费价格指数是反映不同时期的生活消费品价格和服务项目价格变动趋势和程度的物价指数。零售价格指数是反映不同时期市场零售物价总水平变动趋势和程度的物价指数。消费价格指数从买方和生活费用的角度考察物价指数，符合通货膨胀特征，因此，我国长期使用消费价格指数作为反映通货膨胀的物价指数。

于是，实际国内生产总值 = 名义国内生产总值 / 消费价格指数。

例如，2010 年名义国内生产总值为 401202 亿元，消费价格指数为 103.3，那么实际国内生产总值为：

实际国内生产总值 = 名义国内生产总值 / 消费价格指数 × 100

$$= 401202/103.3 \times 100$$

$$= 388385.29（亿元）$$

表 3-5　2006 ～ 2010 年名义与实际国内生产总值统计表　　　　单位：亿元

	2006 年	2007 年	2008 年	2009 年	2010 年
名义国内生产总值	216314.4	265810.3	314045.4	340902.8	401202
消费物价指数	101.5	104.8	105.9	99.3	103.3
实际国内生产总值	213117.64	253635.78	296549.01	343305.94	388385.29

资料来源：依据国家统计局《国家统计数据库》整理计算。

依据上述统计资料，可以进行名义国内生产总值与实际国内生产总值比

[8]　Nominal GDP values the production of goods and services at current prices.

[9]　Real GDP values the production of goods and services at constant prices.

较分析。2006～2010年我国实际国内生产总值与名义国内生产总值相差不大，这是因为国民经济处于良性运行，物价指数较为平稳，通货膨胀率和失业率没有太大变化，市场平稳。

四、国内生产总值与人均国内生产总值 [17]

17. GDP and GDP Per Capita

国内生产总值有助于我们了解一国的经济实力与市场规模，而人均国内生产总值则有助于了解一国的富裕程度与生活水平。

人均国内生产总值是指用同一年的人口数量，除当年的国内生产总值的结果。[10] 其计算公式如下：

$$某年人均国内生产总值 = \frac{某年国内生产总值}{某年年末人口数}$$

例如，2010 年国内生产总值为 401202 亿元，年末人口数为 13.4091 亿人，那么人均国内生产总值为：

$$人均国内生产总值 = \frac{国内生产总值}{年末人口数} = \frac{401202}{13.4091} = 29991.8（元/人）$$

表 3-6　2006～2010 年人均国内生产总值统计表

	2006 年	2007 年	2008 年	2009 年	2010 年
国内生产总值（亿元）	216314.4	265810.3	314045.4	340902.8	401202
年末人口数（亿人）	13.1448	13.2229	13.2820	13.3474	13.4091
人均国内生产总值（元）	16500	20169	23708	25608	29991.8

资料来源：依据国家统计局《国家统计数据库》整理计算。

从世界各国经济发展的经验看，当一个国家人均国内生产总值处于 3000 美元至 10000 美元之间时，说明国民经济已具备了相当实力。依据上述统计资料，可以进行人均国内生产总值分析。2006～2010 年我国人均国内生产总值有所上升，这是因为我国人口增长减缓，国内生产总值增长，必然使人均国内生产总值增长。说明我国的经济实力有所增强。

五、GDP 指标的意义与缺陷 [18]

18. Meanings and Deflects of GDP

在宏观经济研究中，GDP 是最常用且重要的指标。它能够反映一国经济的整体水平，比较不同国家之间的经济发展水平，通常是比较这些国家的 GDP、人均 GDP 的大小；它还是反映一国贫富状况和人们生活质量的重要指标，通常富国与穷国人均 GDP 差异极大，人均 GDP 较高的国家，人们的

---

[10]　The GDP per capita is the ratio of GDP to population in a year.

预期寿命较长，受教育程度较高，拥有电器的家庭多，婴儿死亡率较低；一个国家衡量经济增长速度，也是看两个时期之间的 GDP 增长了多少。但是，GDP 在衡量各国经济活动时，并非是一个完美无缺的指标，因为它不能完全准确地反映出一国的实际经济状况。

（一）分析 GDP 指标的意义 [19]

19. Meanings of GDP

国内生产总值是反映一个国家经济发展和经济实力的一个综合性指标，它标志着一个国家在一定时期内扩大再生产和提高人民生活水平的能力。国内生产总值增长速度反映着国民经济增长速度。

按人口平均计算的国内生产总值反映一个国家经济发展水平和人民生活水平，反映一个国家的富裕程度。

分析国内生产总值不仅有上述意义，还具有如下作用。

第一，作为政府编写经济文件的主要参考依据。政府有关经济文件和活动，例如，西方国家的经济咨文、预算咨文、税制变动、就业水平研究等，以及我国的经济计划、发展纲要等，几乎没有一项不用国内生产总值统计资料和它的主要项目作为主要参考依据。

第二，作为表明国家经济周期变化的指标。西方国家通常把连续两个季度的国内生产总值停滞或下降，视为社会经济出现经济危机的标志；把连续两个季度的国内生产总值高速发展，作为社会经济可能出现通货膨胀的标志。同样，我国也经常注意国内生产总值等总量指标的变化，据此采取不同的经济政策。

第三，作为学术机构和报刊进行经济预测的依据。学术机构和报刊在对宏观经济进行分析和研究时，总是运用国内生产总值统计资料进行论证，并得出结论和寻找规律。

（二）GDP 指标的缺陷 [20]

20. Deflects of GDP

（1）GDP 不能反映一个国家的真实产出。在 GDP 计算中，有些经济活动是无法计入的。首先，非市场交易活动得不到反映。GDP 的数据是按照市场价格计算的，但那些没有经过市场交易，又的确能够增加实际产出的经济活动无法计入 GDP 中。例如，家务劳动、自给自足的生产、自愿的社会服务，等等，这些活动也提供物品与劳务，但由于不通过市场，没有市场价格，GDP 并没有因此而增加。有一个经典的例子说明了这一点：某位男士雇用了一位保姆为其处理日常生活事务，并向她支付工资，这部分价值要计入 GDP 中。后来该男士爱上了这位保姆，并和她结婚了，虽然新的女主人还在做同样的工作，但她不能再为 GDP 做贡献了，因为她的工作变成了自给性服务。

56

其次，非法经济活动也无法计入 GDP 中。例如，非法的黄、赌、毒活动，为偷税而进行的地下经济活动、黑市交易等，这些经济活动无法用市场价格标价，因此无法纳入官方统计。在不同的国家，这部分未计入 GDP 的活动差别很大，高者达 1/3，低者也有 10% 左右。

（2）GDP 不能衡量人们经济福利的真实状况。GDP 衡量的是一个国家的产出，但是产出的增加并不等于能够改善人们的经济福利状况。例如，用于战争的军火生产的增加能够增加 GDP，但并不能给人们带来福利；引起污染的生产也带来了 GDP，但污染大大降低了人们的生活质量；汽车创造了庞大的价值，增加了 GDP，但 GDP 从来不计算严重的交通堵塞占用了人们多少时间；人们加班加点的工作就能增加 GDP，但闲暇的减少引起的福利损失也许抵消了生产更多物品和劳务带来的福利。

（3）GDP 不能反映增长的代价。采伐树木可以增加 GDP，过度放牧可以增加 GDP，把污染物越多的排放到空气和水中，GDP 就越高。GDP 反映了产出的增长，却不能反映资源消耗和环境损失。

（4）GDP 不能衡量实际国民财富。例如，洪水泛滥破坏了堤坝、房屋和道路，但 GDP 并不会因此而下降，而灾后重建的大量投资增加了 GDP；城市不断修路、修桥、盖大楼，由于质量规划等原因，没多久就要推倒拆除并重建或翻修；马路"拉链"每次豁开，挖坑、填坑，GDP 都增加，但是国家总财富并没有随之增加。

（5）GDP 不反映收入分配的差距。两个生产同样 GDP 的国家，一国贫富严重不均，另一国收入分配比较平均，显然，两国的人民并不同样幸福。

（三）GDP 指标的纠正 [21]

由于 GDP 指标的上述缺陷，一些经济学家和联合国都提出对 GDP 的统计项目进行调整。到目前为止，人们提出纠正 GDP 缺陷的衡量指标主要有以下几个。

（1）经济福利尺度（MEW）和纯经济福利（NEW）。这是在 20 世纪 70 年代，由美国经济学家托宾、诺德豪斯和萨缪尔森提出的概念。这些经济学家认为，经济活动的最终目的是家庭福利的增进，而福利更多取决于消费，而不是生产。GDP 是对生产的衡量，而 MEW 和 NEW 是要衡量对人类福利做出贡献的消费。因此，MEW 和 NEW 是在 GDP 的基础上减去那些不能对福利做出贡献的项目，如国防、警察等，减去对福利有负作用的项目，如污染、环境破坏、都市化的影响等，加上那些对福利做出贡献却又没有计入 GDP 的项目，如家务劳动、自给性生产等，加上闲暇的价值（根据闲暇的机会成本

21. Correction of GDP

57

计算）。当然，这些项目应如何进行计算也还是没有完全解决的问题。经济学家根据美国的统计资料指出：人均 MEW 或 NEW 的增长要比 GDP 慢，为了取得 MEW 和 NEW 的增长，往往要牺牲一些 GDP 的增长。

（2）绿色 GDP。为了纠正 GDP 的不足，1993 年联合国提出了"绿色 GDP"的概念，要求把环境改善等因素考虑到经济发展中来。绿色 GDP 是在 GDP 的基础上减去经济增长对环境和生态的影响后得出的数值，它能够比较真实地反映一个国家经济实力的变化。

第四节　国民收入的决定及变动 [22]

一、两部门经济中的国民收入决定及乘数 [23]

（一）两部经济中收入的决定——使用消费函数决定收入 [24]

两部门经济是指只有厂商与居民户即家庭的经济。在这种经济中，居民户向厂商提供各种生产要素，并得到各种收入；厂商用各种生产要素进行生产，向居民户提供产品与劳务。[11]

采用总需求—总供给法来决定均衡国民收入，也就是使总需求等于总供给。[12]

总需求代表全社会对产品和劳务的需求，总供给代表全社会对产品和劳务的产出，当两者相等时，厂商刚好能将想要卖出的产品和劳务卖掉，居民刚刚能买到他们想要购买的产品和劳务，因而这时的国民收入就是均衡国民收入。如果总需求超过总供给，厂商销售的产品和劳务可以多于产出的数量，则厂商会扩大生产，增加产出，直到总需求与总供给相等时为止；相反，如果总需求小于总供给，厂商生产的产品和劳务不能全部卖出去，则厂商会减少其产出直至总需求与总供给相等为止。可见，只有当总需求等于总供给时，厂商才既不会扩大生产也不会缩减生产，因而这时的国民收入是一种均衡的国民收入。

均衡收入指与计划支出相等的收入，而计划支出由消费和投资构成，即：

$$y=c+i$$

为简化分析，先假设计划投资是一个给定量，不随利率和国民收入水平

22. National Income Determination and Change

23. National income determination and multiplier in two-section economy.

24. National income determination in ——the role of consumption function in national income.

---

[11]　The two-section economy refers to households and firms. In this economy system , households own and sell factors of production and earn income ; Firms hire and use factors of production , and sell goods and services.

[12]　Equilibrium national income , which is explained by aggregate demand-aggregate supply model , means that aggregate demand equals to aggregate supply.

的变化而变化。根据这一假设，只要把收入恒等式和消费函数结合起来就可求得均衡收入：

$$y=c+i$$

$$c=a+by$$

由此可以得到 y 的数学表达式

$$y=(a+i)/(1-b)$$

（二）两部门经济中的乘数 [25]

1. 什么是投资乘数 [26]

投资乘数是指收入的变化与带来这种变化的投资支出变化的比率。[13]

2. 投资怎样转化为居民收入 [27]

现假定增加 100 亿美元投资用来购买投资品，则这 100 亿美元经过工资、利息、利润和租金的形式流入制造投资品所需要的生产要素手中，即居民手中，从而居民收入增加了 100 亿美元，这 100 亿美元是投资对国民收入的第一轮增加。

假定该社会的边际消费倾向是 0.8，因此，增加的这 100 亿美元中会有 80 亿美元用于购买消费品。于是，这 80 亿美元又以工资、利息、利润和租金的形式流入生产消费品的生产要素所有者手中，从而使该社会的居民收入又增加 80 亿美元，这是国民收入的第二轮增加。

同样，这些消费品生产者会把 80 亿美元收入中的 64 亿美元（$100 \times 0.8 \times 0.8$）用于消费，使社会总需求提高 64 亿美元，这个过程不断继续下去，最后使国民收入增加 500 亿美元。其过程是：

$$100+100 \times 0.8+100 \times 0.8 \times 0.8+\cdots\cdots+100 \times 0.8^{n-1}$$

$$=100 \times (1+0.8+0.8^2+\cdots\cdots+0.8^{n-1})$$

$$=100 \times 1/1-0.8$$

$$=500(亿美元)$$

此式表明，当投资增加 100 亿美元时，收入最终会增加 500 亿美元。如以 Δy 代表增加的收入，Δi 代表增加的投资，则二者之比率 $k=\Delta y/\Delta i=5$，因此 $\Delta y=k\Delta i$。

3. 乘数的决定 [28]

由上例可以看出，乘数 = 1/1 – 边际消费倾向，或 $k=1/(1-MPC)=1/MPS$

25. Multiplier in two-section economy.

26. What is investment multiplier.

27. How investment turn into households income.

28. Investment multiplier determination.

---

[13]　Investment multiplier is the ratio of the change in income and the change in investment.

因此，乘数大小和边际消费倾向有关，边际消费倾向越大，或边际储蓄倾向越小，则乘数就越大。

以上是从投资增加的方面来说明乘数效应的。实际上，投资减少也会引起收入若干倍减少，可见乘数效应的发挥是具有双面性的。

以上内容说明投资变动引起国民收入变动有乘数效应。实际上，总需求的任何变动，如消费的变动、政府支出的变动、税收的变动、净出口的变动等，都会引起收入若干倍变动。

二、三部门经济的收入决定 [29]

（一）三部门经济及其衡等式 [30]

在有政府起作用的三部门经济中，国民收入从总支出角度看，包括消费、投资和政府购买，而从总收入看，则包括消费、储蓄和税收，这里的税收，是指总税收减去政府转移支付以后所得的净纳税额。[14] 因此，加入政府部门后的均衡收入应是计划的消费、投资和政府购买之和，同计划的消费、储蓄和净税收之总和相等的收入，即：

$$c+i+g=c+s+t$$

也就是 $i+g=s+t$

这是三部门经济中宏观均衡的条件。

（二）三部门经济中的各种乘数 [31]

加入政府部门后，不仅投资支出变动有乘数效应，政府购买、税收和政府转移支付的变动，同样有乘数效应，因为政府购买性支出、税收和转移支付都会影响消费。

下面看看如何来求这些乘数。

由于三部门经济中总支出为：

$$y=c+i+g=a+b（y-T）+i+g \qquad 其中 T 为定量税$$

这样，我们可以得到均衡收入：

$$y=（a+i+g-bT）/（1-b）$$

通过这个公式，可以求得上述几个乘数。

1. 政府购买支出乘数 [32]

29. National income determination in three-section economy.

30. Three-section Economy and Its Function

31. Multipliers in Three-section Economy

32. Government purchase expenditure multiplier.

[14]　In three-section economy, the aggregate expenditure includes consumption, investment and the purchase of government; The aggregate income includes consumption, saving and tax revenue, tax revenue meaning the net revenue of tax minusing government transferring expenditure.

政府购买支出乘数，是指收入变动对引起这种变动的政府购买性支出变动的比率。

$$Kg=1/1-b$$

2. 税收乘数 [33]

税收乘数指收入变动与引起这种变动的税收变动的比率。税收乘数有两种，一是税率变动对总收入的影响，另一种是税收绝对量对总收入的影响，即定量税对总收入的影响。我们先看定量税对总收入的影响。

$$Kt=-b/1-b$$

3. 政府转移支付乘数 [34]

政府转移支付乘数指收入变动对政府转移支付变动的比率。政府转移支付增加，增加了人们的可支配收入，因而消费会增加，从而总支出和国民收入增加，所以政府转移支付乘数为正值。

$$Ktr=b/1-b$$

注意：从这里可以看出政府支出乘数的绝对值大于税收乘数的绝对值，政府支出乘数的绝对值也大于政府转移支付乘数的绝对值。

4. 平衡预算乘数 [35]

平衡预算乘数指政府收入和支出同时以相同数量增加或减少时国民收入变动对政府收支变动的比率。

$$Kb=1$$

5. 四种乘数的进一步说明 [36]

以上所讨论的四种乘数，都假设一个变量的变动不会引起另一些变量的变动。例如，讨论政府支出乘数时，假设 g 的改变不会引起利率或消费行为的变动，但事实上，政府购买增加时，如果通过发行或出售公债筹集经费，则债券价格下降意味利率上升，这会抑制私人投资和消费从而使总支出水平下降，而使政府购买性支出乘数大打折扣。

平衡预算乘数为 1，不只限于定量税而言，即使税收是比例所得税，平衡预算乘数仍等于 1，这是因为，当税收为比例所得税即随收入而变动时，以上四个乘数的值都要变小。

假定 $T=T_0+tY$

那么政府购买乘数、税收乘数和政府转移支付乘数将分别等于：

$$Kg= 1/1-b（1-t）$$

$$Kt= -b/1-b（1-t）$$

$$Ktr= b/1-b（1-t）$$

37. National income determinantion in four-section economy.

三、四部门经济中国民收入的决定 [37]

（一）四部门经济中的收入决定

当今的世界经济都是不同程度的开放经济，即与外国贸易往来或其他经济往来的经济。在开放经济中，一国均衡的国民收入不仅取决于国内消费、投资和政府支出，还取决于进出口，即：

$$y=c+i+g+nx$$

其中 $nx=x-m$

$$m=m_0+ry$$

那么，我们可以得到四部门经济中的均衡收入：

$$y=(a-bT_0+g+x-m_0)/[1-b(1-t)+r]$$

38. Four-section economy multipliers.

（二）四部门经济中的乘数 [38]

通过四部门经济中均衡收入决定的公式，可以得到四部门经济中的各种乘数：

$$Kg=1/1-b(1-t)+r$$

$$Kt=-b/1-b(1-t)+r$$

$$Ktr=b/1-b(1-t)+r$$

四部门经济中的乘数比三部门经济中的乘数变得更小，原因是增加的收入的一部分现在要用到进口商品上去了。

本章小结

（1）国民经济有两种涵义：一是指物质生产部门和非物质生产部门的总和；一是指社会产品再生产，即生产、分配、交换和消费的总过程。

（2）国内生产总值（GDP）是指一国或一地区在一定时期（通常为一年）内运用生产要素生产的最终产品和劳务的市场价值总和。常用支出法和收入法来计算国内生产总值。与国内生产总值相关的其他总量有国民生产总值、国内生产净值、国民收入等。

（3）国内生产总值（GDP）的计算，一般采用生产法、支出法和收入法。常用的是支出法和收入法：支出法也称产品流动法、最终产品法，它是按社会最终使用的产品来计算国民生产总值，即将一年内所有社会成员用于最终产品和劳务购买支出的市场价格的总和加总计算的办法；收入法也称要素收入法或要素支付法，它是指从收入的角度出发，把一国一年内所有生产要素提供者的收入所得加总计算出该年的国民生产总值的办法，最终产品市场价值除了生产要素收入构成的成本外，还有间接税、折旧、公司未分配利润等内容。

（4）国内生产净值（NDP）指一个国家在一定时期生产的最终产品与劳务的净增加值，即国内生产总值中扣除了折旧以后的产值；国民收入（NI）指一个国家在一定时期生产中使用的各种生产要素得到的全部收入，即工资、利息、租金与利润之和；人均国内生产总值是指用同一年的人口数量，除当年的国内生产总值的结具。

关键词

宏观经济　　　　　国内生产总值　　　　国民生产总值　　　　国民收入
国内生产净值　　　人均国民收入

综合练习

1. 选择题

（1）GDP 与 GNP 的区别在于（　　）。

A. 是否包括中间产品   B. 是否用现值计算

C. 是否包括劳务   D. 是否为国土原则

（2）下面哪些内容不是作为计算支出法 GDP 的（　　）。

A. 总消费   B. 政府消费

C. 固定资产形成   D. 固定资产折旧

（3）国内生产总值与国内生产净值相差（　　）。

A. 间接税   B. 直接税

C. 折旧   D. 工资

（4）国民收入核算中的最基本的总量是（　　）。

A. 国内生产净值   B. 国民生产总值

C. 个人收入   D. 个人可支配收入

（5）在国内生产总值核算中有一个恒等关系，即（　　）。

A. 总供给大于总需求   B. 总供给等于总需求

C. 总供给小于总需求   C. 总供给等于总产出

2. 判断题

（1）无论房东把房子租给别人住还是自己住，他得到的或他本该得到的租金总额都包括在 GNP 中。（　　）

（2）如果国民生产总值等于消费支出加总投资和政府购买，那么，出口就等于进口。（　　）

（3）折旧费用是国民生产总值的一个部分。（　　）

（4）转移支付增加了，GNP 也会增加。（　　）

（5）政府购买增加了，储蓄也会相应增加。（　　）

3. 问答题

（1）简单经济型宏观经济运行的基本条件是什么?

（2）怎样理解国内生产总值?

（3）总收入与总支出的相互关系如何?

chapter 4

第四章 产品市场和货币市场的均衡

学习要求

通过对本章的学习，要了解推导 IS 曲线和 LM 曲线的过程；掌握 IS 曲线和 LM 曲线斜率和发生移动的主要因素；运用 IS-LM 模型进行相应的政策分析。

重点掌握

IS 曲线和 LM 曲线及各自发生移动的主要影响因素；IS-LM 模型的缺点。

引导案例

欧洲货币体系及欧洲货币危机的教训

欧洲货币体系于 1978 年 12 月 5 日由欧洲理事会决定创建，1979 年 3 月 13 日正式成立，其实质是一个固定的可调整的汇率制度。它的运行机制有两个基本要素：一是货币篮子——欧洲货币单位（ECU）；二是格子体系——汇率制度。欧洲货币单位是由当时欧共体 12 个成员国货币共同组成的一篮子货币，各成员国货币在其中所占的比重大小是由他们各自的经济实力决定的。欧洲货币体系的汇率制度以欧洲货币单位为中心，让成员国的货币与欧洲货币单位挂钩，然后再通过欧洲货币单位使成员国的货币确定双边固定汇率。这种汇率制度被称为格子体系，或平价网。

欧洲货币单位确定的本身就孕育着一定的矛盾。欧共体成员国的实力不是固定不变的，一旦变化到一定程度，就要求对各成员国货币的权数进行调整。虽规定每隔五年权数变动一次，但若未能及时发现实力的变化或者发现了未能及时调整，通过市场自发地进行调整就会使欧洲货币体系爆发危机。1992 年 9 月中旬在欧洲货币市场上发生的一场自二战后最严重的货币危机，其根本原因就是德国实力的增强打破了欧共体内部力量的均衡。当时德国经济实力因东、西德统一而大大增强，尽管德国马克在欧洲货币单位中用马克表示的份额不高，但由于马克对美元汇率升高，所以马克在欧洲货币单位中的相对份额也不断提高。因为欧洲货币单位是欧共体成员国商品劳务交往和资本流动的记账单位，马克价值的变化或者说德国货币政策不仅能左右德国的宏观经济，而且对欧共体其他成员的宏观经济也会产生很大影响。当时英国和意大利经济一直不景气，增长缓慢，失业增加，他们需要实行低利率政策，以降低企业借款成本，让企业增加投资，扩大就业，增加产量，并刺激居民消费以振作经济。而德国在东、西德统一后，财政上出现了巨额赤字，政府担心由此引发通货膨胀，引起习惯于低通膨胀的德国人的不满，爆发政治和社会问题。因此，通货膨胀率仅为 3.5% 的德国拒绝上次七国首脑会议让其降息的要求，在 1992 年 7 月将贴现率升为 8.75%。这样，过高的德国利息率引起了外汇市场出现抛售英镑、里拉而抢购马克的风潮，致使里拉和英镑汇率大跌，这是 1992 年欧洲货币危机的直接原因。

这场货币危机有不少深刻的教训，仅就确保中国香港金融市场稳定而言，也有重要的启示，这就是要加强国际货币金融政策的协调和配合。西欧金融九月风暴，在很大程度上反映了欧共体主要工业国家货币金融政策的不协调。当时德国在经济实力不断增强，马克坚挺的情形下，还偏执于本国利益，不顾英、意两国经济一直不景气的情况，为了本国经济发展须降低利率的要求，不仅拒绝了七国首脑会议要求其降息的呼吁，反而提高利率。在芬兰，马克被迫与德国马克脱钩的情况下，德国还意识不到维持欧洲货币体系运行机制的迫切性，甚至公然宣布绝不会降低利息率，等到外汇市场风暴骤起，才宣布将其贴现率降低半个百分点，但这只能给外汇市场上的投机者以这样的预期，即他们认为德国过去提高利率是为了抑制通货膨胀，现在降低利率仅仅是对通货膨胀的让步。当然，这场危机的过错不能全部归罪于德国，不过，需要强调的是，在经济一体化、全球化的今天，尽管各国间各种经济矛盾日益加剧，但任何国家都不能一意孤行，各国只能在合作与协调中才能求得稳定的发展。世界正在朝着国际合作与政策协调的方向发展，这一趋势现在已经成为不可逆转的潮流。所谓政策协谰就是要对某些宏观经济政策进行共同的调整，对相互间的经济关系和经济活动进行联合干预，以达到互助互利的目的。由此，各国采取协调的经济政策就会促进世界经济的发展，而各行其是，往往会产生不利的后果。

IS-LM 模型是由英国经济学家约翰·希克斯[1]和美国凯恩斯学派的创始人汉森[2]在 1937 年提出的，用来阐述凯恩斯从需求角度分析宏观经济运行的理论。由于货币市场中基本变量货币需求与利率有关，产品市场的基本变量投资也与利率有关，因而可以发展出一个分析框架讨论两个市场同时均衡的条件。其中 IS 曲线表示产品市场均衡条件，LM 曲线表示货币市场均衡条件。

第一节　IS 曲线[3]

IS 曲线表示的是当产品市场达到均衡时，利率与国民收入之间反方向变动的关系。这实际上是对简单的凯恩斯模型的一种扩充，在简单的凯恩斯模型中，假设投资是外生变量，现在将这条假设去掉，认为投资是由利率决定的，利率仍然假设是既定的，是由货币市场决定的。

一、IS 曲线及推导[4]

下面以两部门经济为例，介绍 IS 曲线的两种推导方法：代数法和几何法。

1. John Hicks

2. Alvin Hansen

3. IS Curve

4. IS Curve and Its Derivation

（一）代数法

在之前讨论均衡的国民收入水平决定时，我们把投资作为一个常数来处理，然而，投资实际上会受利率影响：利率越高，投资动机越弱。方便起见，假定投资与利率之间存在线性关系，即投资函数可以表示为：$I=e-dr$（其中，I 表示投资，r 表示利率，e 和 d 表示取正值的参数）。若该经济的消费函数为 $C=\alpha+\beta Y$（其中，β 为边际消费倾向，α 和 β 都是取正值的参数），则依据总收入等于总支出的均衡条件，可得到：

$$Y=I+C$$

$$\Rightarrow Y=e-dr+\alpha+\beta Y \qquad (4\text{-}1)$$

$$\Rightarrow Y=\frac{a+e}{1-\beta}-\frac{d}{1-\beta}r$$
$$\Rightarrow r=\frac{a+e}{d}-\frac{1-\beta}{d}Y \qquad (4\text{-}2)$$

公式（4-2）是一个线性方程，等式右边第一项是一个常数，因为 $0<\beta<1$，$d>0$，所以第二项中的公式（4-1）表达了两者的关系。以 r 为纵轴，Y 为横轴画出的是一条向右倾斜的曲线，线上每一点都满足产品市场的均衡的条件，或者说该曲线代表了满足产品市场均衡条件的所有利率和收入组合的集合。由于在简单的国民收入决定模型中，投资（I）等于储蓄（S）是产品市场均衡的条件，因而把描述满足产品市场均衡前提下总收入和利率关系的这一曲线称为 IS 曲线，公式（4-1）和公式（4-2）就是 IS 曲线的代数表达式。

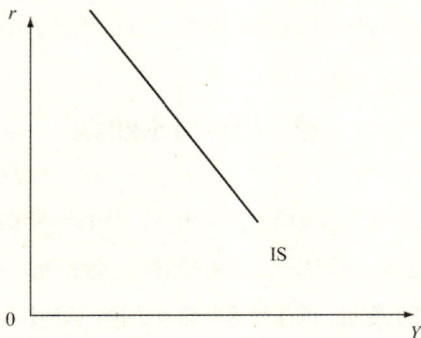

图 4-1　IS 曲线

同理，我们可以推导出三部门经济和四部门经济中的 IS 曲线。例如，在三部门经济中（投资函数同上例，税收函数为 $T=T_0+tY$，政府支出 $G=G_0$），根据总收入等于总支出的均衡条件，可得到：

$$Y=C+I+G$$

$$\Rightarrow Y = \alpha + \beta Y_d + e - dr + G$$

$$\Rightarrow Y = \alpha + \beta(Y - T) + e - dr - G_0$$

$$\Rightarrow Y = \alpha + \beta[Y - (T_0 + tY)] + e - dr + G_0 \qquad (4-3)$$

$$\Rightarrow Y = \frac{\alpha + e + G_0 + \beta T_0}{1 - \beta(1-t)} - \frac{d}{1 - \beta(1-t)}r$$

$$\Rightarrow r = \frac{\alpha + e + G_0 + \beta T_0}{d} - \frac{1 - \beta(1-t)}{d}Y \qquad (4-4)$$

其中，Y_d 为可支配收入，t 为边际税率，是取正值的。公式（4-3）和公式（4-4）即为三部门经济中 IS 曲线的表达式。由于 $0<t<1$，因而 $\frac{1 - \beta(1-t)}{d} > 0$，可见 Y 与 r 之间仍然呈反向变动关系。

（二）几何方法

假设投资函数 $I=60-10r$，消费函数 $C=20+0.5Y$，我们可以将这些函数关系反映在图形上（见图 4-2），并通过均衡时储蓄等于投资这一关系，来推导出 IS 曲线。

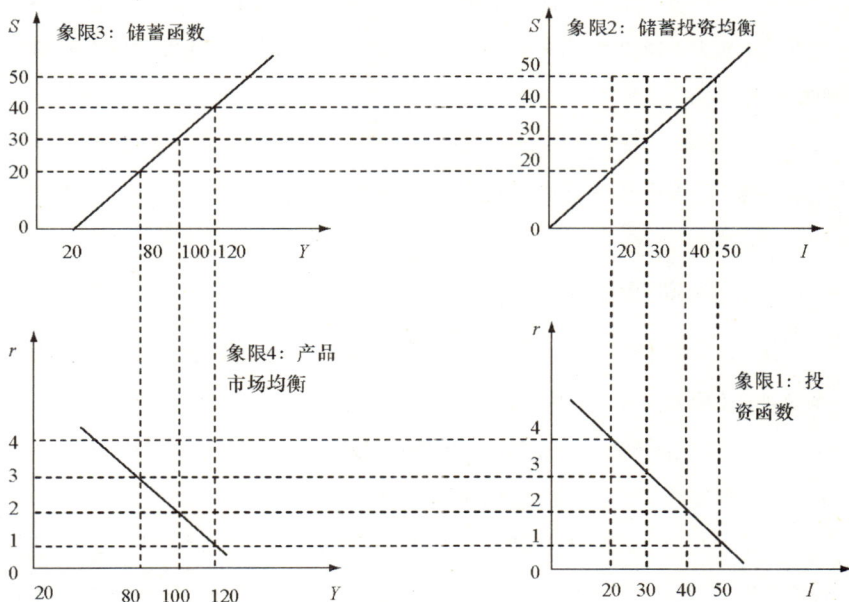

图 4-2　IS 曲线推导图

如图 4-2 所示，象限 1 的曲线描述的是投资函数。纵坐标和横坐标分别表示利率 r、投资 I，因为投资需求是利率的减函数，所以形状向右下方倾斜。

象限 2 的曲线表示储蓄等于投资。纵坐标和横坐标分表示储蓄 S 和投资 I。图中 45° 线表示投资等于储蓄的组合点的集合，即线上任何一点都代表了产品市场的均衡。

象限 3 的曲线描述的是储蓄函数。纵坐标和横坐标分别表示储蓄 S 和国民收入 Y，因为储蓄是收入的增函数，所以曲线形状向右上方倾斜。

象限 4 表明由于利率开始变化，引起投资、储蓄和收入的变化，并使投资与储蓄大于均衡时形成的 IS 曲线。线上任何一点都是投资与储蓄相等时的均衡点，故这条曲线也被称为 IS 曲线。

二、IS 曲线的斜率 [5]

5. The Slop of IS Curve

从推导式中可以看出，利率与国民收入呈反方向变动，IS 曲线的斜率为负值。IS 曲线斜率的大小，取决于下列因素。

（1）投资需求对于利率变动的反应程度 d。在其他条件不变的情况下，如果投资对利率的变化越敏感，即 d 越大，则国民收入对利率的变化越敏感，IS 曲线的斜率就越小，IS 越平缓；反之，IS 曲线越陡峭。

（2）边际消费倾向 β。在其他条件不变的情况下，边际消费倾向越大，则投资或政府支出对国民收入的乘数越大，因而相应支出变动量对国民收入的影响也越大，所以 IS 曲线斜率的绝对值越小，IS 曲线越平缓；反之，IS 曲线越陡峭。

（3）利率 t。三部门经济中，在其他条件不变的情况下，利率 t 越小，乘数会越大，因而 IS 曲线也越平缓；反之亦然。

三、IS 曲线的移动 [6]

6. The Movement of IS Curve

从 IS 的表达式 $r = \dfrac{a + e + G_0 + \beta T_0}{d} - \dfrac{1 - \beta(1 - t)}{d} Y$ 可以看出，引起 IS 曲线移动的主要因素有以下几种。

（1）乘数性因数，d、t 和 β。当 d 和 β 增大或 t 减小时，IS 曲线变平缓，发生逆时针转动；反之，IS 曲线顺时针转动。

（2）自主性因素，即不受收入和利率影响的消费支出 α 和投资支出 e、政府支出 G_0 和自主性税收 T_0。当 α、e、G_0 增加或 T_0 减少时，IS 曲线向右上方平移，平移距离为其改变量乘以各自乘数；反之，IS 曲线向左下方平移。其中，政府支出 G_0 的增加或税收 T_0 的减少属于扩张性财政政策（Expansionary Fiscal Policy）；反之，属于紧缩性财政政策（Tight Fiscal Policy）。政府若实施扩张性的财政政策，会引起 IS 曲线向右上方平移；反之，将向左下方移。由 IS 曲线可清楚看出财政政策是如何影响利率和国民收入的。

四、产品市场的失衡 [7]

7. The Imbalance of Product Market

如前所述，在 IS 曲线上的任何一点都是使产品市场达到均衡的点，也就是说，在这条线上的任何一点，利率和收入的组合都能使产品市场出清。除了这条线上的点，产品市场都处于失衡状态。下面通过图 4-3 来说明产品市场失衡的情况。

图 4-3 中有四个点 E_1、E_2、E_3、E_4，我们已经知道在 IS 曲线上的点 E_1 和 E_2 是产品市场达到均衡的点，现在考察 E_3 和 E_4 点的情况。在 E_3 点上，其对应的收入水平为 Y_1，与 E_1 对应的收入水平相同，但是其利率 r_2 低于 E_1 点对应的利率 r_1，所以 E_3 点的投资需求高于 E_1 点的水平。这表明，产品需求超出收入水平，即 $I>S$，存在着对产品的过度需求，在市场机制的作用下，将导致产出的增加，直至回复到 IS 曲线的 E_2 点。类似的，在 E_4 点上，其收入水平与 E_2 点对应的收入水平相同，但利率高于 E_2 点，这说明在 E_4 点上，产品需求低于收入水平，即 $I<S$，存在着对产品的过度供给，在市场机制本身的作用下，将导致产出的下降，直至回复到 E_1 点。

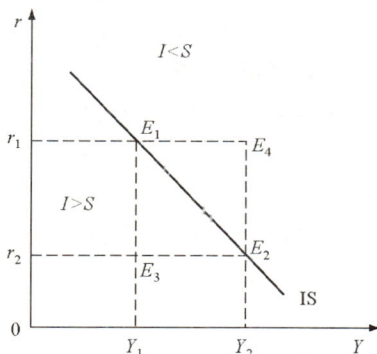

图 4-3　产品市场的均衡与失衡

由以上的讨论可得出如下结论：在 IS 曲线右上方的点都表示存在着对产品的过度供给；在 IS 曲线的左下方的点都表示存在着对产品的过度需求。这两种情况都属于产品市场的失衡情形。

第二节　LM 曲线 [8]

8. LM Curve

IS 曲线表示给定利率水平上的均衡总需求水平，然而，利率是由货币需求和货币供给决定的，为了确定利率，我们需要研究货币均衡条件。依据货币供求相等关系，我们可以得到用 LM 曲线表示的货币市场均衡条件。

9. LM Curve and Its Derivation

10. Liquidity Preference
Theory

一、LM 曲线及推导 [9]

下面将分别介绍 LM 曲线的两种推导方法：代数法、几何法。

（一）代数法

按照凯恩斯流动性偏好理论 [10]，货币市场的均衡模型表示如下。

货币需求：$L=L_1(Y)+L_2(r)$

货币供给：$M=M_0/P$

均衡条件：$L=M$

假设货币需求函数为线性函数：$L_1=kY$，$L_2=-hr$，其中 k 和 h 分别表示货币交易需求和投机需求对收入和利率的敏感程度，P 表示价格水平，则由货币市场的均衡条件得到：

$$M_0=(kY-hr)P$$

$$\Rightarrow r = \frac{M_0}{hP} + \frac{kY}{h}$$

这一公式反映了当货币市场达到均衡时 Y 和 r 的关系。如果以纵坐标表示利率 r，横坐标表示 Y，则上式在图形中表示为一条向右上方倾斜的曲线，如图 4-4 所示。由于该线上的任何一点都符合货币市场均衡的条件 $L=M_0$，故此曲线也称为 LM 曲线，所谓 LM 曲线是描述货币市场达到均衡时，利率 r 和国民收入 Y 之间的函数关系。

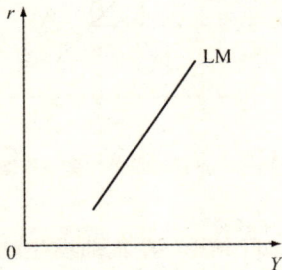

图 4-4　LM 曲线

（二）几何关系

假设投机需求函数 $L_2=120-20r$，货币供给量 $M_0=120$，$L_1=0.5Y$，我们可以将这些函数关系反应在图形上（见图 4-5），并通过货币市场均衡时货币供给等于货币需求这一相互关系，来推导出 LM 曲线。

象限 1 描述的是货币的投机需求函数，投机需求是利率的减函数。象限 2 描述的是当货币供给量 $M_0=120$ 时用于货币交易需求 L_1 和投机动机需求

L_2 之间各种可能的组合。象限 3 描述的是货币的交易需求函数，货币的交易需求是国民收入的增函数。象限 4 描述的是货币市场均衡时利率和国民收入的各种组合。例如，当利率 $r=1$ 时，$L_2=100$，由于 $M_0=120$，所以 $L_1=20$。象限 4 进一步描述了当供给为 120 时，只有当 $r=1$，$Y=20$ 时，货币总需求才是 120，从而达到货币市场的均衡。同样的，当 $r=2$ 或者 $r=3$ 时，相当的 Y 为 80 或者 120 时，货币市场才达到均衡。将满足货币市场均衡条件的利率和收入的各个组合点连接起来，就得到了 LM 曲线。

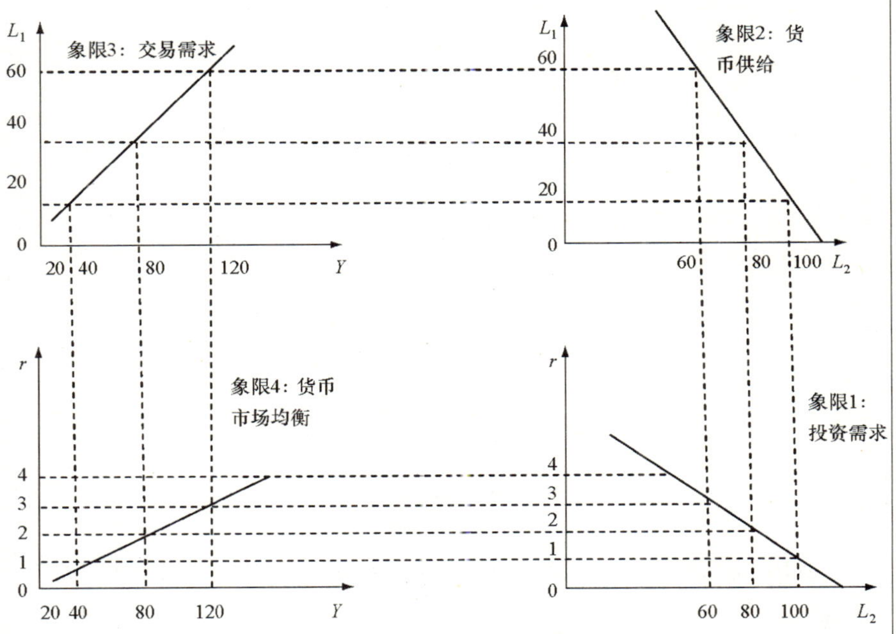

图 4-5　LM 曲线推导图

二、LM 曲线的斜率 [11]

11. The Slop of LM Curve

从 LM 曲线的推导公式可以看出，LM 曲线的斜率取决于以下两个因素。

（1）交易需求敏感程度 q。当投机需求函数一定时，如果货币的交易需求对收入的变动很敏感，即 q 值越大，则利率变动一定幅度，收入只须变动较小幅度，就可保持货币市场均衡，从而 LM 曲线较陡峭，其斜率也越大；反之，LM 曲线较平稳，其斜率也较小。

（2）投机需求敏感程度 h。当货币交易需求函数一定时，如果投机需求对利率的变化很灵敏，即 h 值越大，则利率变动一定幅度，L_2 变动的幅度就越大，从而 LM 曲线越平稳，其斜率也越小，反之，投机需求曲线越陡峭，LM 曲线也越陡峭，其斜率也越大。

一般认为，货币的交易需求函数比较稳定，因而 LM 曲线斜率主要受 h 变动的影响。当利率变得很低时，由于人们预期利率难以进一步下降，与投机动机相联系的债券需求减弱，在给定利率水平下对货币需求上升，即货币需求对利率的反应（h）无穷大，LM 曲线斜率很小甚至无穷小，接近于一条水平线（见图 4-6）。反之，当利率很高时，人们预期利率必然下降，与投机动机相联系的货币需求很低，即便利率有所降低，货币需求也不会上升。这时货币需求对利率反映很不敏感，h 值趋向于无穷小，LM 曲线接近于一条垂线。这两种特例对分析财政政策和货币政策很有用。

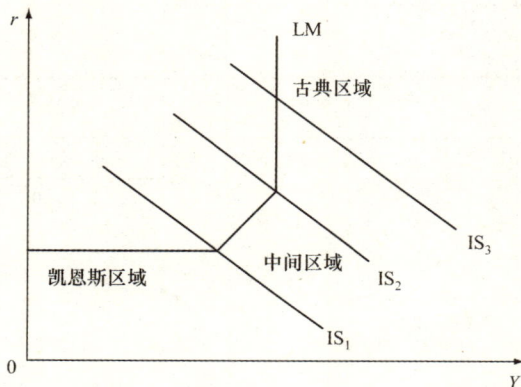

图 4-6　LM 曲线的三个区域

如图 4-6 所示，LM 曲线的形状最初是水平的，LM 曲线的斜率为 0；然后逐渐向右上方倾斜，此时 LM 曲线的斜率逐渐变大；当 LM 呈垂直状时，其斜率为无穷大。相应的，LM 曲线可以分为三个区域，其中斜率为 0 的区域叫做"凯恩斯区域"[12] 或""萧条区域"[13]，斜率为无穷大的区域叫做"古典区域"[14]。

12. Keynes Area

13. Depression Area

14. Classical Area

15. The Movement of LM Curve

16. Speculation Demand

三、LM 曲线的移动 [15]

从 LM 曲线的推导公式可以看出，LM 曲线的移动取决于以下几因素。

1. 货币的投机需求 [16]

如果其他条件不变，货币投机需求增加，货币市场上将出现供不应求，这将导致利率上升，同时导致收入下降，从而 LM 曲线向左上方移动；反之，货币投机需求减少，则 LM 曲线将向右下方移动。

17. Transaction Demand

2. 货币的交易需求 [17]

如果其他条件不变，货币交易需求增加，货币市场上也会出现供不应求，同样会导致利率上升，收入下降，LM 曲线向左上方移动；反之，则向右下方移动。

3. 经济中真实货币供给总量（M/P）水平

LM 曲线的位置主要取决于该因素。无论是名义货币供应量变动，还是一般物价水平变动，都会引起真实货币供应量的变动，从而使 LM 曲线上下移动。如图 4-7 所示，LM 曲线的 A 点是初始均衡点，表示与 A 点对应的、满足货币市场均衡条件的利率产出组合为（R_1，Y_1）。假定这时真实货币供应量上升，对于 A 点代表的利率产出组合来说，出现了货币供给超出货币需求的失衡状态。在货币供给过大的情形下，需求利率下降和收入增加，会诱致投机性和交易性货币需求上升，从而恢复货币市场均衡。图中采用两种直观方式显示了这一调节过程。

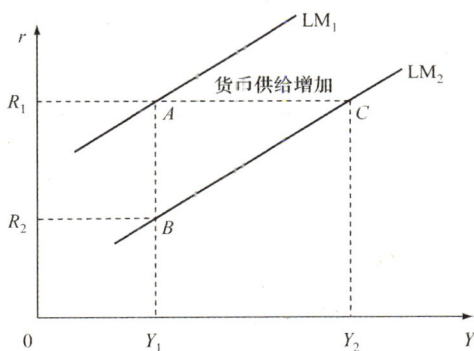

图 4-7　真实货币供给变动导致 LM 曲线移动

第一种表示方式是从 A 点向下垂直移动。它的经济涵义是：在收入不变的前提下，通过利率下降提升货币投机性需求以恢复货币市场均衡。假定利率降低到 B 点对应 R_2 时，较低利率诱致的货币需求上升程度刚好抵消了超额货币供给，通过 B 点做一条平行于原来 LM_1 线的斜线 LM_2，就是适应货币供给量变动或货币市场均衡状态的新 LM 线。

第二种表示方式是从 A 点向右平行移动。它的经济涵义是：在利率不变的前提下，通过增加收入提升货币交易需求以恢复货币市场均衡。假定移动到 C 点时，较高的产出水平诱致的货币需求上升程度刚好抵消了超额货币供给，通过 C 点做一条平行于原来 LM_1 线的斜线 LM_2，就是适应货币供给量变动或货币市场均衡状态的新 LM 线。

当名义货币供给量 M 增加或物价水平 P 下降，LM 曲线向外平移。其中，名义货币供给量由国家货币当局根据需要调整。增加货币供给量属于扩张性

18. Expansionary Monetary Policy

19. Tight Monetary Policy

20. The Imbalance of Monetary Market

货币政策[18]，减少货币供给量属于紧缩性货币政策[19]。通过 LM 曲线可以清楚地看出货币政策是如何影响利率和国民收入的。

四、货币市场的失衡[20]

如前所述，在 LM 曲线上的任何一点都是使货币市场达到均衡的点，也就是说，在这条线上的任何一点，利率和收入的组合都能使货币市场出清，实现均衡。除了这条线上的点，产品市场都处于失衡状态。下面通过图 4-8 来说明货币市场失衡的情况。

图 4-8 中有四个点 E_1、E_2、E_3、E_4，我们已经知道在 LM 曲线上的点 E_1 和 E_2 是货币市场达到均衡的点，现在考察点 E_3 和 E_4 的情况。

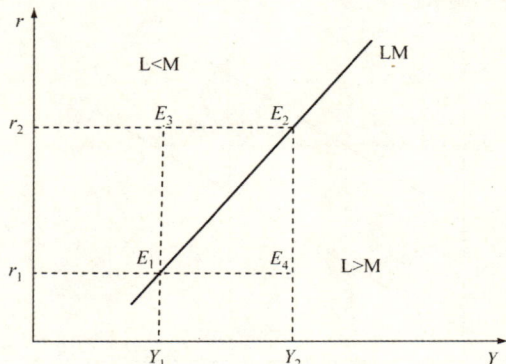

图 4-8　货币市场的失衡与均衡

在 E_3 点上，其对应的收入水平为 Y_1，与 E_1 对应的收入水平相同，但是其 r_2 高于 E_1 对应的利率 r_1，这表明 E_3 对货币的投机需求低于 E_1 点的水平。再从利率水平来看，其对应的利率为 r_2，与 E_2 的利率水平相同，但是其收入 Y_1 低于 E_2 的收入 Y_2，说明在 E_3 点对货币的交易动机需求低于 E_2 点的水平。类似的，在 E_4 点，其收入水平与 E_2 点对应的收入水平相同，但其利率高于 E_2 点。而在 E_1 和 E_2 点，货币的需求等于货币的供给，因此，在 E_3 点，货币的需求小于货币的供给。同理可见，在 E_4 点，货币的需求大于货币的供给。这两种情形都代表货币市场处于失衡状态。

一般来说，在 LM 曲线左上方的任何一点，都表示货币市场的货币需求小于货币供给，即 $L<M$；而 LM 曲线右下方的点都表示货币市场的货币需求大于货币供给，即 $L>M$。这两种情况都属于货币市场的失衡情形。

第三节　IS-LM 模型 [21]

21. IS-LM Model

无论是产品市场的均衡，还是货币市场的均衡，都是单个市场的局部均衡 [22]，只有两个市场同时均衡，整个经济才能均衡。IS—LM 模型确定了一个特定的 Y 和 r 的组合点，在这一点上，能同时满足两个市场的均衡。这一模型可用来分析财政政策和货币政策的配合关系，同时，我们也可以通过该模型进一步认识财政支出和货币供给量变动对国家宏观经济的影响。

22. Partial Equilibrium

一、产品市场和货币市场的同时均衡：IS-LM 模型 [1]

（一）均衡的形成

由 IS 和 LM 曲线所表达的函数关系可知，它们都是由共同的两个变量：利息率和国民收入的配合关系决定的。现在，我们把 IS 曲线和 LM 曲线放在同一个图形中，得到图 4-9 所示的 IS—LM 模型。

在图 4-9 中，IS 曲线与 LM 曲线相交于 E 点，只有在这一交点上，才能使两个市场同时均衡。E 点决定 r_1 和 Y_1 就是同时满足两个市场均衡时的利息率和国民收入水平，被称为均衡利息率和均衡国民收入水平。这时既满足产品市场的均衡条件 $I=S$，又满足货币市场的均衡条件 $L=M$。

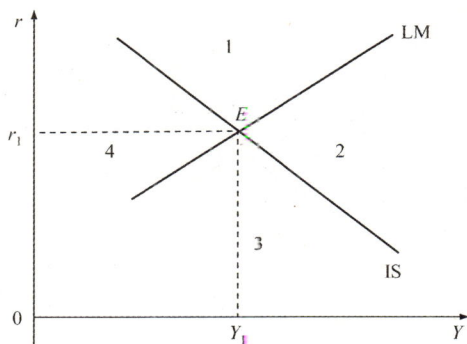

图 4-9　IS-LM 曲线的均衡

（二）非均衡向均衡的调节

在图 4-9 中，坐标平面被相交的 IS 曲线和 LM 曲线分割成四个区域，在这四个区域中的每个点都代表产品市场和货币市场处于非均衡状态，这四种非均衡状态如图 4-10 所示。

---

[1]　The equilibrium of product market and monetary market at the same time: IS-LM Model.

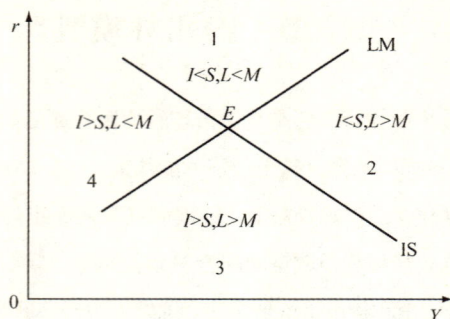

图 4-10　产品市场和货币市场的失衡情况

　　产品市场不均衡会导致国民收入的变动，货币市场不均衡会导致利息率的变动。在任何失衡状态下，国民收入和利息率水平从非均衡向均衡的调整过程如图 4-11 所示。

　　在图 4-11 中，第 3 区的 A 点是非均衡点，在这一点上商品需求和货币需求过量，因此，必然要向均衡点运动。具体过程如下：A 点过剩的商品需求导致国民收入上升，将沿着横轴方向移动，同时 A 点过剩的货币需求导致利息率上升，将沿着纵轴方向移动，这两种力的共同作用将使 A 点沿着对角线所示方向移动到 B 点。

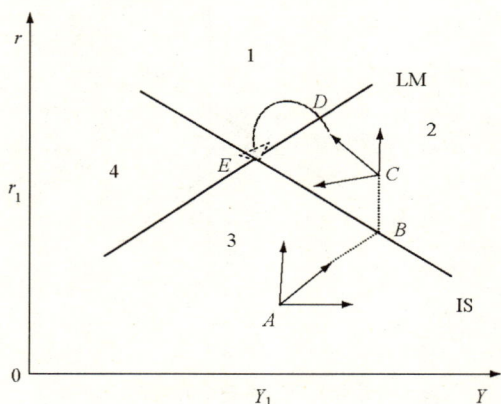

图 4-11　从非均衡向均衡的调整过程

　　B 点位于 IS 曲线上，表明产品市场已达到均衡，但是它位于 LM 曲线的右下方，那么在货币市场上货币需求大于货币供给，货币市场处于失衡状态，利息率水平将上升，B 点将沿着箭头方向移至 C 点。

　　C 点位于第 2 区域，这一点存在过剩的货币需求，导致利息率上升，同时存在过剩的商品供给，导致国民收入下降，这两种力的共同作用将使 C 点沿着对角线的箭头方向移动到 D 点。

D 点的状态与 C 点基本相同，需要进一步调整。如此下去，利息率与国民收入的组合最终移动到能使产品市场和货币市场同时达到均衡的 E 点，完成了产品市场与货币市场从不均衡到均衡的调整过程。只要外生变量不发生变化，经济就会处于这种均衡状态。

与此同理，其他三个区域中任何一个非均衡点，从非均衡到均衡的调整过程和原理与 A 点基本相似。

二、产品市场和货币市场均衡的变动 [2]

IS 曲线和 LM 曲线的交点决定的利率和国民收入的均衡组合并不是恒定不变的。当 IS 曲线和 LM 曲线的一方或两方出现移动时，就会引起这种均衡状态的变动。

（一）IS 曲线移动对产品市场和货币市场均衡的影响

造成 IS 曲线移动的主要原因有政府收支的增减变化、储蓄的变化以及投资量的变化。其中政府收支与 IS 曲线的关系是：政府支出增加或税收减少，IS 曲线右移；反之，IS 曲线左移；储蓄与 IS 曲线的关系是：储蓄增加，消费相应减少，IS 曲线左移；反之，IS 曲线右移。在这些要素中，投资的变动是最重要的。在其他条件不变的前提下，如果投资增加 IS 曲线将向右移动，则利率与国民收入的均衡组合增大；如果投资减少，IS 曲线将向左移动，则利率与国民收入的均衡组合减少，如图 4-12 所示。

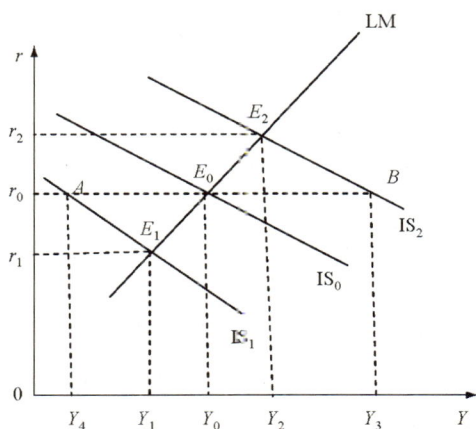

图 4-12 IS 曲线的移动对产品市场和货币市场均衡的影响

在图 4-12 中，IS_0 是初始状态的曲线，它与 LM 曲线相交于 E_0，与之相

---

[2] The Change of Equilibrium in Product Market and Monetary Market

应的初始利率为 r_0，国民收入为 Y_0。当 IS_0 曲线向右上方移动时，如果保持利率仍为 r_0，则 IS_2 曲线上 B 点对应的国民收入应为 Y_3。但是，由于利率 r_0 上升至 r_2，阻碍了投资数量的增加，从而减少了国民收入，使其实际值为 E_2 点对应的国民收入 Y_2，从图中可以看出，$Y_2<Y_3$。当 IS_0 曲线向左下方移动时，如果保持利率仍为 r_0，则 IS_1 曲线上 A 点对应的国民收入应为 Y_4。但是，由于利率由 r_0 下降到 r_1，阻碍了投资量的减少，从而阻碍了国民收入的减少，使其实际值为 E_1 点对应的国民收入 Y_1，从图中可以看出 $Y_1>Y_4$。

（二）LM 曲线移动对产品市场和货币市场均衡的影响

造成 LM 曲线移动的主要原因是货币供给的变化，它是货币政策的结果。当货币供给增加，意味着有较多的货币供给量可以满足对货币的需求，从而使国民收入增加，LM 曲线因而向右下方移动；反之，货币供给减少，LM 曲线向左上方移动。在 IS 曲线固定不变的条件下，若 LM 曲线向右下方移动，则均衡的利率下降，均衡的国民收入增加；若 LM 曲线向左上方移动，则均衡的利率上升，均衡的国民收入减少，如图 4-13 所示。

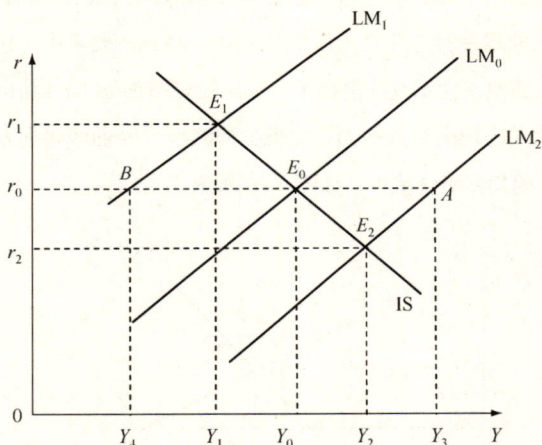

图 4-13　LM 曲线的移动对产品市场和货币市场均衡的影响

在图 4-13 中，LM_0 是初始状态的曲线，它与 IS 曲线相较于 E_0，与之相应的初始利率为 r_0，国民收入为 Y_0。当 LM_0 曲线向右下方移动到 LM_2 时，如果利率仍然为 r_0，则 LM_2 曲线上 A 点对应的国民收入应为 Y_3。但是，由于利率由 r_0 下降至 r_2，增加了货币的投机需求，限制了货币的交易需求，进而减少了国民收入水平，使其实际值为 E_2 点对应的国民收入 Y_2。相反，当 LM_0 曲线向左下方移动到 LM_1 时，如果保持利率仍为 r_0，则 LM_1 曲线上 B 点对应的国民收入应为 Y_4。但是，由于利率 r_0 上升至 r_1，减少了货币的投机需求，增加了货币的交易需求，进而抑制了国民收入的减少，使其实际值为 E_1 点对应的国民收入 Y_1。

（三）IS 曲线与 LM 曲线移动对产品市场和货币市场均衡的影响

IS 曲线与 LM 曲线同时移动对均衡的影响不同于单一曲线移动的影响。两条曲线的移动可以有多种不同情况的组合。IS 曲线与 LM 曲线新的交点将随两条曲线变动的方向与程度的不同而不同。在各种情况下，利率与收入的变动，可以从上面两种情况中推导出来。

如图 4-14 中，假设投资增加使 IS 曲线右移，即从原来的 IS_0 移至 IS_1，相应的国民收入由 Y_0 增加至 Y_1，此时如没有 LM 曲线的相应变化，利率将从 r_0 上升到 r_1，如果利率不上升，则投资造成的乘数作用会使收入增加至 Y_2。所以单独的 IS 曲线的右移使利率上升，抑制了投资，进而使国民收入进一步扩大受阻。要达到 Y_2 的收入，必须同时扩大货币供给，才能保证利率不上升，如图中的 LM_0 线移至 LM_1 线时的情形。所以，为了保持利率不变情况下国民收入的增减，必须通过经济政策来达到两条曲线的共同移动。扩张性和紧缩性的财政政策能使 IS 曲线向右或向左移动，使 LM 曲线向右或向左移动，在某种程度上调节均衡点的位置，以达到某种宏观经济目标。

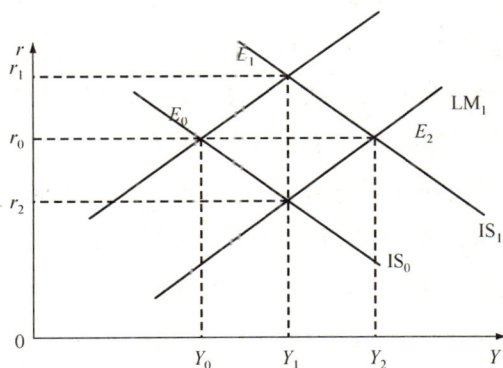

图 4-14 IS 与 LM 线同时移动对均衡收入的影响

（四）对 IS–LM 模型的评价

简单的凯恩斯模型，由于仅限于产品市场，不涉及货币市场，具有一定的片面性。按照凯恩斯理论，投资取决于利率和资本的边际效率，利率是由货币需求与货币供给决定的，而货币需求又依赖于收入和利率，这样就形成了一个不合逻辑的循环推导。于是，在 1937 年英国经济学家希克斯发表的《凯恩斯先生和古典学派》一文中，指出了凯恩斯利息理论的缺陷，并通过将产品市场和货币市场相结合，论述了均衡收入和均衡利率决定问题，使得凯恩斯利息论和其整个理论体系相一致。但是，该模型被经济学界认为至少有以下几个方面的缺点。

首先，IS 和 LM 两条曲线的交点上，代表着均衡的国民收入和利率，这一结论必须假设产品市场和货币市场的均衡是相互独立形成的，即一条曲线的移动不会引起另外一条曲线的移动，但这一假定事实上是不存在的，因为这两条曲线不是相互独立的，而是相互依存的。例如，在经济萧条时期，投资前景暗淡使投资水平下降，从而使 IS 曲线向左移动，按照 IS-LM 模型，不变的 LM 曲线与移动后的 IS 曲线相交于新的点上，在这一点上利率和收入都降低了。但事实上，在萧条时期，悲观的气氛会导致资本家减少对资本产品的需求，增加对货币的需求，这样，LM 曲线也相应左移，结果，新的均衡收入将以更大幅度减少，但利率却并不一定下降。所以如果这两条曲线不是相互独立而是相互关联的，IS-LM 模型就失去了它的理论和政策上的意义，因为它不能决定国民收入的均衡值，从而也就不能预测经济前景和政策效果。再如，在产品市场上，企业与投资和家庭与储蓄本来是捉摸不定的，两者的均衡更是难以论及，可是 IS 曲线却将两者描绘成无数可能的点的轨迹。货币市场上的货币投机需求是以主观心理规律为基础的，投机需求的货币是一个难以估算的数值，可是 LM 曲线却把假想的货币供给和包括投机动机的货币需求的均等描绘成无数可能的点的轨迹。所以，用 IS 与 LM 曲线的交点来论证两个市场达到双重均衡[23]的理论，是基于某些非科学的假设为前提的，这样的逻辑推导出来的结论是不符合经济现实的。

其次，这一模型遭到了英国新剑桥学派的坚决反对，原因是：IS-LM 模型用一套联立方程体系代替了凯恩斯的因果次序关系，从而模糊了凯恩斯理论中最本质的东西。这个最本质的东西是投资决定收入，收入决定储蓄。利率在凯恩斯有效需求理论中是极不重要的，它在收入创造过程中是由外生因素决定的。但 IS-LM 模型中将利率看成是决定储蓄和投资的最主要的因素，这就把凯恩斯理论恢复到古典经济学框架中去了。

最后，IS-LM 模型分析出的均衡理论也不一定与现实相符。传统理论认为，资本主义市场机制充分发挥作用可以实现充分就业的状态，而凯恩斯及其追随者认为，市场机制的作用能达到的均衡通常是低于充分就业的均衡，只有通过国家的调节和干预才能达到充分就业的状态。资本主义经济发展的历史证明，市场机制没能实现充分就业均衡，而国家的调节和干预也没能实现充分就业均衡。同样，在 20 世纪 30 年代市场经济几乎崩溃的时候，按 IS-LM 分析，IS 曲线向左移动时，LM 曲线的右移可以使收入不变，即国家采用扩

23. Double Equilibrium

张性货币政策就能够加以补救，这种说法显然与事实不符。在 1929 年开始的大萧条中，西方银行存在多余的准备金，并不缺乏资金的来源，但是，那时的货币政策并不能使 LM 右移来解决萧条问题。

基于上述缺点，我们可以看出：尽管 IS-LM 模型能简明的说明理论与政策效果之间的关系，但是现实情况远不像模型显示得那样精确与美妙。

（1）在三部门经济中（投资函数为 $I=e-dr$，税收函数为 $T=T_0+tY$，政府支出 $G=G_0$），根据总收入等于总支出的均衡条件，可得到：

$$Y=C+I+G$$

$$\Rightarrow Y=\alpha+\beta Y_d+e-dr+G$$

$$\Rightarrow Y=\alpha+\beta(Y-T)+e-dr+G_0$$

$$Y=\alpha+\beta\left[Y-(T_0-tY)\right]+e-dr+G_0 \qquad (4\text{-}3)$$

$$\Rightarrow Y=\frac{\alpha+e+G_0+\beta T_0}{1-\beta(1-t)}-\frac{d}{1-\beta(1-t)}r$$

$$\Rightarrow r=\frac{\alpha+e+G_0+\beta T_0}{d}-\frac{1-\beta(1-t)}{d}Y \qquad (4\text{-}4)$$

其中，Y_d 为可支配收入，t 为边际税率，是取正值的。公式（4-3）和公式（4-4）即为三部门经济中 IS 曲线的表达式。由于 $0<t<1$，因而 $\dfrac{1-\beta(1-t)}{d}>0$，可见 Y 与 r 之间仍然呈反向变动关系。

（2）IS 曲线斜率的大小，取决于下列因素。

① 投资需求对于利率变动的反应程度 d。在其他条件不变的情况下，如果投资对利率的变化越敏感，即 d 越大，则国民收入对利率的变化越敏感，IS 曲线的斜率就越小，IS 越平缓；反之，IS 曲线越陡峭。

② 边际消费倾向 β。在其他条件不变的情况下，边际消费倾向越大，则投资或政府支出对国民收入的乘数越大，因而相应支出变动量对国民收入的影响也越大，所以 IS 曲线斜率的绝对值越小，IS 曲线越平缓；反之，IS 曲线越陡峭。

③ 利率 t。三部门经济中，在其他条件不变的情况下，利率 t 越小，乘数会越大，因而 IS 曲

线也越平缓；反之亦然。

（3）LM 曲线的斜率取决于以下两个因素。

① 交易需求敏感程度 q。当投机需求函数一定时，如果货币的交易需求对收入的变动很敏感，即 q 值越大，则利率变动一定弧度，收入只须变动较小幅度，就可保持货币市场均衡，从而 LM 曲线较陡峭，其斜率也越大；反之，LM 曲线较平稳，其斜率也较小。

② 投机需求敏感程度 h。当货币交易需求函数一定时，如果投机需求对利率的变化很灵敏，即 h 值越大，则利率变动一定幅度，L_2 变动的幅度就越大，从而 LM 曲线越平稳，其斜率也越小；反之，投机需求曲线越陡峭，LM 曲线也越陡峭，其斜率也越大。

（4）IS—LM 被经济学界认为至少有以下几个方面的缺点：首先，IS 和 LM 两条曲线的交点上，代表着均衡的国民收入和利率，这一结论必须假设产品市场和货币市场的均衡是相互独立形成的，即一条曲线的移动不会引起另外一条曲线的移动，但这一假定事实上是不存在的，因为这两条曲线不是相互独立的，而是相互依存的。其次，这一模型遭到了英国新剑桥学派的坚决反对，原因是：IS—LM 模型用一套联立方程体系代替了凯恩斯的因果次序关系，从而模糊了凯恩斯理论中最本质的东西。这个最本质的东西是投资决定收入，收入决定储蓄。利率在凯恩斯有效需求理论中是极不重要的，它在收入创造过程中是由外生因素决定的。但 IS-LM 模型中将利率看成是决定储蓄和投资的最主要的因素，这就把凯恩斯理论恢复到古典经济学框架中去了。最后，IS-LM 模型分析

出的均衡理论也不一定与现实相符。基于上述缺点，我们可以看出：尽管 IS—LM 模型能简明的说明理论与政策效果之间的关系，但是现实情况远不像模型显示得那样精确与美妙。

关键词

IS 曲线   LM 曲线   古典区域   凯恩斯区域
产品市场的均衡   货币市场的均衡

综合练习

1.单项选择题

（1）从经济学意义上讲，以下各项不属于投资的是（　　）。

A．厂房的增加　　　　　　　　B．人们购买土地

C．企业存贷的增加　　　　　　D．新住宅的增加

（2）关于投资和利率的关系，以下判断正确的是（　　）。

A．投资是利率的增函数　　　　B．投资是利率的减函数

C．投资与利率是非相关关系　　D．以上判断都不正确

（3）IS 曲线上的每一点都表示（　　）。

A．产品市场投资等于储蓄时收入与利率的组合

B．使投资等于储蓄的均衡货币额

C．货币市场的货币需求等于货币供给时的均衡货币额

D．产品市场和货币市场都均衡时的收入与利率的组合

（4）一般来说，IS 曲线的斜率（　　）。

A．为负　　　　　B．为正　　　　　C．为零　　　　　D．等于1

（5）在其他条件不变的情况下，政府购买增加会使 IS 曲线（　　）。

A．向左移动　　　B．向右移动　　　C．保持不变　　　D．发生转动

2．判断题

（1）按照凯恩斯的观点，人们持有货币是由于交易动机。（　　）

（2）按照凯恩斯货币需求理论，利率上升，货币需求量将减少。（　　）

（3）ＬＭ曲线表示货币市场均衡时，收入与利率之间反方向的变动关系。（　　）

（4）在凯恩斯区域内，ＬＭ曲线向右上方倾斜。（　　）

（5）在其他条件不变的情况下，引起收入增加，利率上升的原因可能是政府购买增加。（　　）

3．简答题

（1）简述 IS 曲线的含义及推导方法。

（2）IS 曲线斜率的决定因素。

（3）LM 曲线斜率的决定因素。

（4）IS-LM 模型的缺陷。

chapter 5

第五章 失业与通货膨胀

学习要求

通过对本章的学习，要求掌握失业、通货膨胀的概念、类型及形成原因；理解失业与通货膨胀的影响及治理；了解我国失业、通货膨胀的状况及治理。学会应用基本的概念和原理对失业和通货膨胀的原因进行分析，了解我国失业、通货膨胀的状况，懂得运用失业和通货膨胀理论来分析我国失业、通货膨胀的原因及治理。

重点掌握

周期性失业及原因；供给推动的通货膨胀；需求拉动的通货膨胀；通货膨胀对经济的影响。

✦ 引导案例

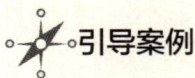

美国失业者：华尔街的街头革命能走多远

失业率的变动经常是西方国家中每月的头条新闻。2011 年 10 月，美国失业者和学生走上街头掀起一场"占领华尔街"的运动，抗议浪潮已波及美国 20 多个城市。这场运动，可能成为近 30 多年时间里，以华尔街为代表的各国金融中心所遇到的最为严峻的挑战。更意味着长时间过度发展的金融业，不得不直面偏离实体经济发展的现实，最终走上回归正常的状态。

这次抗议和游行的导火索在于长时间高达 10% 的失业率及不断上涨的通货膨胀。华尔街无节制的贪婪、政府和监管当局对于金融业的放任，终于让民众忍无可忍，他们不得不采取极端手段，试图控制金融精英们的贪婪，让美国政府能将更多的精力放到实体经济的发展上。无疑，造成今日美国失业率居高不下的关键原因还是在于经济复苏乏力。虽然美联储采取了极度宽松的货币政策，但是货币的刺激并没有带来实体经济的繁荣，企业生产和经营环境并未出现明显改善。

很显然，目前的运动参与群体，虽然可能代表了他们所宣称的"99%"的美国民众，但是这些人多数处于社会最底层，而且抗议活动并未指向白宫，若运动没能持续升级到一定政治高度，华尔街的银行家们亦不会在意底层人的挣扎。所以，我们不大可能看到"占领华尔街"运动的努力能取得多大的成果，寄希望于这样的运动重塑美国更是难上加难。

诚然，"占领华尔街"运动或许难有实质性作为，但是美国经济却不得不最终直面这一次危机。若不能采取"刮骨疗毒"的结构大改革，重新清理金融业和实业的关系，美国经济是不可能真正实现复苏。而类似的由年轻人挑起的抗议游行，则会不断发生。

编者根据资料整理，资料来源：http://news.bangkaow.com/news/20111010/256965.html

第一节　失业理论 [1]

一、失业的类型与原因 [2]

古典经济学 [3] 的劳动力市场均衡只是一种理想的模型，实际生活中存在着各种失业现象，失业是现代社会的中心问题，是指在一定年龄范围内，有

1. Unemployment Theory

2. The Types and Causes of Unemployment

3. Classical Economics

工作能力、愿意工作并积极寻找工作正未能按当时通行的实际工资水平找到工作的人。失业的定义包括三层含义：首先，符合法定就业条件但是没有工作；其次，本人愿意就业并且接受现行的工资或薪金条件但没有工作；再次，在一段时间内失去工作，而且目前正在寻找工作而尚未找到工作，或等待恢复工作。

衡量经济中失业状况的最基本的指标是失业率[4]，它等于失业人数占劳动力总数的百分比。如 2011 年 11 月美国劳工部公布失业率降至 8.6%，为 2009 年 3 月以来的最低水平。失业率的统计是一件复杂的工作，在各国的劳动统计中，法定劳动年龄并不一样，例如，美国为 16 岁，加拿大、英国、日本为 15 岁。由于军用人员不列入劳动就业统计，需要从适龄劳动力人口中减去，余下部分为民用人口。

4. Unemployment Rate

表 5-1　美、日、德失业率统计

月度	美国	日本	德国
2011 年 11 月	8.60	—	6.90
2011 年 10 月	9.00	4.50	7.00
2011 年 9 月	9.10	4.10	6.90
2011 年 8 月	9.10	4.30	7.00
2011 年 7 月	9.10	4.70	7.00
2011 年 6 月	9.20	4.60	7.00
2011 年 5 月	9.10	4.50	7.00

一般来说，失业可以根据产生的原因分成三种类型，即自然失业、周期性失业和隐性失业。

（一）自然失业

自然失业是指由于经济中某些难以避免的原因而引起的失业[1]。

在任何国家和任何动态经济中，这种失业都是不同程度存在的。因此，经济学家们认为这是正常的失业。

自然失业按具体原因主要分为三种类型，即摩擦性失业[5]、结构性失业[6]和古典失业[7]。

5. Frictional Unemployment

6. Structural Unemployment

7. Classical Unemployment

（1）摩擦性失业。摩擦性失业是由于人们在不同的地区、职业和生命周期的不同阶段不停地变换工作而引起的失业，这是一种由于劳动力的正常流动而引起的失业，因而是一种自然失业。在一个动态经济中，各地区、各行业、

---

[1]　Natural unemployment refers to the unemployment is caused due to the inevitable reason in the economy.

各部门之间劳动需求的变动是经常发生的，这种变动必然导致劳动力的流动，因此总有一部分人或者自愿或者被迫离开原来的地区和职业。劳动力从旧的工作岗位到新的工作岗位之间需要一段找工作的时间，这一段时间内，劳动力就处于失业状态。当他们找到新的工作时，又流出失业队伍。

摩擦性失业有以下几种类型。

① 求职性失业。求职性失业是指劳动者不满意现有的工作，自动离职去寻找更理想的工作造成的失业。如"炒老板鱿鱼"即是这种情况。时下国内流行一种高校毕业生"先就业后择业"的观念，虽然有助于学生就业，但将来可能造成求职性失业。

② 失职性失业。失职性失业是指劳动者被雇主解聘，被迫寻找新的工作造成的失业。如"被老板炒鱿鱼"即是这种情况。与求职性失业中劳动者自动离职不同的是失职性失业中劳动者是被迫离职的。

③ 寻职性失业。寻职性失业是指新加入劳动力队伍的劳动者，由于暂时没有找到工作，正在寻找工作造成的失业。如大学毕业生刚离开学校正在社会上寻找工作即是这种状况。

造成摩擦性失业的具体原因主要有以下几点。

第一，劳动力市场的组织状况，主要包括劳动力市场供求信息的完整性，职业介绍与指导的完善与否，劳动力流动性的大小等。比如，由于劳动力市场供求信息的不完整、不充分，并不是每一个雇主和劳动者都可以得到完全的工作信息，雇主找到所需的劳动者和失业者找到合适的工作都需要花费一定的时间，因此造成摩擦性失业。

第二，失业者寻找工作的能力与愿望，主要包括失业者的工作能力和学历程度，获得工作的难易程度，劳动者劳动的愿望等。

第三，社会保障的程度，主要包括最低工资标准，失业救济制度的完善与否，退休制度等。

（2）结构性失业。结构性失业是由于生产技术水平、消费结构、产业结构、城市变化、人口增长速度以及政府开支或税收政策变化而引起的经济环境变化造成的大量、长期的失业，它也是一种自然失业。此时，劳动力的供给与需求在总量上也许是平衡的，但在结构上不一致。于是，一方面出现了有人找不到工作的失业现象，另一方面又存在着有工作无人做的职位空缺现象。出现这种失业与职位空缺现象并存的原因是由于随着经济结构的调整，对某些劳动力的需求增加，对另一些劳动力的需求减少，与此同时劳动力的供给却没有迅速做出调整。由于这种失业的根源在于劳动力的供给结构不能适应劳动力需求结构的变动，所以称为结构性失业。

结构性失业有以下几种类型。

① 技能性失业。技能性失业是指由于劳动力的技能不能适应经济结构、地区结构和性别结构的变动而引起的失业。这种失业一般会集中体现在某一个结构变动的时期。比如，在现代社会中，很多从事传统民间艺术的艺人会由于民俗文化的衰弱而失业，这就属于技能性失业。

② 技术性失业。技术性失业是指在经济增长的过程中由于技术进步而引起的失业。属于这种失业的劳动力大都是文化技术水平低，不能适应现代化技术要求的非技术性劳动力。比如，在纺织、机械等传统劳动密集型行业中应用现代先进技术后，就会造成大量非技术性员工失业。

③ 季节性失业。季节性失业是指由于某些行业生产的季节性变动而引起的失业。一般季节性行业（如旅游业、农业等行业）经常出现这种失业。比如，广大的农村，在农忙季节需要大量劳动力，但一过了秋季，就为农闲季节，对劳动力的需求大大减少，原来的劳动力大都会面临季节性失业问题。

造成结构性失业的具体原因主要有以下几点。

第一，经济结构变化，产业兴衰转移。随着经济结构的调整，一些老行业衰弱甚至萎缩，另一些新兴行业蓬勃发展，新兴行业缺少合格的技术人员，存在职位空缺，而老行业又有大量人员失业，这就是结构性失业。前些年国内高科技行业人才紧缺，而一些传统行业人员大量过剩就属于这种情况。

第二，经济发展的区域性差异。在一个国家的经济发展过程中，往往会出现区域性的不平衡，有些地区经济发展迅速，有些地区经济停滞甚至衰弱，这种地区发展的差异也会造成结构性失业，即经济落后地区存在失业，而经济发展快的地区却可能存在职位空缺。

第三，就业人口的性别构成不合理。20世纪以来劳动力构成中的一个主要变化是妇女劳动力人口的不断增长，虽然妇女就业率的提高有助于妇女社会地位的提高，但也使劳动力市场供大于求的现象更加明显，为结构性失业埋下了潜在的危机。比如，在失业率上升时，许多国家呈现出的妇女失业率大大高于平均失业率的现象。

（3）古典失业。古典失业是由于工资刚性而引起的失业。刚性是与弹性（或伸缩性）相反的概念。按照古典经济学家的假设，如果工资具有完全的伸缩性，则通过工资的调节就能实现人人都有工作。这也就是说，如果劳动的需求小于供给，则工资下降，直至全部工人都被雇佣为止，从而不会有失业。但是，由于人类的本性，人们不愿使工资下降，而工会的存在和最低工资法又限制了工资的下降，这就形成工资只能升不能降的工资刚性。这种工资刚性的存在，使部分工人无法受雇，从而形成失业。由于这种失业是古典经济学家提出的，所以称为古典失业。

我们可以从劳动的供给与需求相结合的角度来分析古典失业现象。从需求的角度看，企业对劳动的需求与劳动的价格（即工资）成反方向变动关系，即随着工资的上升，企业对劳动的需求下降，当工资水平下降时，企业对劳动的需求增加。从供给的角度看，劳动的供给与工资成同方向变动关系，即工资水平越高，劳动者愿意提供的劳动越多；反之，工资水平越低，劳动者愿意提供的劳动就越少。因此，如果企业对劳动的需求与劳动的供给相等，就决定了劳动的均衡价格（即工资）。此时，劳动力市场上，劳动的供给量、需求量及就业量都相等，不存在失业。如果工资水平上升，则劳动的供给会因工资上升而增加，超过了劳动的需求，就会有失业人口的存在。当失业人口出现时，只要劳动力市场遵循一般市场机制的运行规则，即当市场供给大于需求时，价格就下降，从而工资回落，失业便会消失。如果失业还存在，那么一定是工资的下降遇到了市场以外的其他因素的阻挠，如制度力量、工会力量等。比如，工会的存在，会迫使政府通过立法规定最低工资，这样，即使劳动的供给大于劳动的需求，也可使工资维持在一定水平上，从而造成失业。

（二）周期性失业

周期性失业是指由于社会总需求不足而引起的失业[2]。

它一般只是在经济周期的萧条阶段才存在，故称周期性失业。

经济发展是有周期性的，在经济繁荣时期，社会总需求会上升，在经济萧条时期，总需求就会不足，所以周期性失业常与经济周期同步，在经济繁荣时期比较少见，在经济萧条时期就大量出现。如1982年美国经济大衰退时，全国50个州中有48个州的失业率都上升了。这种几乎在每个地区都发生的失业率上升现象表明这种增加了的失业主要是周期性的。

周期失业的原因可以用紧缩性缺口来说明。在经济周期的萧条阶段，由于社会总需求不足，社会实际总需求小于经济周期繁荣阶段可以达到的社会总需求，即实际的社会总需求小于充分就业时的社会总需求，出现紧缩性缺口（也就是实际的社会总需求与充分就业时的社会总需求的差额）。紧缩性缺口导致企业生产积极性下降，大量企业倒闭，幸存的企业也会减产，因此

[2] Cyclical unemployment refers to the unemployment due to the aggregate demand deficiency.

整个社会对劳动的需求会减少许多,从而社会失业人口增加,造成周期性失业。

可以用图 5-1 说明周期性失业的原因。

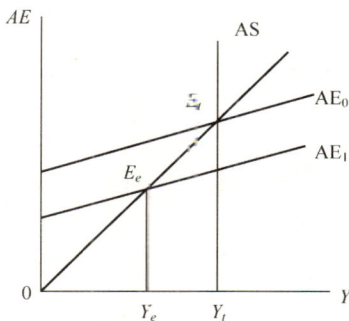

图 5-1　周期性失业

图中,横轴 Y 代表国民收入,纵轴 AE 代表总支出。从上图可以看出,当国民收入为 Y_t 时,经济中实现了充分就业,Y_t 为充分就业时的国民收入。实现这一国民收入水平所要求的总支出水平为 AE_0,即充分就业时的总支出。但现在的实际总支出为 AE_1,这一总支出水平决定的国民收入为 Y_e,$Y_e < Y_t$,这就必然引起失业。$Y_e < Y_t$ 是由于 $AE_1 < AE_0$ 造成的,因此,实际总支出 AE_1 与充分就业总支出 AE_0 之间的差额,就是造成这种周期性失业的根源。这种失业由总支出或总需求不足引起,故而也称为"需求不足的失业"。

周期性失业其实就是凯恩斯分析的非自愿失业。所谓非自愿失业是与自愿失业相反的概念。自愿失业是指劳动者因不愿意在现行市场工资水平下工作而造成的失业。在竞争性经济中这种失业的存在,一定程度上能使经济更有效地运行。而非自愿失业是指劳动者愿意在现行工资水平下工作却找不到工作而造成的失业。

既然周期性失业的原因在于社会总需求不足,那么社会总需求不足的原因又是什么呢?凯恩斯认为造成社会总需求不足的原因是三大心理规律的作用,即边际消费倾向递减规律导致消费不足,资本的边际效率递减规律导致投资需求不足,流动偏好规律使利率的下降有一个最低限度,从而无法刺激投资。消费需求和投资需求的不足最终导致社会总需求的不足。

(三)隐性失业

隐性失业是指就业者表面上有工作,实际上对生产并没有做出贡献[3]。即有"职"无"工"的现象。隐性失业主要存在于发展中国家、某些福利国家。

[3]　Recessive unemployment refers to employee who has a job apparently in fact he(she) does nothing to the production.

隐性失业在经济活动中是经常存在的，当经济中减少就业人员而产量仍没有下降时，就存在着隐性失业。例如，一个经济中有 3000 万工人，如果减少 600 万工人而国内生产总值并不减少，则经济中存在着 20%（600/3000=20%）的隐性失业。这种失业在发展中国家存在较多，特别是发展中国家的农业部门就存在着严重的隐性失业。

案例 5.1

宏观经济政策与失业率

曾经，美国失业率保持一种相对稳定状态，而欧洲的失业率却急剧上升而且保持在 30 年前的水平之上。

如何解释两地劳动力市场的差别呢？部分原因在于美国和欧洲的宏观经济政策不同。美国只有一个中央银行，即联邦储备系统，它严格监控着美国经济。当失业率的提高影响到居民对经济的信心时，美联储会放松银根，实行积极的货币政策，刺激总需求和提高产出，并防止失业率的进一步提高，实际上这是通过提高通胀率来降低失业率的方法。

而欧洲还不存在这样的机构，欧洲是个国家联盟，它的货币政策由欧洲中央银行统一制定，由于考虑到各国情况的复杂性，欧洲中央银行的目标主要是保持物价的稳定，奉行强有力的货币政策，全力保持低利率和低通胀。在这样的情况下，就无法利用通货膨胀政策来降低失业率。

8. The Economic Consequence of Unemployment

9. Paul A. Samuelson

二、失业的经济后果 [8]

美国著名经济学家保罗·萨缪尔森 [9] 曾在他的《经济学》一书中对失业的经济损失有如下描写：高失业伴随着高水平的生产损失或者高水平的生产停顿——就好像干脆把相同数量的汽车、食品和房屋扔进大海……在高失业期间的损失是现代经济中有文献记载的最大浪费。它们比垄断或关税和限额导致的浪费所造成的缺乏效率（或"无谓的损失"）估计要大许多倍。

过高的失业率会带来一系列经济、社会、个人问题，影响经济正常发展，甚至引发社会的不稳定。

（一）失业的经济损失

失业的经济损失究竟有哪些呢？失业的经济损失可以从个人、企业和社会三个方面分析。

对于个人来说，如果是非自愿失业，会给失业者本人及家庭造成损失。因为他们失去了本来用劳动可以换得的收入，而收入的减少，又造成他们生活水平的下降。当然，如果是自愿失业，则会给失业者带来闲暇[10]的享受。

对企业来说，失业的最大经济损失是人力资本的损失。人力资本是指劳动者受到的教育和获得技能的价值[4]。

人力资本来源于劳动者所受的教育和从工作中获得的经验，还包括长期形成的工作习惯。失业给人力资本造成了双重损失：一是失业者已有的人力资本得不到应用；二是失业者无法通过工作增加自己的人力资本。虽然劳动者个人和企业都会因为失业造成人力资本的损失，但企业的损失会更大，因为对企业来说，人力资本的价值是企业产品生产的重要因素，能够为产品的价值增值做出贡献。

对社会来说，失业的经济损失可以从财政和国民收入两个方面分析。财政方面，失业增加了社会保障金[11]和福利[12]的支出，造成财政困难。如果财政出现支付社会保障金困难而降低失业救济标准，必然影响社会的安定，甚至造成社会动乱。国民收入方面，失业造成实际国民收入减少，这是失业最大的经济损失。

失业除了造成经济损失外，还会破坏失业者的身体和精神的健康，带来诸如酗酒、自杀等消极现象，造成一系列家庭和社会问题。这里就不一一详述了。

（二）奥肯定律

失业会带来经济损失，对国民收入来说，失业造成实际国民收入的减少。那么，失业的经济损失究竟有多大呢？美国经济学家阿瑟·奥肯[13]在20世纪60年代根据统计资料回答了这个问题。奥肯应用统计的方法，提出了用以说明失业率与实际国民收入增长率之间关系的一条经验规律，这条规律被称为"奥肯定律"[14]。这一规律表明：失业率每增加1%，实际国民收入就减少2.5%；反之，失业率每减少1%，实际国民收入就增加2.5%。它表明了失业率与实际国民收入增长率成反比例关系。但要注意，失业率与实际国民收入增长率之间1∶2.5的关系只是一个平均数，是根据经验统计资料得出的，在不同时期、不同国家这个数字略有不同。到20世纪90年代，这个比例已经上升

10. Leisure

11. Social Security Payments

12. Welfare

13. Arthur M. Okun

14. Okun's Law

---

[4] Human capital refers to the value of the laborer's education and skills.

到 1 : 3。表 5-2 列出了部分国家的奥肯系数。

表 5-2　不同国家的奥肯系数

国家	1960 ~ 1980 年	1981 ~ 1994 年
美国	0.40	0.47
德国	0.27	0.42
英国	0.17	0.49
日本	0.15	0.23
中国		0.29（1985 ~ 1999 年）

注：1981 ~ 1994 年的奥肯系数是我国的经济学家依据"奥肯定律"估算得到的。

三、失业治理对策 [15]

15. The Countermeasure of Unemployment Treatment

现代经济学家主张对失业进行综合治理，他们的失业治理对策可以分为两大类，即主动的失业治理政策和被动的失业治理政策。

（一）主动的失业治理政策

主动的失业治理政策是指依据失业的原因，提出相应的对策，使失业状况根本好转。其措施主要有以下几点。

（1）从根本上提高经济活动的水平。失业率与实际国民收入增长率之间存在一种反向变动的关系，因此要减少失业，必须增加国民收入，而这又是以经济活动水平的提高为条件的。正是在这个意义上，西方经济学家普遍认为提高经济活动水平是治理失业的根本性措施。为此，政府可以通过增加投资，提高投资效率，采取积极的宏观经济政策，扩大总需求，使国民收入获得成倍增加，从而提高国民收入增长率，以吸收更多的劳动力，从根本上改变失业状况。例如，可以采取降低税收、降低利率以促进投资需求，或增加政府开支、增加居民的购买力等方法促进经济发展。

（2）加强职业培训。当前世界失业问题中有相当部分是因为劳动者技术素质偏低，无法适应就业岗位日益提高的技术要求而造成的，如技能性失业、技术性失业等结构性失业。为了消除这类失业，必须提高劳动者的技术素质。因此相关部门应加强对劳动者的职业培训，这样既提高了劳动者素质，又增加了接受培训人员的就业机会。可以通过规定企业必须提取企业收入的一定比例用于职工培训，对失业人员提供免费的就业培训，帮助失业者获得找到正式工作的技能和其他再教育、培训青年和发展职业教育等方式加强对劳动力的培训，提高劳动力的就业技能。

小资料 5.1

2008 年，中国注册会计师协会制定并发布了《关于加强行业人才培养工作的指导意见》，这是我国专业化市场中介组织第一家就行业人才建设全面、系统地提出发展战略。

专业化市场中介组织是市场经济体制的重要制度安排，是社会主义市场经济体系的重要组成部分。党的十六大提出了全面建设小康社会的奋斗目标，十六届三中全会做出了完善社会主义市场经济体制的决定，十六届四中全会又做出了关于加强党的执政能力建设的决定。所有这些，都对专业化市场中介行业的发展提出了新的、更高的要求。

注册会计师行业是专业化市场中介组织中的一支重要力量，是社会经济监督服务体系的重要组成部分。其按照独立、客观、公正的原则，依法承担企业的审计和资本验证工作，并为企业提供会计、税务、评估、管理咨询和服务，在维护市场经济秩序、保护社会公众利益等方面，发挥着重要作用。

为更好地适应我国市场经济发展，特别是资本市场进一步发展和国有企业深化改革，以及经济全球化背景下，大量新型、复杂的经济活动对注册会计师专业服务提出的更高需求，注册会计师行业确定了全面推进行业进步的人才战略思路。在财政部的指导下，中注协深入研究了行业现状和未来发展趋势，系统提出了加强行业人才建设指导意见"三十条"。

行业人才培养"三十条"，明确提出了加强行业人才培养的指导思想和总体思路，其中明确：用五至十年的时间，全面提升注册会计师从业队伍的专业素质、执业能力和职业道德水平，着力培养能够承担国际业务、符合行业国际化发展要求的高层次专业人才和会计师事务所管理人才；与此同时，建立起科学完善的行业后备人才培养机制和适应行业未来发展需要的后备人才队伍。

资料来源：中国注册会计师协会，《中注协提出行业人才培养"三十条"全面提升注册会计师行业的国际化专业化水平》

（3）提供劳动力市场信息服务，促进劳动力的流动。劳动力供求信息不完全也是造成失业的原因之一。比如，中国的户籍制度割裂了农村和城市，农村劳动力到城市就业，需要很大的迁移成本、居住成本，农村剩余劳动力无法转移。政府应该改革固定的户籍制度，尽可能为农民提供与城市居民一样的就业机会。为了弥补劳动力市场信息不完全，还应该鼓励劳动力中介市场的发展，为就业提供信息服务。

（二）被动的失业治理政策

被动的失业治理政策是指由于失业总是存在，政府只能采取补救对策。其措施主要有以下几点。

（1）建立和完善社会保障制度。建立社会保障制度主要是通过建立失业保险制度，具体做法是：劳动者在岗就业时，由企业和个人分别向社会保险机构缴纳一部分保费，劳动者一旦失业，就可向保险公司领取失业保险金，以保证日常生活的正常进行。

（2）建立失业救济专项基金。失业救济金制度是对失业者按一定标准发放能使其维持正常生活的补助金。建立失业救济制度，首先是要确立失业救济线和最低生活标准，然后经过再确认，发放失业救济金，以确保失业人口的基本生活。

需要强调的是，以上两类失业治理政策各有特点，必须相互补充，综合治理。

小资料 5.2

广州市于 2009 年 6 月曾印发《关于阶段性扩大失业保险基金使用范围促进就业帮扶困难失业人员的通知》（穗劳社养［2009］4 号）。这是该市积极应对国际金融危机，继阶段性降低失业、工伤和医疗保险缴费比例，减轻企业负担、允许困难企业在一定时期内缓缴社会保险费，扩大失业保险基金使用范围帮助困难企业稳定就业岗位，鼓励困难企业开展职工在岗或转岗培训稳定职工队伍等措施后的又一重大举措。阶段性扩大失业保险基金支出范围，充分发挥失业保险促进就业和预防失业的作用，弥补财政投入不足，对于实施积极就业政策，加大对就业困难人员的援助，稳定整个就业局势有着重要的意义。

资料来源：新民网，《扩大失业保险基金支出范围 促进就业预防失业》，
http://news.xinmin.cn/rollnews/2009/06/26/2152962.html

（三）我国的失业原因及治理对策

失业是一个国家经济发展中的正常现象，以下将针对我国在经济转型时期出现的失业现象进行分析，探讨其产生的原因，并提出相应的失业治理

对策。

1. 我国失业的原因

我国的失业问题不是单一因素造成的，而是许多因素合成的结果。

（1）计划经济向市场经济体制过渡的转轨性失业

在传统的高度集中的计划经济体制下，计划就业指标是考核企业经营好坏的重要指标，企业领导者具有强烈的"就业指标饥渴"，结果企业员工日益增多，隐性失业问题越来越大、越严重。随着市场经济体制的建立和完善，国有企业摆脱了就业指标的约束，追求利润最大化成为企业的最大目标，许多企业采取"减员增效，下岗分流"的措施，隐性失业逐渐显性化。

（2）产业结构调整导致的结构性失业

发达国家经验表明，当一个国家的经济处于高速发展阶段时，必然伴随着产业结构的快速调整，夕阳产业不断被淘汰，朝阳产业不断涌现。这就要求劳动力的供给能够及时做出调整，否则，就会出现"失业"与"空位"并存的现象。

案例 5.2

下岗，中国独特的转型现象

依据 1997 年初国家统计局和劳动部规定，下岗人员指由于用人单位生产和经营状况等原因已经离开本人生产或工作岗位，并已不在单位从事其他工作，但仍与用人单位保留劳动关系的职工。这一定义包括三个标准：第一，下岗原因来自单位而不是个人方面；第二，本人已经完全离开单位；第三，与原单位仍保留劳动关系，这一劳动关系在企业一般是劳动合同，在机关事业单位一般是保留档案或"在册"。下岗人员与原单位联系方式多种多样，有的仍按月从原单位领取一定的生活费并能在单位报销医药费；有的能报销医药费但没有生活费；有的仅保留一纸合同，既没有生活费，也没有医药费，东北地区称之为"两不找"。在经济不发达和财政困难地区，'两不找'的下岗人员相当多，下岗人员处境也不同。有的已经通过各种渠道实现了再就业，其中不少人因收入较好不再愿意回原单位工作，有的正通过各种方式寻找工作，包括等待回原单位上班。

在一般市场经济条件下，企业因生产不足辞退职工，企业破产职工另谋职业本是一种正常现象。我国失业保险等制度尚不健全，企业还不能将大批解雇职工（特别是老职工）推向社会，于是出现了下岗的现象。

从劳动计划管理的角度看，下岗人员还是原单位的职工；但从市场实际就业关系看，下岗人员已不在原单位工作，因而不再是原单位的从业人员。至于下岗人员从原单位领取的生活费，从性质上看是原单位代替政府发放的失业救济金；下岗人员到原单位报销的医药费，是原单位代替社会支付的医疗保险金。

对下岗人员数量统计通过两个渠道进行。一个是通过单位上报的报表，它反映了各单位有多少"在册"下岗人员，但不能反映他们下岗后实际就业状况。另一个是国家统计系统的住户抽样调查，通过调查人员对 16 岁以上人口个别询问，推断出无业人员中有多少下岗人员。这一方法在调查项目设计上与国际通行方法接轨，便于观察下岗人员性别、年龄、受教育程度、下岗时间、寻找工作方式等方面情况，但是调查结果的代表性和准确性、受样本容量和抽样方法影响很大。依据单位上报数字，1997 年 6 月全国共有下岗人员 965 万人。依据抽样调查数据推测，当时下岗人员中未就业的人数为 578 万人，约占单位上报下岗人员总数的 60%，据此推算下岗人员再就业比例约为 40%。

（3）经济周期波动引起的周期性失业

自改革开放以来我国宏观经济基本上每隔 4 ~ 5 年就会波动一次，在经济紧缩阶段，由于有效需求不足、市场疲软，企业往往采取减员增效的措施，造成失业人口增加。例如，1997 年亚洲金融危机发生对我国外贸行业造成严重的不利影响，随后我国国内又面临通货紧缩和需求不足的严重局面，因此几年后我国出现了比较严重的失业问题。

（4）其他原因

除了上述原因以外，劳动力市场的不完善、劳动力素质偏低、新劳动力大量增加等都是我国失业问题的重要原因。

2. 我国失业的治理对策

（1）提高经济活动水平，减少经济周期波动，促进经济持续稳定健康发展

改革开放以来，我国宏观经济经历了数次周期性的波动。经济周期波动是造成我国失业问题的重要原因。每当经济处于萧条阶段，市场有效需求不足，就业机会减少，失业就会增加。因此，政府必须深化改革，充分挖掘潜力，确保国民经济的持续、稳定、健康发展，避免经济大起大落。只有这样，

才能形成社会经济发展与就业、再就业工作良性互动的局面。

据测算，在我国，国内生产总值每增加一个百分点，可创造80万个就业岗位。因此，如果我国经济增长率能够保持在8%左右，即可新增就业岗位640万个左右。

（2）实行有利于促进就业的财政政策和货币政策

国家应继续实行有利于促进就业的财政、货币政策。财政政策方面，应继续加大公共项目的投资，这样既能直接创造就业机会，又能刺激经济需求，带动社会投资，从而间接促进就业；同时，要对下岗、失业人员自主创业和自谋职业，企业吸纳失业人员就业或减少裁员，给予一定的税收优惠。货币政策方面，应改革商业银行管理体制，完善对中小企业的金融服务，通过促进中小企业的发展发挥其吸纳就业的优势。

（3）实行有利于促进就业的产业政策

在拓宽就业渠道、增加就业岗位的同时，为促进就业，我国应积极调整产业结构，实行有利于促进就业的产业政策。针对我国劳动力资源丰富、当前世界制造业从发达国家向发展中国家转移、国际上许多国家纷纷运用高新技术改造传统产业、大力发展新兴产业的现状，我国应大力发展就业容量大的劳动密集型产业，面向国际市场发展制造业，鼓励具有较高科技含量，又能吸纳较多劳动力就业的行业的发展。与此同时，要积极发展第三产业，作为今后扩大就业的主攻方向，使其成为吸纳就业的主要载体。

（4）大力发展乡镇企业、中小企业、非公有制经济，充分发挥其吸纳就业方面的优势和潜力

发展乡镇企业可以充分利用农村劳动力资源丰富的优势，国家应当在政策、资金、技术等方面大力支持和促进乡镇企业的发展。同时，发展乡镇企业要与小城镇建设结合起来，扩大农村就业空间。中小企业一般侧重于劳动密集型的产业，吸收的劳动力相对要多，在扩大就业渠道、创造就业机会等方面具有大型企业无法替代的作用。而非公有制经济事实上已成为目前我国就业的一个主要增长点。因此，国家在发展国有大型企业、高新技术企业的同时，也要重视并加快中小企业和非公有制经济的发展，进一步创造有利于中小企业和非公有制经济生存和发展的环境，以增强其对劳动力的吸收能力。

（5）完善劳动力市场

要建立统一、开放、竞争、有序的劳动力市场体系，实行国家政策指导下的市场就业方针。建立全国统一的劳动力市场，建立覆盖全国的劳动力信

息网络，制定就业服务体系建设的整体规划，加强劳动力市场法规和法制建设，促进公平就业。

（6）大力发展基础教育和职业技术培训，提高劳动力素质

针对我国劳动力素质偏低的现状，要加强基础教育和职业技术培训，提高劳动者素质，以增强其就业能力。为此，要进一步深化教育体制改革，构建现代国民教育体系，培养终身教育体系，建设学习型社会，全面推进素质教育。同时，要加强职业教育和技术培训，把它们作为预防失业和促进就业的重要内容。加强在职培训，推行职业资格认证制度，可以借鉴国外先进经验和做法，实行以初级和中级职业技术培训为主，高等职业培训为辅的方式。强化再就业培训，增强培训的针对性、实用性和有效性，帮助失业下岗人员掌握再就业的技能和本领。在此过程中，政府和相关部门、企业要加大教育和培训的投资。

（7）要加快建立和完善多层次的失业保障制度

针对我国目前社会保障制度不健全的现状，国家应加快建立与我国经济发展水平相适应的社会保障体系。社会保障制度应从消极救济转向积极促进就业。通过把国外经验和我国国情有机结合，逐步建立起覆盖面广、可持续、促进发展的失业保障体系。要完善失业保险体系，建立范围覆盖全部职工，费用由国家、单位、个人三方合理负担，失业救济与再就业紧密结合，国家立法强制实施的失业保险制度，同时加强社会保险基金的管理和监督。要进一步强化最低生活保障制度建设，推进养老保险制度改革，充分发挥失业保障制度在促进就业中的积极作用。

第二节　通货膨胀 [16]

16. Inflation

通货膨胀是一种纸币现象，是实行纸币制度的都有可能发生通货膨胀。由于现在世界各国实行的都是纸币制度，因而通货膨胀又是一个世界性的问题，也是争论最多的问题之一。

一、通货膨胀的概念与衡量 [17]

17. The Concept and Measurement of Inflation

（一）通货膨胀的概念

关于通货膨胀，虽然经济学界没有给过统一的定义，但多数经济学家倾向于接受这样的解释，即通货膨胀是指物价水平普遍而持续的上涨。换句话说，通货膨胀就是单位货币的购买力（即单位货币所能购买的商品和劳务的数量）

不断下降的现象，也就是一般人所说"钱不值钱了"的现象。

从通货膨胀的概念，我们可以看出它有以下两个方面的特征。

1. 通货膨胀是指物价水平的普遍上涨

通货膨胀不是指一种或几种商品的价格上涨，而是指物价水平的普遍上涨，即物价总水平的上涨。如果只是一种或少数几种商品的价格在上涨，我们不能断定就是发生了通货膨胀。比如，我们不能单从房价的上涨就推断发生了通货膨胀。

2. 通货膨胀是与纸币发行过多联系在一起的

物价上涨可以由多种原因引起，如资源短缺、结构失调、商品质量提高等，但仅仅是这些原因引起的价格上涨，不能算作通货膨胀，只有当纸币发行量超过了客观经济过程的实际需要量，才能称为通货膨胀

小资料 5.3

苏联计划经济下的通货膨胀

在十月革命以前，俄国就已走上了通货膨胀之路。革命后，为了保障政权，必须控制国家资源。因此，苏联印发纸币，维持庞大的预算开支。在 1918 ~ 1920 年间，反动力量很快聚集，发起反扑，此时苏联开始实行战时共产主义。由于经济基础薄弱，社会产品总量短缺，再加上连年战争，使生产得不到恢复，战时共产主义的分配物品远不能满足人们的基本需要。于是黑市猖獗，物价飞涨。

---

3. 通货膨胀时期物价水平的上涨必须持续一定时期

通货膨胀条件下的物价上涨必须持续一定时期。如果物价只是一次性、暂时性、季节性上涨，都不能称为通货膨胀。比如，节假日期间，宾馆、饭店的收费标准一般都会上升，我们不能说发生了通货膨胀。因为，节假日过后，这些收费标准都会由于客人的减少而降低。

（二）通货膨胀的衡量

经济学中使用物价指数来衡量通货膨胀。

1. 物价指数的概念

物价指数是表明某些商品的价格从一个时期到下一个时期变动程度的指数。物价指数一般不是简单的算术平均数，而是加权平均数，即根据某种商品在人们日常生活总支出中所占的比例来确定其价格的加权数的大小。比如，

住房和食品，前者在人们的日常生活总支出中所占的比例大，它的价格变动情况在价格总水平中相应应占较大比例，其价格的加权数也就较大；后者在人们的日常生活总支出中所占的比例小，它的价格变动情况在价格总水平中相应应占较小比例，其价格的加权数也就较小。

物价指数需要用一个时期的物价作为基期物价，物价指数计算的就是报告期的物价比基期的物价变动了多少，用公式表示就是：

$$物价指数 = \frac{报告期物价水平}{基期物价水平}$$

比如，去年的物价指数是 100，去年为基期，今年的物价比去年上升了 10%，则今年的物价指数就是 $100 \times (1 + 10\%) = 110$。

2. 物价指数的类型

由于统计的口径、方法、选择对象不同，所以反映物价水平变化的物价指数有多种。根据计算时包含的商品品种的不同，通常有以下几种类型。

（1）消费物价指数[18]，简称 CPI，又称生活费用指数、零售物价指数。它是衡量各个时期居民家庭日常消费的生活用品和劳务价格变化的指标。它既可以作为通货膨胀的测定指标，又可以作为工资、津贴调整的依据。其计算公式为：

$$通货膨胀率 = \frac{现期消费物价指数 - 基期消费物价指数}{基期消费物价指数} \times 100\%$$

世界各国都倾向于根据本国居民的消费习惯，选定一些有代表性的生活必需品和服务项目，并以这种方法编制出来的物价指数来判断本国是否发生了通货膨胀。消费物价指数能衡量消费品的价格变动，消费者比较关心，因此它是当今世界使用广泛的物价指数，我国目前也使用它来衡量通货膨胀状况。但是，这一指数只是局限于统计居民家庭消费的商品和劳务，而把国家消费和集团消费排除在指数之外，这是它的主要缺陷。

（2）零售物价指数[19]。它是衡量各个时期市场上商品零售价格总水平变动趋势和程度的指标。零售物价指数的优点在于资料比较容易收集，反映价格变动情况及趋势比较直观、比较快速。因此，许多国家以零售物价指数的变化来衡量通货膨胀的状况。需要注意的是，消费物价指数和零售物价指数不仅在反映的内容和包括的范围上有所不同，两者统计口径也不一样。消费

18. Consumer Price Index

19. Retail Price Index

物价指数只统计市场上零售给居民的生活消费品和劳务，不包含社会公共需要的商品和劳务；而零售物价指数的统计范围包括市场上零售给居民的生活消费品和劳务，也包含社会公共需要的商品和劳务。消费物价指数比零售物价指数更贴近居民的生活实际。

（3）批发物价指数[20]，又称生产者价格指数。它是衡量各个时期生产资料与消费资料批发价格变化的指标。如果已知基期的批发物价指数，再算出报告期的批发物价指数，即可看出其价格变动情况，从而判断是否发生了通货膨胀。批发物价指数代表的商品范围较为广泛、详尽（如在美国就包含大约 3400 种商品）而且有用，所以，一些经济学家认为批发物价指数最适合衡量通货膨胀。由于批发物价指数与产品出厂价格紧密相关，因此它是厂家比较关心的物价指数。

20.Producer Price Index

（4）国内生产总值折算指数[21]。它是衡量各个时期一切商品与劳务价格变化的指标。国内生产总值折算指数被定义为名义国内生产总值对实际国内生产总值的比率，即按当年价格计算的国内生产总值对按固定价格或不变价格计算的国内生产总值的比率。其计算公式为：

21. GDP Implieit Deflator

$$国内生产总值折算指数 = \frac{按报告期价格计算的报告期产值}{按基期价格计算的报告期产值} \times 100\%$$

国内生产总值折算指数的统计范围包括一切商品和劳务，因此，它比消费物价指数和批发物价指数更能全面反映社会物价总水平的变动趋势，西方国家大多由于上述原因采用国内生产总值折算指数反映通货膨胀。但需要注意的是，由于国内生产总值通常每年统计一次，因此，国内生产总值折算指数不能迅速反映物价总水平的变动情况。

综上所述，上述四种物价指数由于计算时所包含的商品不尽相同，因此其数值也各不相同，但这四种物价指数都能反映出基本相同的通货膨胀变动趋势。

小资料 5.4

国民党统治时期的通货膨胀

在国民党统治的旧中国，国民党反动政府为了进行反革命内战和加紧对全国人民进行掠夺，肆意滥发纸币，结果造成长期恶性通货膨胀。据统计，从抗日战争爆发到国民党反动统治崩溃（1937～1949

年）的十二年间，纸币发行量累计增加了 1400 多亿倍，致使同期物价上涨了 85000 多亿倍，达到古今中外罕见的程度。货币购买力一落再落，最后几乎变成废纸。有人曾经做过这样的统计，以 100 元购买力为例，在 1937 年可买 2 头牛，1938 年为 1 头牛，1939 年为 1 头猪，1941 年为 1 袋面粉，1943 年为 1 只鸡，1945 年为 1 条鱼，1946 年为 2 个鸡蛋，1947 年为 1 个煤球，1948 年 8 月国民党货币改革时为 3 粒大米。至此，全国广大劳动人民陷入极端痛苦和贫困的境地，而以蒋、宋、孔、陈四大家族为首的官僚买办资产阶级，却从这种严重的恶性通货膨胀中，搜刮了难以计数的巨额财富。

小资料 5.5

青海临时价格管制调查

在青海省最大的批发市场——西宁市海湖路市场，菜贩子望着还剩下多半东风车的甘蓝，连连叹气。

"再过一两周，等天气热了，来自安徽、山东的甘蓝卖得差不多了，本地的甘蓝菜就好卖了。"杜永州对中国青年报记者说。

2011 年以来，由于油价上涨推高了运输成本，杜永州生意上的好光景一去不返。更令他烦恼的是，受政府临时价格管制影响，甘蓝菜的批发价格一直徘徊在 0.45 元左右，始终没有涨起来。

所谓的"临时价格管制"是青海省政府调控物价出台的措施。1 月以来，青海省的物价指数一直高位运行，青海一季度的消费者物价指数（CPI）为 8.8%，比同期全国 CPI 高出 3 个多百分点。

由此，"行政之手"被迫走上前台——青海省临时价格管制调控出台。青海也成为目前全国唯一一个实行临时价格干预的省份。

据了解，青海省临时价格管制调控的目标主要是价格上涨幅度过大且能依法干预的生活必需品。时间从 2011 年 4 月 19 日持续至 7 月 19 日。那么，物价严厉调控一个多月后，成效如何？

居民：菜价仍然居高不下

来自西宁市发改委的数据显示：4 月份西宁市场价格总体仍保持上升态势，但涨幅有所缩小。4 月西宁市居民消费价格指数比去年同期上涨 7.9%，同比涨幅比上月缩小 0.7 个百分点，4 月环比价格下降了 0.6%，今年首次出现负增长。

连日来，中国青年报记者走访了西宁市大型批发市场、零售早市、零售菜市场、超市等地，从流通的各个环节着手展开调查，试图呈现政府的干预对蔬菜价格及不同利益群体的影响。

5月23日清晨，西宁海湖路市场车来车往，人声鼎沸。这个偌大的批发市场恰如一面镜子，既照出了这个西部内陆省份物价高涨的秘密，也揭示出物价调控之难。

安徽人王某已经在这个市场摸爬滚打了20多年。从摆小摊卖辣椒起家到现在每天销售70多万吨辣椒，有30多辆大车，400多平方米冷库，王某成了这个庞大市场里一个"掌握价格话语权的人"。

"青海本地菜少，缺啥菜，我们就（从外地）拉啥菜。"她说，"不过，今年政府压价压得厉害，不让往高走"。王某的配送中心，被政府严格监管，每天都有人前来采样。

"政府应该压低物价，这样老百姓能吃到新鲜菜。我也希望菜价越便宜越好，便宜的时候卖得快，销量大。"王某说。

王某也能从中得到政府的补偿——完成下达的任务数，外地运输每吨/千公里40元的补贴。

有政府部门官员表示："管住这些大户，就能管住物价。"

但河南人张某认为，"没有政府平抑物价，生意还做得轻松一点。"

他同样是这个市场里的"厉害"角色。他告诉记者，1吨菜从山东运到青海，成本在300元～400元上下，政府的补贴"起不了多大作用"。他认为，政府的调控手段还是"很有效果"的。整个海湖路市场菜价平稳，没有发现缺货、少货现象。

每隔一天，外地客商张某的东风大卡车就要从160公里远的甘肃兰州红古到西宁往返一趟。为此，他要支付的成本包括大约1300元的油钱、80元的过路费、每车160元的市场管理费、雇佣小工一天每人100元以及30元每天的过磅费。

时下行情不好，白菜在红古的收购价是0.41元～0.42元，拉到海湖路市场，也仅卖到0.45元。但张某说，"卖菜赔钱很正常，现在生意不好做。"

尽管众多的蔬菜批发商都在抱怨菜价太低，但西宁市居民们感受更多的依然是菜价高。

靠退休金过日子的赵老人，每隔两天就要跑一趟西宁市最大的早市——五一早市。为此，他要花一个钟头坐 7 站公交车。5 月 22 日这天早晨 7 点刚过，赵老人就到了那里，他拿起一把打着露水的新鲜韭菜告诉记者："这里只卖 1.3 元，比家门口的菜铺子便宜 7 分钱。"

"史上最严厉的调控"

有关人士认为，这一轮物价调控手段之多、力度之大、法令之严，堪称是青海省"史上最严厉的调控"。

《青海省人民政府关于实施临时价格干预措施的紧急通知》中称："实施临时价格干预措施，是贯彻落实国务院'把稳定物价总水平作为宏观调控的首要任务'的重要举措，对保障和改善民生，促进经济社会和谐发展，维护社会稳定大局有重要意义。"

西宁市发改委主任宋先生对中国青年报记者表示："物价涨幅要和老百姓收入水平相匹配。"

宋先生说，青海省临时价格干预措施推出后，西宁市很快出台了"西宁十五条"平抑物价措施——诸如对个别商品实行最高限价、对主要蔬菜品种实行批零差率控制等，目标直指脱缰的物价。

所谓"批零差率"是指根据蔬菜的损耗程度和市场分类对蔬菜进行价格调控，就是把批发价与零售价之间的差价控制在一定范围内。比如，绿豆芽、冬瓜、萝卜等 8 种蔬菜的批零差率要控制在 40% 以内；黄瓜、西红柿、长茄子等 11 种蔬菜的批零差率控制在 50% 以内。超市、标准化农贸市场在此基础上可上浮 10%。

每天，西宁当地的报纸都会刊登主要蔬菜品种的批零价格表。在集贸市场的醒目位置，也会公示当日主要蔬菜的批发价和零售价。

西宁市大百超市专门开辟了平价蔬菜和粮油专区，服务员主动引导顾客前来挑选。大百超市副经理杨冬梅告诉记者，"超市的蔬菜损耗更大，有时要亏本经营，供应商们经常叫苦。"

调控的愿望是好的，那么结果怎样？记者在西宁市莫家街市场调查发现，批零差率措施并未得到严格落实。比照当天报纸上刊登的批零价格表，本报记者注意到，不少商贩叫卖的蔬菜零售价格显然略高于政府规定的价格。比如，按照批零差率换算，甘蓝菜当天的批发价格是 0.45 元/斤，拟定差率为 50%，零售价格将近 0.7 元。但实际情况是，这条拥挤的街道上，很难看到低于 1 元的甘蓝。

"只能随行就市。100 斤菜从批发市场出来，就少了十几斤。这损失咋办？"一位年龄不大的商贩反问道。

相比菜价，西宁市对猪、牛羊肉价格实施了更为严厉的"最高限价"。以猪肉为例，物价部门规定，三级肉每公斤最高限价 21 元，四级肉每公斤最高限价 20 元，但"最高限价"遭到了零售者的"抵制"。5 月 23 日下午，在西宁市莫家街市场，一位卖肉的女摊贩拿着一纸文件情绪激动地说："批发价那么高，逼得我们没办法，只能涨。前两天不敢乱卖，这两天压也压不住了……"

这位来自四川的女摊贩说，层层转包后的摊位费高达每月 800 元。更重要的是市场上已经没有货源了。一天只能卖一头猪，连摊位费都卖不出来。

资料来源：中青在线－中国青年报（北京）2011 年 6 月 9 日

二、通货膨胀的类型 [22]

通货膨胀按不同的划分标准可以划分成不同的类型，常见的划分方法是按照物价上涨速度或通货膨胀的程度来划分。

物价上涨速度或通货膨胀的程度可以用通货膨胀率来表示，其计算公式是：

$$\text{报告期通货膨胀率} = \frac{\text{报告期的物价水平} - \text{基期的物价水平}}{\text{基期的物价水平}} \times 100\%$$

公式中的物价水平用物价指数来表示。

根据通货膨胀率的大小，通货膨胀可以划分为以下几种类型。

1. 温和通货膨胀 [23]

温和的通货膨胀是指通货膨胀率低而且较为稳定的物价水平。一般认为，在温和的通货膨胀情况下，物价上涨速度不超过两位数（即在 10% 以下），而且人们对于这种通货膨胀比较容易预测。这种通货膨胀对经济的负面影响一般不大。温和的通货膨胀在大多数发达的工业国家中是比较常见的。以瑞典为例，从 1954 ～ 1967 年间物价上涨了 64%，年平均通货膨胀率为 3.9%，而且每年变化不大，比较稳定，最低时不低于 2.5%，最高时不高于 5%。

2. 急剧或奔腾通货膨胀 [24]

急剧的或奔腾的通货膨胀是指通货膨胀率高而且继续攀升的物价水平。一般认为，在急剧或奔腾的通货膨胀情况下，物价上涨速度高达两位数（即

22. The Type of Inflation

23. Moderate Inflation

24. Sharp Inflation

在 10% 到 100% 之间）。这种通货膨胀率会使经济发生严重扭曲。由于货币购买力迅速下降，人们更愿意囤积商品而不愿意持有货币，金融市场陷于瘫痪。急剧或奔腾的通货膨胀的典型例子是 20 世纪 70 年代的南美洲国家，如巴西和阿根廷，都出现了两位数的通货膨胀率。

25. Runaway Inflation

3. 恶性通货膨胀 [25]

恶性通货膨胀是指通货膨胀率高而且失去控制的物价水平。一般认为，在恶性通货膨胀下，物价上涨的速度高达三位数以上（即超过 100%），通货膨胀完全失去了控制，货币极度贬值。这种通货膨胀会导致金融体系乃至整个经济的崩溃，甚至导致一个政权的垮台。

小资料 5.6

历史上最典型的恶性通货膨胀的例子是 20 世纪 20 年代初德国魏玛共和国时期和 20 世纪 40 年代后期旧中国国民党统治区的通货膨胀。在德国，从 1922 年 1 月到 1923 年 11 月，价格指数从 1 上升到 100 亿，假如一个人在 1922 年初持有价值 3 亿马克的债券，那么两年后，这些债券的面值便连一块橡皮糖也买不到了。有人形容这时期马克的价值就像从一艘战列舰缩小成一粒豌豆那样在缩减。在旧中国，由于国民党政府大量发行金元券，导致物价飞涨，当时的新疆地方政府就曾发行过面值达亿元的钞票。

26. Causes of Inflation

三、通货膨胀的成因 [26]

经济学家认为，通货膨胀主要有四种成因：需求拉动的通货膨胀、成本推动的通货膨胀、供求混合推动的通货膨胀和结构型通货膨胀。

1. 需求拉动的通货膨胀

需求拉动的通货膨胀，是指总需求过度增长引起的通货膨胀，即太多的货币追逐太少的商品和劳务。

需求拉动的通货膨胀，是从总需求的角度来分析通货膨胀的原因，把通货膨胀归因于对社会资源的需求超过了按现行价格所能得到的供给。由于总需求的过度增长，总供给相对不足，总需求超过总供给的能力，供不应求引起价格上升，从而导致通货膨胀。其实质在于，过多的货币支出追逐在充分就业条件下可以生产出来的有限的物品供给。

凯恩斯主义的经济理论，从强调实际因素对需求的影响的角度出发，认为社会总需求是由消费需求、投资需求构成的。在总需求中任何一个成分的增加，都会造成总需求的增加，当社会的生产能力已达到充分就业的状态时，总需求的膨胀就会产生膨胀性缺口，导致需求拉动的通货膨胀。凯恩斯主义者认为通货膨胀与失业不会同时存在，通货膨胀是在资源充分利用之后产生的。现代货币主义对于需求拉动型的通货膨胀着重是从货币因素的角度来进行说明的。他们认为，当货币供给量增加，引起社会总需求扩大，这时，需求拉动的通货膨胀就是货币因素引起的。

社会总需求由总消费、总投资、政府支出、净出口共同组成，其中任何一个构成因素的增加，都会造成社会总需求的增加，当需求过度时，就会引起需求拉动的通货膨胀。因此，需求拉动的通货膨胀可以表现在以下几个方面。一是消费需求的膨胀。其中又可分为个人消费需求的膨胀和社会消费需求的膨胀。二是投资需求的膨胀。当银行利率较低时，企业家出于对市场的乐观预期，往往会乐于投资，因此容易造成投资需求膨胀。三是政府支出的膨胀。当政府增加财政支出时，不管是进行公共工程建设、政府购买，还是转移支付，最终都会导致社会总需求的增加，因此，政府支出的膨胀，极易引起社会总需求的膨胀。四是净出口的膨胀。净出口等于出口减去进口，也就是出口大于进口的部分。如果净出口为正，即出口大于进口，则意味着来自国外的净收入增加，国内需求随之增加。因此，净出口的膨胀必然导致社会总需求的膨胀。

2. 成本推进的通货膨胀

成本推进的通货膨胀是指在资源尚未充分利用时因成本因素推进而引起的价格上涨。

成本推进的通货膨胀是从总供给的角度分析通货膨胀的原因。它认为引起通货膨胀的原因在于成本的增加，成本的增加意味着只有在高于从前价格的水平时，才能达到与以前相同的产量水平（也就是说，由于成本的增加，厂商只有在高于从前的价格水平时，才愿意提供同样数量的产品），从而引起通货膨胀。

成本推进的通货膨胀根据成本增加的具体原因，主要分为三种类型。

（1）工资成本推动的通货膨胀

工资是企业生产成本的主要部分，工资的提高自然会使生产成本增加，从而引起产品价格水平上升，导致通货膨胀。引起工资上升的一个很重要原因是在不完全竞争的劳动市场上，工会往往会利用其拥有的垄断地位迫使雇主提高工资。当工资的增加超过生产率的增长时就提高了单位产品的生产成本，为了维持原有的利润水平，企业必然提高产品的价格。

（2）利润成本推动的通货膨胀

在不完全竞争的市场上，处于垄断地位的企业往往控制着产品的销售价格，为了获取更多的利润，他们不是采取通过提高生产效率来降低成本的途径，而是利用提高产品价格的方式，使得产品价格的上升速度超过产品成本的增长速度，进而从中获利。这种方法同样提高了企业的生产成本，从而产生通货膨胀。

（3）进口成本推动的通货膨胀

原材料、能源等都是数量有限的资源，很多国家都需要进口。当这些进口的生产要素价格提高时，会促使国内生产成本上升。从开放经济的角度看，当一些重要的进口产品价格提高，就会引起某些以进口为主要投入的企业生产成本上升，从而使这些行业的产品的价格也随之上涨。当这些行业的产品价格上涨波及整个经济时，就形成了进口成本推动的通货膨胀。

例如，1973 年，为了抗议美国等西方国家在巴勒斯坦和以色列冲突中偏袒以色列，以中东产油国为主的石油输出国家以石油为武器，通过减少产量和出口量，迫使国际市场石油价格翻了两番，由此导致的成本推进的通货膨胀使美国在 1973 ~ 1975 年的物价水平迅速上升，失业率也从 1973 年的不到 5% 上升到 1975 年的 8.5%。

3. 供求混合推动的通货膨胀

在现实生活中，很难分清通货膨胀究竟是需求拉动还是成本推动引起的，因为这两种原因可以互为因果。比如，最初由于政府增加支出造成总需求增加，引起需求拉动的通货膨胀；当工人出于对通货膨胀延续的担忧，便会通过工会向企业施加压力，迫使企业增加工资，从而提高了企业的成本，引起成本推动的通货膨胀。物价、工资轮番上涨……如此反复。如果最初通货膨胀是由成本推动开始，也是如此。因此，很难简单地说通货膨胀是由需求拉动的还是成本推动的。为此，必须把总需求和总供给结合起来分析通货膨胀的原因。

供求混合推动的通货膨胀就是把总需求和总供给结合起来分析通货膨胀的原因，认为通货膨胀的根源不是单一的总需求或总供给，而是这两者共同作用的结果。如果通货膨胀是由需求拉动开始的，即过度需求的存在引起物价上升，这种物价上升又会使工资增加，从而供给成本的增加又引起了成本推动的通货膨胀。如果通货膨胀是由成本推动开始的，即成本增加引起物价上升。这时如果没有总需求的相应增加，工资上升最终会减少生产，增加失业，从而使成本推动引起的通货膨胀停止。只有在成本推动的同时，又产生总需求的增加，这种通货膨胀才能持续下去。

4. 结构性通货膨胀

结构性通货膨胀是指由于经济结构方面的因素而引起的通货膨胀。它是从社会各生产部门之间劳动生产率的差异、劳动市场的结构特征和各生产部门之间收入水平的赶超速度等角度来分析由于经济结构的特点而引起通货膨胀的过程。从经济结构的角度看，即使整个社会经济的总需求和总供给处于均衡状态，但由于经济结构方面的因素发生变动，如社会经济部门发展的不平衡，也会引起一般物价水平的上涨，从而导致通货膨胀。

在一个社会的经济中，社会各生产部门的劳动生产率存在差异，一些生产部门劳动生产率较高，生产扩张，需要更多的资源和劳动力；而另一些生产部门劳动生产率较低，生产在收缩，资源与劳动力因需求减少而显得过剩。如果资源与劳动力能够自由而迅速地由劳动生产率低的部门转移到劳动生产率高的部门，结构性的通货膨胀就不会发生。但事实上现代社会经济结构的特点限制了劳动生产率低的部门的资源与劳动力向劳动生产率高的部门转移。这样，劳动生产率高的部门由于资源与劳动力的短缺，导致资源价格上升，工资上升。而劳动生产率低的部门尽管资源与劳动力过剩，但是其资源价格和工资并不会下降，特别是工资不仅不会下降，还会由于追求所谓"公平"而在向劳动生产率高的部门"看齐"的过程中上升。这样，由于两类部门的成本增加，尤其是工资成本的增加而产生了通货膨胀。

总之，以上从不同角度阐述了通货膨胀产生的原因，但通货膨胀往往不是单个原因造成的，而是由各种因素共同作用所引起的，只不过有时候某种因素更加重要而已。

四、通货膨胀对经济的影响[27]

27. Inflation's Impact on The Economy

通货膨胀对一国经济的影响是多方面的，这里可以总结为两类：影响财富和收入再分配；造成微观经济的效率损失。

1. 影响财富和收入再分配

在温和的通货膨胀情况下，通货膨胀对财富和收入分配没有太大影响，但如果发生了比较严重的、出乎意料的通货膨胀，比如，急剧或奔腾的通货膨胀，通货膨胀将会引起人们之间任意的财富和收入的再分配。具体体现在对以下三对主体的不同影响上。

（1）在债务人与债权人之间，通货膨胀将有利于债务人而不利于债权人

债务契约是根据债权人、债务人双方签约时的通货膨胀率来确定名义利息率的。当发生了双方未预期到的通货膨胀（即比较严重的通货膨胀）以后，

由于债务契约事先已经签订，无法更改，从而就使实际利息率下降，因此债务人受益，而债权人受损。例如，某人向银行贷款 10 万元用于购买小汽车，贷款利率为 10%，则每年须向银行支付利息 1 万元。现发生了 20% 的通货膨胀，意味着现在的 1 元钱只相当于原来 8 角钱的购买力。虽然贷款买车的人每年仍须向银行支付 1 万元利息，但这 1 万元只相当于原来的 8000 元了。换句话说，原来要支付 1 万元利息，现在只要支付 8000 元就可以了。而对银行来说，本来每年可收回利息 1 万元，现在收回的只是相当于原来的 8000 元。可见，通货膨胀有利于债务人而不利于债权人。通货膨胀实际上是靠牺牲债权人的利益而使债务人获利。这意味着通货膨胀将一部分财富从债权人手中转移到了债务人手中。

经济学家认为，这种财富分配有助于解释为什么政府总是倾向于发行过多的货币。因为，政府是一个巨大的债务人，向公众发行了巨额的国债，政府为筹集收入而印刷纸币，会增加货币供给，引发通货膨胀。当价格水平上升时，政府还本付息的负担减轻了，而公众的财富则被转为政府的收入。例如，假定你的实际财富为 3000 元，可以买一台电脑，现在你把这 3000 元用于购买 1 年期国债，这等于你的财富被政府用 3000 元纸币收购了。如果 1 年后价格水平上涨了一倍，你手里的 3000 元只能买一台显示器，你的实际财富只有一年前的一半，另一半财富成为政府的收入，这类似于对居民的征税，所以经济学家把政府通过发行货币而对人们财富的攫取部分称为通货膨胀税。实行浮动利率有助于减少通货膨胀的再分配效应。

（2）在企业与工人之间，通货膨胀将有利于企业而不利于工人

企业与工人间的工资关系从某种意义上说也是一种契约关系。工人为企业工作，企业支付工人工资。当发生了未预期的通货膨胀（即比较严重的通货膨胀）以后，由于工人的工资不能迅速地根据通货膨胀率进行调整，从而在名义工资不变或仅略有增长的情况下使实际工资下降。实际工资的下降明显对工人不利，但有利于企业。这是因为工人实际工资的下降会使企业利润增加，而利润的增加是对企业有利的。比如，工人原来的工资够他过一种小康生活，现在由于发生了比较严重的通货膨胀，工人工资的上涨赶不上物价的上涨，工人只能过温饱的生活。相反，企业的产品价格由于通货膨胀而上涨，相应增加了企业的利润。可见，通货膨胀有利于企业而不利于工人。类似的情况还有领取固定养老金的退休工人和养老基金之间、按合同规定获取固定租金收入的出租人和承租人之间，也会因通货膨胀而发生财富的再分配。把固定收入改变为浮动收入，如工资和养老金支付的指数化（即与价格指数挂钩）

有助于减少通货膨胀的再分配效应。

（3）在政府与公众之间，通货膨胀将有利于政府而不利于公众

通货膨胀对政府与公众的不同影响体现在税收上。当发生了不可预测的通货膨胀（即比较严重的通货膨胀）以后，公众的名义工资会有所增加，随着名义工资的增加，达到纳税起征点的人增加了，而原来已达到纳税起征点的人则进入了更高的纳税等级，这样，政府的税收总额增加了；相反，随着公众纳税数额的增加，公众的实际收入在减少。因此，通货膨胀对政府有利而对公众不利。例如，某国个人所得税的纳税起征点是 1000 元，某人的工资是 800 元，因此不用纳税。现在发生了比较严重的通货膨胀，这个人的工资涨到 1000 元，进入纳税阶层，而原来已纳税的人则由于工资上涨进入了更高的税率等级，要交纳比原来更多的税。因此，政府的税收收入增加了。

需要注意的是，虽然从税收角度看，通货膨胀对政府有利，但通货膨胀给政府带来的负面影响远远超过政府从通货膨胀中得到的税收收入的增加，因此，世界上没有一个国家的政府喜欢通货膨胀。

2. 造成微观经济的效率损失

如果通货膨胀是可以预期的，它对经济的影响主要表现为效率的损失。

（1）增加了持有现金的成本

当通货膨胀发生时，人们已有的货币的实际购买力下降，现金变得"烫手"，人们会减少现金持有量以减少损失。但是减少现金持有量并不容易，它要增加人们跑银行的次数，例如，你不再是每 4 周提取 2000 元，而是每周提取 500 元。通过更经常地到银行，你可以使更多的货币以有利息的存款的形式存在。经济学家把人们为减少现金持有量而花费的大量的时间和精力称为"皮鞋成本"。在温和性通货膨胀的情况下，皮鞋成本是微不足道的。但如果通货膨胀非常严重（例如恶性通货膨胀），皮鞋成本会相当大。

（2）引起税收扭曲

预期通货膨胀率的上升会引起名义利率的上升，上升的这部分名义利率是对通货膨胀的补偿，实际利率并没有改变，但由于税率不变，利息税把名义利率提高后的全部利息作为储蓄所增加的收入看待，政府对它按不变的税率征税，实际利率下降了，通货膨胀增加了利息收入的税收负担。在这种情况下，人们就会增加当前的消费，减少储蓄，从而使投资者无法得到足够的资金来源。类似的情况还存在于实行累进税的场合，在发生通货膨胀时，企业和个人将因为名义收入的上升而承担较高的税率，这种税负的加重会影响到生产的积极性。

（3）通货膨胀引起相对价格扭曲，从而使资源无法得到有效配置

在通货膨胀的环境下，价格水平频繁变动，引起企业间产品相对价格的变动，市场经济是依靠相对价格配置稀缺资源的，当通货膨胀扭曲了相对价格时，企业和消费者的投资决策和消费决策也被扭曲了，市场也就不能把资源配置到最好的用途，从而不可避免地带来效率损失。比较突出的表现是由于通货膨胀增大了未来的不确定性，企业为避免风险，往往从生产周期较长的产业转向生产周期较短的产业，经济中各种短期行为，投机行为盛行，这显然不利于经济的长期发展。

28. Governance of Inflation

五、通货膨胀的治理 [28]

综观世界各国治理通货膨胀的实践，在治理通货膨胀的政策体系中，财政政策、货币政策是最重要的两种，此外还有供给管理方面的政策。

1. 财政政策方面，主要采取紧缩性财政政策

在通货膨胀时期，由于总需求大于总供给，存在需求过度，因此政府可以采取紧缩性财政政策抑制总需求，以实现物价稳定。由于财政政策主要包括政府支出与税收，因此紧缩性财政政策主要从减少政府支出和增加税收入手，主要内容有以下几个方面。

（1）削减政府预算，压缩政府公共工程支出和政府购买

政府公共工程支出和政府购买是政府财政支出的重要组成部分。通过削减政府预算，压缩政府公共工程支出和政府购买，能够抑制政府投资，减少政府对商品和劳务的需求，缓和通货膨胀的压力；同时也能因减少政府财政支出而减少财政赤字。

（2）降低政府转移支付水平，减少社会福利费用

除了失业救济金、养老金等福利费用外，其他福利、津贴等都要随经济的过热而压缩。在许多国家社会福利费用在政府支出中占重要地位。通过减少社会福利费用，能减少居民的可支配收入，从而抑制消费需求的膨胀，缓和通货膨胀的压力。

（3）增加税收

税收在政府收入中占有非常重要的地位。通过增加税收，可以增加政府收入，弥补财政赤字；同时增加税收以后，企业和居民的实际收入减少，从而也减少了企业的投资支出和居民的消费支出，最终可以控制总需求的膨胀。

（4）对部分商品开征特别消费税

通货膨胀时期不同商品的供求矛盾不同，因此可以考虑对部分需求特别

旺盛的商品开征特别消费税，通过这些商品的高税率来限制其过度膨胀的需求。

2. 货币政策方面，主要采取紧缩性货币政策

在通货膨胀时期，由于总需求大于总供给，存在需求过度，因此政府可以采取紧缩性货币政策抑制总需求。由于货币政策主要包括中央银行三大货币政策工具和利率政策等，因此，紧缩性货币政策主要从这些政策入手，具体内容如下所述。

（1）提高商业银行的法定存款准备金率

通过提高商业银行的法定存款准备金率，可以减少商业银行贷款的发放，继而通过银行创造货币的机制减少货币供应量，提高利息率，最终减少社会总需求。

（2）提高再贴现率

通过提高再贴现率，可以减少商业银行向中央银行的借款，从而减少商业银行的货币供应量，这就势必带来银行信贷的紧缩和利息率的上升，有利于控制银行信贷的膨胀，最终减少社会总需求。

（3）通过开展公开市场业务卖出政府债券

中央银行在公开市场上卖出各种政府债券，能够从商业银行和公众那里收回货币，从而减少货币供应量，促进利率上升，最终减少社会总需求。这是最重要且经常被利用的一种抑制通货膨胀的政策工具。

（4）直接提高利息率

法定存款准备金率、再贴现率、公开市场业务是通过变动货币供应量以间接影响利息率，最终影响社会总需求。为了抑制通货膨胀，中央银行有时会通过直接提高利息率来收缩信贷。因为利息率的提高会增加信贷资金的使用成本，从而减少信贷的发放；还可以吸收储蓄存款，减少消费和投资，以减轻通货膨胀的压力。

案例 5.3

据亚美尼亚中央银行公布消息，为了有效抑制通货膨胀，该行决定从 3 月 4 日起将再贷款利率提高 0.5 个百分点，达到 8.25%。这是自去年 3 月以来，亚美尼亚央行先后 6 次调整再融资利率，由 5% 提高到现在的 8.25%。亚央行报告称，到 2 月份年通胀率达到了 12.4%，其中食品价格上涨了 10.1%，提高再贷款利率可以逐步使通胀率回到适度的范围内。

资料来源：新浪网，"为有效抑制通货膨胀，
亚美尼亚中央银行提高再贷款利率"

3. 其他政策

紧缩性财政政策和紧缩性货币政策主要是从需求方面抑制通货膨胀，在通货膨胀比较严重的时候，现代经济学家还主张采用其他一些政策措施，着重从供给方面来抑制通货膨胀，并与财政政策、货币政策相结合，起到对通货膨胀的综合治理作用。这些政策主要包括收入政策和指数化政策。

（1）收入政策

根据成本推进的通货膨胀理论，通货膨胀是由于成本增加，特别是工资成本的增加引起的。但财政政策和货币政策被认为不足以对付这种成本推进的通货膨胀，因此，有些西方经济学家建议通过对工资和物价进行调控来抑制通货膨胀，由于这项政策控制的重点是工资，所以又称收入政策。在一般情况下，收入政策主要是通过确定工资—物价指导线，以限制工资和物价的上升。具体做法是政府根据劳动生产率的增长速度和其他因素，规定工资与物价的上涨限度，特别是规定工资的增长率。当通货膨胀十分严重的时候，收入政策会采用工资—物价冻结的形式，就是政府采用行政手段禁止在一定时期内提高工资与物价，把全社会工资与物价固定在一定水平上。但需要注意的是，这种形式只能在短期内使用。

（2）指数化政策

指数化政策是为了消除通货膨胀造成的一部分人受益、另一部分人受害的分配不公的不利影响，维持社会原有利益分配格局。具体做法是定期根据通货膨胀率来调整工资、利息、债券收益以及其他收入的名义价值，使实际价值保持不变。指数化政策主要包括工资指数化和税收指数化等措施。

4. 我国的通货膨胀及治理对策

（1）我国通货膨胀概况

社会总需求增长过快（特别是投资需求过度膨胀）历来是我国通货膨胀的重要原因。如在通货膨胀严重的 1985 ～ 1988 年，全国固定资产投资增长率分别为 38.7%、18.7%、16.1%、18.5%，大大超过同期社会总产值、国民收入以及财政收入的增长。同期，通货膨胀率分别达到 8.8%、6.0%、7.3%、18.5%，1988 年 12 月更是高达 26.7%，创下建国以来最高记录，结果导致 1989 ～ 1991 年长达三年的治理整顿。1992 年我国经济步入新的发展阶段，但下半年开始的开发区热和房地产热，到 1993 年更进一步发展为投资膨胀，投资膨胀的结果是推动投资品价格的大幅度上涨，结果又导致新一轮的通货膨胀。经过宏观调控，1996 年国民经济才成功实现软着陆。2003 年下半年以来我国又出现了局部的经济过热，部分地区和行业投资增长过快，物价上升的压力开始显现。党中央和国务院及时做出正确的判断，采取果断有力的宏观调控措施，取得了明显的成效，2006 年我国居民消费价格仅比上年上涨 1.5%。尽管如此，对通货膨胀还是不能掉以轻心。特别是上涨过快的房价已经超出了许多普通百姓的承受能力，隐藏着极大的风险。

（2）我国通货膨胀的治理

① 运用适度从紧的财政政策。现行体制下，由于地方政府和国有企业在投资中占主导地位，而一些可营利的行业又不准民间资本进入。一旦经济发展预期看好，一方面，地方政府为了追求本地区经济的高速增长，国有企业为了提高经营业绩，都会出现投资扩张的冲动，另一方面，现有投资体制对地方政府和国有企业两类主要投资主体都未能形成有效的约束，这种扩张冲动引起的经济过热往往是造成我国社会总供求失衡的原因所在。因此，当经济出现过热苗头时，不能再用扩张性的财政政策去刺激，以免引起通货膨胀。此时，政府应采取适度从紧的财政政策，适当削减支出，减少政府公共工程支出和政府购买，减少不必要的转移支付，同时，可考虑鼓励民间资本适度进入公共领域。

② 运用适度从紧的货币政策。我国的通货膨胀，往往与货币信贷的过量发放有关。因此，为防止通货膨胀，应考虑实行适度从紧的货币政策。商业银行应严格控制信贷资金的发放。中央银行可考虑提高法定存款准备金率，并实行差别准备金率，提高再贴现和再贷款利率，以缓解货币供应和贷款的过快增长，并回笼过多的货币。但由于我国货币政策的独立性比较缺乏，操作空间太小，所用工具太少，因此，必须和财政政策等其他政策工具相结合。特别需要注意的是，在运用财政政策和货币政策抑制通货膨胀时，一定要从实际出发，重点控制不合理的投资需求和消费需求，要"有保有压"，而不应该搞"一刀切"。

③ 深化体制改革。造成我国投资需求膨胀的深层次原因在于地方政府存在追求本地经济高速增长的倾向和现有投资体制的不合理。因此，一方面，地方政府必须改变传统的发展观和政绩观，不片面追求经济的高增长，不"唯GDP 论英雄"；另一方面，必须加快投资体制改革，要充分发挥市场配置资源的基础性作用，实行政企分开，减少行政干预。确立企业在投资活动中的主体地位，自主投资，自负盈亏。合理界定政府投资职能，通过制定发展规划、产业政策，运用经济和法律手段引导社会投资。

④ 加快经济结构的调整。长期以来，我国的经济结构处于失衡状态，过多地发展重工业和加工工业，而忽视基础产业的发展，形成经济发展中的"瓶颈"，特别是农业、交通、能源和原材料等基础产业部门的发展严重滞后。农业发展的缓慢，导致农产品供求矛盾日益尖锐，引起农产品价格上涨；而交通、能源、原材料等基础产业部门的发展滞后，则引起基础工业产品价格的上涨。这种经济结构的严重失衡是导致我国通货膨胀具有结构性特点的重要原因。由于通货膨胀中的经济结构失衡的原因，治理通货膨胀有赖于经济结构的调整。因此，必须针对我国经济结构中农业、交通、能源和原材料等基础产业部门发展滞后的现状，加快这些部门的发展。政府可以借助产业政策和有关的财政金融配套措施促进这个进程。

第三节　失业与通货膨胀的关系 [29]

一、通货膨胀与失业交替发展 [30]

西方经济学家最初是通过菲利浦斯曲线 [31] 来解释失业与通货膨胀的关系。

1958 年，新西兰经济学家菲利浦斯在《1861～1957 年英国失业和货币工资变动之间的关系》一文中提出了失业与通货膨胀存在交替发展的关系。他根据英国 1861 年～1957 年近 100 年间失业率和货币工资变动率的经验统计资料，提出了一条用以表示失业率和货币工资变动率之间交替关系的曲线。它表明：当失业率较低时，货币工资增长率较高；反之，当失业率较高时，货币工资增长率较低，甚至是负数。因为工资是成本的主要组成部分，从而也是产品价格的主要组成部分，所以从某种意义上说，工资的增长意味着物价的上涨，这就是成本推进的通货膨胀。于是，这里的货币工资增长率的变动就可以用来表示通货膨胀率的变动。因此，这一条曲线描述的现象可以用来表示失业率与通货膨胀率之间的交替关系，即失业率高，则通货膨胀率低；失业率低，则通货膨胀率高。也就是说，失业率高表明经济处于萧条阶段，这时工资与物价水平都较低，从而通货膨胀率也较低；反之，失业率低表明经济处于繁荣阶段，这时工资与物价水平都较高，从而通货膨胀率也较高。可见，失业率与通货膨胀率之间存在反方向变动关系。

我们可以用图 5-2 来说明菲利浦斯曲线的原理。

图中，横轴代表失业率，用 U 表示；纵轴代表通货膨胀率，用 gP 表示；PC 代表菲利浦斯曲线。从图中我们可以看出，菲利浦斯曲线自左上方向右下

29. The Relationship between Unemployment and Inflation

30. The Alternating Development between Inflation and Unemployment

31. Phillips Curve

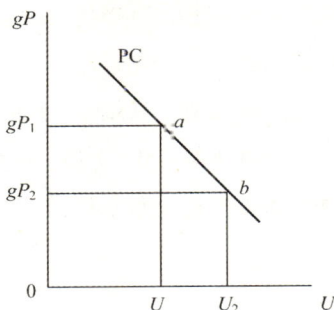

图 5-2　菲利浦斯曲线

方倾斜，表明失业率与通货膨胀率呈反向变动关系，失业率越高，通货膨胀率越低；反之，失业率越低，通货膨胀率越高。

　　为什么通货膨胀与失业之间会存在上述反向变动的关系呢？这是因为当失业率降低时，就业的人越来越多，失业的人越来越少，企业雇佣工人时的挑选余地相应地也越来越小。为了能雇佣到优秀的工人，企业之间必定会展开争夺工人的竞争，于是工人工资的提高就在所难免。工资提高使企业成本增加，最终将导致通货膨胀。失业率越低，通货膨胀率越高；反之，通货膨胀率越低，失业率越高。

二、通货膨胀与失业并存[32]

　　菲利浦斯曲线反映的失业率与通货膨胀率之间的交替关系基本符合 20 世纪 50 ~ 60 年代西方国家的实际情况。但进入 20 世纪 70 年代以后，失业率和通货膨胀率之间的这种交替发展关系发生了很大变化，许多西方国家出现了高失业率和高通货膨胀率并存的现象，经济学界称之为"滞胀"，即经济增长停滞、失业和通货膨胀并存。

　　为什么会出现这种现象呢？这是因为当经济中没有通货膨胀（或只有较低的通货膨胀）时，根据菲利浦斯曲线的原理，经济中将存在比较严重的失业状况。如果政府下决心要降低失业率，无疑会引起通货膨胀率上升，人们出于对通货膨胀的预期，将会要求雇主提高工资，而工资的提高又会引起新的通货膨胀……通货膨胀在人们的预期下会不断发展下去。这时候如果政府认为通货膨胀太高而想降低的话，就会付出巨大代价。如果政府想让通货膨胀率降低到最初水平，失业率将不会同步回到最初水平，而是会高得多。可见，通过通货膨胀来降低失业率的方法可能在短期内有效，但从长期看，任何降低高通货膨胀率的方法都只会使失业率更快地上升，这样就出现了高通货膨胀率和高失业率并存的滞胀现象。

32. The Coexistence of Inflation and Unemployment

33. Stagflation

　　第二次世界大战以后，西方主要发达资本主义国家的经济经历了 20 世纪 50 ～ 60 年代资本主义经济发展的又一个黄金时代。但进入 20 世纪 70 年代，主要资本主义国家经济开始陷入"滞胀"[33] 局面：一方面，生产过剩，产品积压，企业破产，工人失业，经济停滞不前；另一方面，物价持续上涨，而且涨幅较大。经济停滞和通货膨胀并存的现实使凯恩斯主义在理论上不攻自破，在实践中处于两难境地。

本章小结

（1）失业是指凡是在一定年龄范围内（世界上多数国家定为 16～65 岁）有劳动能力、愿意工作而没有工作，并且正在寻找工作的状态。衡量经济中失业状况的最基本指标是失业率。失业率是指失业人口占劳动力人口的比率。失业可以根据产生的原因分成三种类型，即自然失业、周期失业和隐性失业。失业的经济损失可以从个人、企业和社会三个方面分析。

（2）现代经济学家的失业治理对策可以分为主动的失业治理政策和被动的失业治理政策。前者措施主要是：从根本上提高经济活动的水平，加强职业培训，控制和减少劳动力供给，缩短就业者的劳动时间。后者措施主要是：建立和完善社会保障制度，建立失业救济专项基金。

（3）我国的失业问题是许多因素合成的结果：计划经济向市场经济体制过渡的转轨性失业，产业结构调整导致的结构性失业，经济周期波动引起的周期性失业，其他原因。我国失业的治理对策：提高经济活动水平；实行有利于促进就业的财政政策和货币政策；实行有利于促进就业的产业政策；大力发展乡镇企业、中小企业、非公有制经济；

完善劳动力市场；大力发展基础教育和职业技术培训；加快建立和完善多层次的失业保障制度。

（4）通货膨胀是指物价水平普遍而持续的上涨。它有以下两个方面的特征：通货膨胀是指物价水平的普遍上涨；通货膨胀时期物价水平的上涨必须持续一定时期。衡量通货膨胀的指标是物价指数。主要有消费物价指数、零售物价指数、批发物价指数、国内生产总值折算指数几种类型。

（5）在治理通货膨胀的政策体系中，财政政策（紧缩性财政政策）、货币政策（紧缩性货币政策）是最重要的两种，此外还有供给管理方面的政策。我国通货膨胀的治理：运用适度从紧的财政政策；运用适度从紧的货币政策；深化体制改革；加快经济结构的调整。

（6）西方经济学家最初是通过菲利浦斯曲线来解释失业与通货膨胀的关系，认为失业率与通货膨胀率之间存在反方向变动关系。但进入 20 世纪 70 年代以后，许多西方国家出现了高失业率和高通货膨胀率并存的现象，经济学界称之为"滞胀"。

关键词

自然失业	摩擦性失业	结构性失业	周期性失业
奥肯定理	通货膨胀	物价指数	菲利浦曲线

综合练习

1. 单项选择题

（1）假设一国劳动力人口为 2000 万，就业人数为 900 万，失业人数为 100 万。这个经济的失业率为（   ）。

A．11%   B．10%   C．8%   D．5%

（2）如果 1987 年底的物价指数是 128，1988 年底的物价指数是 136，那么，1988 年的通货膨胀率是（   ）。

A．4.2%   B．5.9%   C．6.25%   D．8%

（3）根据自然失业率假定，当实际通货膨胀率比预期的低时（   ）。

A．失业率会暂时上升

B．企业会增加产出以补偿其下降的利润

C．失业率暂时下降

D．企业利润会上升，因而增加劳动力的雇佣数量

（4）成本推进的通货膨胀的原因是（   ）。

A．工会和企业家把工资和产品价格定在超出它们应有的价值水平上

B．由于过多的政府支出引起的价格上涨

C．由于超额的总需求引起的价格上涨

D．由于商品价格上涨而不是实际交易量的增加引起的销售额的增加

（5）抑制需求拉动的通货膨胀，应该（   ）。

A．控制货币供应量   B．降低工资

C．解除托拉斯组织   D．减税

2. 判断题

（1）通货膨胀是指日常用品的价格水平持续上涨。（   ）

（2）当经济发生通货膨胀时，大家均受其害。（   ）

（3）成本推进型通货膨胀主要可用管理价格和过度的工资要求来解释。（   ）

（4）菲利普斯曲线表明的失业率与通货膨胀的关系总是正相关的。（   ）

（5）充分就业是有劳动能力的人都有工作。（   ）

3. 问答题

（1）什么是失业？

（2）失业有哪些类型？

（3）主动的失业治理政策主要有哪些措施？

（4）通货膨胀的成因有哪些？

（5）治理通货膨胀有哪些对策？

chapter 6

第六章 经济周期与经济增长

学习要求

经济增长与经济发展是现代经济学的重要组成部分。通过本章的学习要掌握经济增长、经济发展的含义及影响因素，经济增长模型、周期波动，经济增长与经济发展的关系，经济发展模式。学会应用基本的概念和原理对经济增长与经济发展的原因进行分析，了解我国经济增长与发展的状况，懂得运用相关理论来分析我国的经济增长，并能提出经济发展的对策。

重点掌握

经济周期的含义与特征；经济增长的含义与特征；经济增长的源泉；经济增长模型。

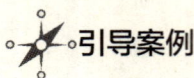

✦ 引导案例

福特公司的发展和经济周期

　　1903 年，福特公司成立时，个人交通在很大程度上还依赖于电车和马拉车。福特汽车公司制造的第一批车并不是一个重大的进展，因为当时那些车行驶速度很慢，性能不稳定，坏了难修，还价格不菲。在 1908 年，福特公司推出了商业史上最重要的创新产品之一——T 型车。这种车型的零件可以替换，而且是流水线作业，极大降低了成本，使福特公司增加了获利空间。2004 年，福特汽车公司获得的收入在美国公司排名中占据第四位。然而，2005 年，由于汽油价格的上升造成购买 SUV 车的消费者下降，福特汽车公司遭受损失。该公司同样易受经济周期影响的攻击，在其发展的早期、1920～1921 年的衰退期和 20 世纪 30 年代的大萧条时期，福特汽车公司由于销售额的下降导致巨大损失，接近破产。很多经济周期性的衰退也影响到公司的销售额。2000 年，福特汽车公司在全球销售了 740 万辆车，包括北美的约 500 万辆车。从 2001 年开始的经济衰退急剧地消减了消费者对福特汽车公司汽车的需求。到 2003 年，其全球的销售量下降至 670 万辆，北美仅销售了 400 多万辆。

资料来源：哈伯德·奥布赖恩.经济学（宏观）王永钦等译.北京：机械工

业出版社，2007.4：P208

　　启示：福特汽车公司有超过 100 年的历史，它的经历经常反映出整个美国经济。美国经济有两个重要的宏观经济特征：经济在长期内经历经济增长，而在短期内经历一系列的经济周期。因为从长期来看，美国的产品生产和服务的增长速度快于人口增长速度，美国人的生活水平极大地提高，但是，生活水平的提高却被经济周期的不景气打断，在这期间产品的生产和服务的提供会下降。福特公司在长期内也经历了发展，但却被经济周期极大地影响着，关注长期经济增长和经济周期，以及它们对各个公司和整个经济都有着重要的作用。

第一节　经济周期 [1]

一、经济周期的内涵 [2]

尽管许多经济学家对如何实现持续稳定的经济增长进行了深入的研究，

1. Economic Cycle

2. The Meaning of Economic Cycle

但到目前为止，世界上还没有哪个国家成功实现经济的持续增长，任何国家的经济在增长过程中都会反复出现波动。1825 年，当时世界上最强大的国家英国爆发了资本主义历史上的第一次生产过剩经济危机，以后每隔几年到十几年就有一次这样的危机。这种危机实际上是经济发展过程中的一个周期性现象。

经济周期又叫经济增长的周期波动、商业循环，是指经济增长过程中国民收入及总体经济活动水平有规律地呈现上升和下降的周而复始的运动过程 [1]。经济增长的周期波动是经济增长过程中的普遍现象。

对经济周期的理解应该注意以下几个方面。

第一，经济周期的中心是国内生产总值的波动，由于这种波动引起了失业率、物价水平和对外贸易等活动的波动，所以，研究经济周期的关键是研究国内生产总值波动的规律与根源。

第二，经济周期是经济中不可避免的波动。

第三，虽然每次经济周期并不完全相同，但它们却有共同之处，就是每个周期都是繁荣与衰退的交替。

经济周期可以分为两个大的阶段，即扩张阶段 3 和收缩阶段 4。如果分得更细一些，每一个典型的经济周期包括四个阶段和两个转折点，即繁荣 5、衰退 6、萧条 7、复苏 8 四个阶段和顶峰、谷底两个转折点。可以用图 6-1 来说明经济周期的阶段划分以及各阶段的特点。

图 6-1 中，纵轴表示国民收入（Y），横轴表示时间（t），向右上方倾斜的直线 N 是一条趋势线，表示经济活动的正常水平。图中正斜率的直线是经济的长期增长趋势线，从图中可以看出经济活动的情况是：顶峰—衰退—萧条—谷底—复苏—繁荣—顶峰—衰退—萧条—谷底……如此周而复始。从一个顶峰到下一个顶峰之间，即为一个经济周期。

3. Expansion Phase

4. Contraction Phase

5. Prosperity

6. Decline

7. Depression

8. Resuscitation

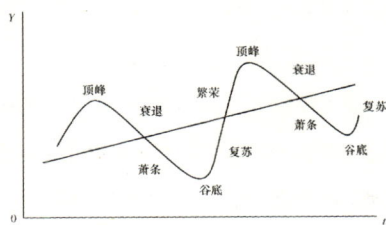

图 6-1　经济周期曲线

经济周期的各个阶段有其各自的特点。

第一，顶峰。顶峰是经济活动变化的最高点，也是经济周期的上转折点。

[1]　Economic cycle, also known as cyclical fluctuation or commercial cycle of economic growth, refers to the regular rising and falling cyclical process of national income and overall economic activity in economic growth.

在这一点上，经济从扩张转向收缩。由于企业开工充足，实现充分就业，现有生产能力得到充分利用，就业和产量水平达到最高点，但价格开始下降，公众的情绪正由乐观开始转向悲观。

第二，谷底。谷底是经济活动变化的最低点，也是经济周期的下转折点。在这一点上，经济从收缩转向扩张。由于企业倒闭，失业增加，社会上存在大量的失业工人和闲置的生产设备，就业和产量水平跌至最低，但价格水平开始回升，公众对未来的看法正由悲观开始转为乐观。

第三，繁荣阶段。繁荣阶段是经济活动高于正常水平的一个阶段。在这个阶段，生产迅速增加，投资增加，信用扩张，劳动力、原材料和银行贷款开始变得短缺，供不应求现象频繁发生，价格水平趋于上涨，发生通货膨胀。繁荣阶段的最高点即顶峰，此时，国民经济的总产出量达到最大。此后，经济随时会进入衰退阶段。

第四，衰退阶段。衰退阶段是从繁荣阶段到萧条阶段的一个过渡阶段。在这个阶段，经济活动水平在达到最高点后开始从顶峰下降，由于生产过剩，价格、就业和产量水平随之下降，公众对未来感到悲观。当经济继续衰退，低于正常水平时，必然转化为萧条阶段。

第五，萧条阶段。萧条阶段是经济活动低于正常水平的一个阶段。在这个阶段，生产急剧减少，投资减少，信用紧缩，劳动力、原材料和银行贷款都显得过剩，供大于求的现象十分严重，价格水平大幅下跌，失业严重。萧条阶段的最低点即谷底，此时，国民经济的总产出量达到最小。由于企业倒闭、失业增加、收入下降、社会有效需求减少等现象还要持续一段时间，经济增长速度是在缓慢地上升，而后社会经济才转入复苏阶段。

第六，复苏阶段。复苏阶段是从萧条阶段到繁荣阶段的一个过渡阶段。在这个阶段上，经济活动走出谷底开始回升，随着投资的逐渐增加，闲置的机器设备得到利用，价格水平和就业量也开始上升，公众对未来感到更加乐观。当经济继续复苏，高于正常水平时，必然转化为繁荣阶段。

二、经济周期的划分

在研究经济周期时，经济学家根据波动时间的长短，把经济周期划分为不同的类型。其中比较常见的划分是：康德拉耶夫周期、朱格拉周期、基钦周期和熊彼特周期。

9. Long-term Cycle

康德拉耶夫周期又称为长周期[9]，是由苏联经济学家康德拉耶夫于1926年发表的《经济生活中的长波》一文中首先提出的。他根据美、英、法等国一百多年内批发物价指数、利率、工资率、对外贸易、铁煤产量与消耗量等变动的时间序列资料，认为经济活动存在一个长期[10]的循环，这个周期平均为 50 年左右。

朱格拉周期又称为中周期[11]，是由法国经济学家朱格拉于 1860 年在其《论法国、英国和美国的商业危机及其发生周期》一书中系统分析并提出来的。他认为危机或恐慌不是一种独立的现象，而是经济中周期性波动的三个连续阶段（繁荣、危机、清算）中的一个。这三个阶段在经济中顺序地反复出现，形成经济周期现象。他在对统计资料的分析中根据物价水平、生产、就业人数等指标，认为经济周期的期限应该为 8～10 年，这就是朱格拉周期。

基钦周期又称为短周期[12]，是由美国经济学家基钦于 1923 年提出的。他在《经济因素中的周期与趋势》中研究了 1890～1922 年间英国与美国的物价、银行结算、利率等指标，认为经济周期实际上有主要周期与次要周期两种。主要周期即中周期，次要周期为 3～4 年一次的短周期，又称为基钦周期。一个主要周期一般包括两个或三个短周期。

奥地利经济学家熊彼特在 1939 年出版的《经济周期》一书中对上述三个周期进行了综合分析。他认为，每一个长周期包括 6 个中周期，每个中周期包括 3 个短周期。他以重大创新为标志划分了三个长周期。第一个长周期从 18 世纪 80 年代到 1842 年，是"产业革命时期"；第二个长周期从 1842 年到 1897 年，是"蒸汽和钢铁时代"；第三个长周期为 1897 年以后，是"电气、化学和汽车时期"。在每个长周期中仍有中等创新引起的波动，这就形成若干个中周期。在每个中周期中还有小创新引起的波动，这就形成若干个短周期。

此外，经济周期还有主要周期和次要周期之分。次要周期的长度大致小于主要周期长度的一半。大多数西方经济学家认为，主要周期能够表现出周期演进中的经常性特征，应当把注意力集中于主要周期。几乎每个主要周期都有两个显著的经常性特征：一是生产与就业的周期波动同商品交易的货币流量是平行的；二是资本品、耐用品生产的周期性波动最猛烈。

三、经济周期的原因[13]

根据经验事实描述经济周期的现象是容易的，但解释是什么原因引起经济周期较为困难。在这个问题上，不同时期、不同学派的经济学家提出了不同的理论，引起经济周期原因也就不同。

经济增长周期波动的原因主要有以下几个方面。

第一，传统经济周期理论。为了说明经济增长周期波动的原因，经济学

10. Long-term

11. Mid-term Cycle

12. Short-term Cycle

13. Cause of Economic Cycle

家们从 19 世纪中期开始到 20 世纪 30 年代凯恩斯主义形成之前提出了多达几十种的经济周期理论，我们可以称之为传统经济周期理论。概括起来，主要有两大类，即外生经济周期理论和内生经济周期理论。

14. Exogenous Economic Cycle Theory

外生经济周期理论 [14] 认为，经济周期波动的根本原因在于经济之外的某些因素的变动。虽然这种理论并不否认经济中内在因素的重要性，但它们强调引起这些因素变动的根本原因在于经济体系之外。外生经济周期理论主要包括创新理论、太阳黑子理论、非货币投资过度理论、政治性周期理论等。

15. Endogenous Economic Cycle Theory

内生经济周期理论 [15] 是在经济体系之内寻找经济周期自发运动的因素。这种理论虽然不否认外生因素对经济的冲击作用，但它强调经济中这种周期性的波动是经济体系内的因素引起的。内生经济周期理论主要包括纯货币周期理论、货币投资过度理论、消费不足周期理论、心理周期理论等。

第二，现代经济周期理论。从 20 世纪 30 年代凯恩斯建立现代宏观经济学以来，宏观经济学形成了不同的流派，因而也有不同的经济周期理论，我们可以称之为现代经济周期理论。现代经济周期理论的各种理论的共同点是强调内生因素即经济因素引起经济周期的关键作用，因而也属于内生经济周期理论。这些理论中影响最大的是美国经济学家萨缪尔森用乘数—加速数原理 [16] 来解释经济波动的理论模型。

16. Multiplier-acceleration Principle

根据乘数的原理，当投资增加以后，引起的国内生产总值的增加会远远大于最初投资的增加量，而加速原理则说明了产量（即国民收入）水平的变动是影响投资水平变动的重要因素 [2]。把这两种原理结合起来，就是乘数—加速原理，可以说明经济周期的原因。根据乘数—加速数原理，产量（也就是需求）的增加会引起投资的增加，投资的增加又会引起需求的进一步增加，而且这期间每一次的增加量都在放大 [3]。反之，产量（也就是需求）的减少会引起投资的减少，投资的减少又会引起需求的进一步减少，而且这期间每一次的减少量也在放大。经济周期波动的直接根源在于这种投资和需求之间的互动关系。

---

[2] According to multiplier principle, when investment increases, the increase of GDP will far more than the initial investment increment. Acceleration principle illustrates that the variation of output (GDP) level is an important factor to influence the variation of investment level.

[3] According to multiplier-acceleration principle, the growth of output (demand) contributes to the growth of investment, which will further cause the demand to grow. In this process, the amount of increase each time is magnified (and vice versa).

第二节　经济增长 [17]

一、经济增长及衡量指标 [18]

（一）经济增长的概念 [19]

经济增长理论是现代西方宏观经济学的一个重要的组成部分，它是研究国民收入的增长，通过研究实现经济增长的条件，以及影响经济增长的因素等问题，来解释国民收入或产量长期发展的情况。西方经济学界一般将 1939 年英国经济学家哈罗德发表的《论动态理论》一文作为经济增长理论出现的标志。在宏观经济学中，经济增长通常被规定为 GDP（产量）的增加。

经济增长 [20] 是指一个国家或地区在一定时期内生产的产品和劳务总量的增加。在经济分析中，通常用一国实际国内生产总值的增长率或国民收入的增长率作为衡量指标。该指标消除了价格变动因素，能准确、真实地反映一国经济的实际生产能力和综合国力水平。美国经济学家西蒙·库兹涅茨曾给经济增长下过这样一个定义："一个国家的经济增长，可以定义为给居民提供种类日益繁多的经济产品能力的长期上升，这种不断增长的能力是建立在先进技术以及所需要的制度和思想意识之相应调整的基础上的。" [4]

从库兹涅茨关于经济增长的定义，我们可以看出经济增长的定义应该包含三层含义。第一，经济增长集中表现在经济实力的增长上。经济实力的增长是经济增长的标志。经济实力的增长表现为产品和劳务总量的增加，即国内生产总值的增加。如果考虑到人口的增加和价格的变动，经济增长也可以说是人均实际国内生产总值的增加。所以，经济增长最简单的定义就是国内生产总值的增加。需要注意的是，经济增长仅仅是国内生产总值或人均实际国内生产总值的增加，而不是其他。第二，技术进步是实现经济增长的必要条件。这就是说，只有依靠技术的进步，经济增长才是可能的。在影响经济增长的各种因素中，技术进步是第一位的。第三，经济增长的充分条件是制度与意识的相应调整。这就是说，只有社会制度与意识形态与经济增长的需要相适应，技术进步才能发挥作用，经济增长也才成为可能。

17. Economic Growth

18. Economic Growth and Its Measurement

19. The Meaning of Economic Growth

20. Economic Growth

---

[4]　A country's economic growth can be defined as a long-term rise of the ability to provide the residents with variety of economic products. This growing capacity is based on advanced technology as well as the adjustment of the system needed and ideology.

案例 6.1

博茨瓦纳快速经济增长的原因是什么

很多非洲撒哈拉沙漠以南的地区经济发展都十分缓慢，和大部分这些国家在 1960 年令人绝望的贫穷一样，现在其中的一些国家甚至更穷。然而，例外的是这一地区有一个国家的经济增长率很突出。博茨瓦纳在 1960 ~ 2000 年 40 年中的年均增长率大概是这个地区增长第二快的国家肯尼亚的 5 倍。

如何解释博茨瓦纳的高速增长率？很多因素都很重要。博茨瓦纳在这些年中避免了内战，而内战给其他非洲国家带来了灾难，这个国家也从钻石出口收入中获益，但是很多经济学家相信，政府促进的增长政策是这个国家成功的最重要的原因。世界银行的经济学家德瓦拉简、纽约大学的威廉·伊斯特利和宾夕法尼亚大学的霍华德·帕克总结了这些政策："博茨瓦纳政府明确表示会保护私有财产，这个'牧场主的政府'与商业利益相吻合，相对稳定的政治和较少的腐败也使得博茨瓦纳成为有利的投资地，博茨瓦纳政府对任何经济政策的失误负责。"

资料来源：哈伯德·奥布赖恩 . 经济学（宏观）王永钦等译 .

北京：机械工业出版社,2007.4：P214

21. The Measurement of Economic Growth

22. Accounting Mode

（二）经济增长的衡量指标 [21]

经济增长通常用国内生产总值、国民收入等指标来衡量。世界上曾存在着两种国民经济核算方式 [22]：一是物质产品平衡体系（MPS 体系），是原社会主义国家采用的核算体系，其总量指标有社会总产值（TPS）、国民收入（NI）等；二是国民账户体系（System of National Accounts，SNA 体系），是市场经济国家普遍采用的核算体系，其总量指标有国民生产总值（GNP）、国内生产总值（GDP）、国民生产净值（NNP）、国民收入（NI）等。

在 SNA 体系中，经济增长的衡量指标主要是国内生产总值（GDP）和国民收入（NI）。国内生产总值（GDP）是一个国家或地区在一定时期内（一般为一年）所生产的全部最终产品和劳务的价值的总和，表明一个国家在一定时期内经济活动的总规模。GDP 是按照国土原则，以地理上的国境为统计标准，其人口包括居住在本国的本国公民，居住在本国的外国公民，不包括居住在外国的本国居民。GDP 仅包括国内生产最终产品的市场价值，它不涉及国外。GDP 反映的是国内经济活动的总量，因而，GDP 能更好地反映一个国家解决就业问题的能力。我国 1993 年与联合国 SNA 体系接轨后，最初采用 GNP 作为衡量经济增长的核心指标，十六大提出全面建设小康社会的目标后，国民生产总值（GNP）指标被国内生产总值（GDP）指标所取代。

（三）经济增长的基本特征 [23]

按照美国著名经济学家库兹涅茨的分析，现代经济增长具有六个特征。

第一，按人口计算的产量的高增长率和人口的高增长率。这一个特征在经济增长过程中是十分明显的，可以用统计资料得到证明。1750 年以来的 200 多年中，发达国家人均产量的增长速度平均每年大致为 2%，人口每年平均增长 1%，因此总产量大约年平均增长 3%。这意味着，人均产量每 35 年翻一番，人口每 70 年翻一番，实际国民生产总值每 24 年翻一番，增长速度远远快于 18 世纪末工业革命开始前的整个时期。

第二，生产效率的增长是迅速的。在经济增长的过程中，所有投入的生产要素的产出效率都增长迅速。这是由于技术进步 [24] 是实现经济增长的必要条件，而技术进步必然引起生产效率的提高。按库兹涅茨的估算，人均产量增长的 50% ～ 75% 来自于生产率的增长。也就是说，技术进步对于现代经济增长起了很大作用。

第三，经济结构 [25] 的变革速度是快的。在经济增长过程中，从农业转移到非农业，从工业转移到服务业；生产单位生产规模的变化；劳动力职业状况的变化；消费结构的变化，等等，所有这些变革的速度都是快的。在美国，1870 年全部劳动力的 53% 在农业部门，到 1960 年降到不足 7%。在一个世纪中，发达国家农业劳动力占全部劳动力的百分比减少了 30 到 40 个百分点。此外，生产单位的规模、企业组织形式、消费结构、国内国外供应的相对份额也都发生了变化。

第四，社会结构 [26] 与意识形态的迅速改变。例如，城市现代化以及教育与宗教的分离就是整个社会现代化的组成部分，也是经济增长的必然结果。

第五，经济增长在世界范围内迅速扩大。发达国家凭借其技术力量 [27]，尤其是运输和通讯方面的优势，通过和平的或战争的形式向世界其他地方延伸，使整个世界都卷入经济增长之中，成为一个经济增长的统一体。

第六，世界各国经济增长的状况不平衡。目前世界上还有占总人口 75% 的国家是落后的，有些国家的经济成就远远低于现代技术的潜力可能达到的最低水平，同时，全球的贫富差距正在拉大。

23. The Characteristics of Economic Growth

24. Technology Progress

25. Economy Structure

26. Society Structure

27. Technology Force

135

过去的百年是世界经济飞速发展的重要历史阶段，虽然遇到重重困难和挫折，但世界经济从总体上看还是呈发展之势。然而，人们忧虑地看到：一方面发达国家特别是美国的经济持续较快增长，另一方面许多发展中国家经济发展缓慢，有的国家经济停滞不前甚至出现倒退。因此，南北差距，特别是发达国家和最不发达国家之间的差距不但没有缩小，反而越来越大。据统计，发达国家与发展中国家人均国内生产总值的差距已从1983年的43倍扩大到目前的60多倍。占世界人口20%的发达国家拥有的世界总产值高达86%，而占世界人口75%以上的发展中国家所占比例仅为14%。世界经济在不断发展，而全球最不发达国家的数量也在逐年上升。10年前世界最不发达国家总共有36个，目前已经增加到48个。

28. Analysis of Economic Growth

29. Factors of Production

30. Input of Production Factors

二、经济增长的因素分析 [28]

影响经济增长的因素很多，对经济增长要素的分析也各不相同。在经济增长过程中必须投入各种生产要素 [29]，因此，生产要素投入量和生产要素生产率是经济增长的直接制约因素，经济体制是影响经济增长的核心因素。

（一）生产要素的投入量 [30]

生产要素包括劳动、资本、自然资源。生产要素的投入，将使经济增长；反之，生产要素的减少，经济增长受到制约。生产要素的投入是经济增长的第一推动力。

第一，劳动力。劳动力是生产要素中能动性的要素，是经济增长的直接推动者。劳动力的增加可以分为劳动力数量的增加与劳动力质量的提高 [5]。劳动力数量增加来源于人口自然增长、劳动参工率提高、移民和劳动时间的增加。近几十年来，许多国家经济实现增长就是由于国内劳动力数量的增加。在这些国家，随着人口的增加和妇女社会地位的提高，越来越多的年轻人和妇女参加了工作，成为经济增长的重要推动力量。由于劳动力数量的增加并不一定提高劳动生产率，因此，经济增长还需要靠劳动力质量的提高，况且劳动力数量的不足可以由质量的提高来弥补。一般来说，在经济发展初期，人口增长迅速，经济增长中劳动力的作用主要表现为劳动力数量的增加。在经济发展到一定阶段之后，人口增长率下降，劳动时间缩短，这时劳动力的质量就成为一国经济增长最重要的因素。

劳动力质量表现为劳动者的技术、知识、健康程度和纪律性。劳动力质

---

[5] The increase of labor can be divided into two ways: the increase of the quantity and the increase of the quality.

量的提高主要来自于人力资本 [31] 投资。人力资本是指劳动者通过教育、培训和经验而获得的知识和技能的积累 [6]。这些知识和技能的积累也是一种重要的资本存量 [32]，它体现在劳动者的素质上，看不见摸不着，但能够有效地提高产量水平。形成人力资本的支出称为人力资本投资，包括投入的资金和必要的学习时间。所以，同物质资本一样，人力资本也是一种生产出来的生产要素。人们应该像增加物质资本一样增加对人力资本的投资，即增加对教育的投资，提高国民素质，并且重视对企业员工的培训，不断提高他们的工作技能。

第二，资本。资本也是最基本的生产要素之一，它是经济增长的物质条件。这里的资本指的是物质资本和货币两种形态。物质资本主要是指厂房、机器设备及各种配套设施等 [33]；货币资本 [34] 包括现金、银行存款等。如果资本总量增加而劳动力数量不变，就相当于每个劳动力使用的机器设备等资本增加了，他的产量自然就会增加，整个经济也因此实现增长；如果在资本增加的同时人口也在增加，由于资本的增加一般要大于人口的增加，因此，人均资本量也增加，经济实现增长。总之，资本的增加会促进经济增长。一般来说，在经济增长的开始阶段，资本增加所作的贡献比较大，许多经济学家因此把增加资本作为实现经济增长的首要任务。美国在 20 世纪前半期，资本在经济增长中作出的贡献占 11% 左右。应该指出，在经济增长的开始阶段，资本增加所作的贡献还要更大一些。所以在大多数经济高速发展的国家，10%～20% 的产出都用于净资本的形成。战后西方国家经济增长的经验告诉我们，储蓄多从而资本增加大的国家（如日本）经济增长率是比较高的。我国在 20 世纪 90 年代之所以能实现经济的持续快速增长，从资本因素来说，一方面是由于连续多年保持发展中国家吸引外资最多国家的地位，对外资有强大的吸引力；另一方面是由于我国的高储蓄率，使得国内居民储蓄连年不断攀升，从而保证了经济增长对资本的巨大需求。

第三，自然资源 [35]。自然资源是指自然界提供的生产投入，自然资源主要包括土地、河流、森林和矿藏等 [7]。按照自然资源耗竭 [36] 和更新的特点，又可分为两种形式：可再生的（森林、风力、太阳光能）与不可再生的（石油、煤炭）。一个国家的自然资源状况对经济增长具有重要的促进或制约作用，丰富的自然资源有利于一个国家经济的持续增长，而缺乏所需的自然资源则

31. Human Capital

32. Capital Stock

33. Physical capital refers to plant, machinery equipment and various ancillary facilities.

34. Currency Capital

35. Natural Resource

36. Exhaustion of Natural Resources

---

[6]　Human capital refers to the accumulation of knowledge and skills that workers gained through education, training and experience.

[7]　Natural resource refers to the production inputs provided by nature, which mainly includes land, rivers, forests and minerals, etc.

会对经济活动造成限制，在一国经济发展的初期更是如此。对于发展中国家来说，在经济发展初期都要伴随着一个缓慢而艰难的资本积累过程，需要依靠大量的投资，然而这个过程在具备丰富自然资源的国家就显得相对容易一些。如亚洲的马来西亚、拉丁美洲的委内瑞拉、智利等国，它们利用优越的自然条件，建立起相关产业，并通过出口换取所需的资本，从而大大缩短了资本积累过程，为经济起飞打下了基础。相反，一些自然资源贫乏的国家，如非洲南部的一些国家，自然资源条件对于这些国家的经济增长形成明显的制约。随着一国经济发展水平的提高和技术进步，自然资源条件对经济增长的制约作用会下降。首先，随着技术进步，不少资源是可以替代的，如许多金属构件就可由塑料或陶瓷替代，甚至随着技术进步，人们不仅会发现资源的新用途，还会发明出许多新材料。其次，随着技术进步、生产率的提高，人们对原材料等自然资源的依赖性下降，特别是新技术革命产生的许多新产业所耗费的资源极少。最后，由于运输业和运输技术的发展，运费的降低，可以通过进口来弥补本国资源的不足。例如，日本是一个自然资源不足的国家，但日本通过国际贸易，进口它所需要的自然资源，并向自然资源丰富的国家出口其制成品，从而成为世界上最富裕的国家之一。再如，中国香港，其面积和资源与俄罗斯无法相比，但在国际贸易中所占的份额却远远大于俄罗斯。

（二）生产要素的使用效率 [37]

生产要素的使用效率是指单位投入量的产出量 [38]。同样的要素投入，由于使用效率不同将产生极不相同的经济增长率。随着人类社会面临的人口、资源、环境问题的加剧，通过提高生产要素的使用效率来促进经济增长具有更重要的意义。

第一，技术进步 [39]。技术进步是提高生产要素使用效率的最直接因素，从而也是促进经济增长的重要因素 [8]。技术的进步意味着同样的生产要素（劳动、资本等）投入可以有更高的产出；或者是同样的产出可以使用更少的投入。如果没有技术进步，劳动力质量的提高和资本的增加就都是有限的，正因为技术的进步是无限的，所以劳动力质量的提高和资本的增加才有可能是无限的，经济增长也才可能是无限的。随着经济的发展，技术进步的作用将越来越重要。值得注意的是，技术进步不仅仅指生产技术本身的进步，即生产设备的更新、生产工艺和方法的完善、劳动者素质的提高等，而且包括管理制度的改善和管理水平的提高，采取新的组织与管理方法，改善资源配置方式等。

---

[8] Technical progress is the most direct factor to improve the factors of production efficiency, which is also an important factor to boost economic growth.

37. Factors of Production Efficiency

38. Factors of production efficiency refers to the unit output of input.

39. Technical Progress

在经济增长中，技术进步是作为一种渗透性要素作用到劳动、资本、自然资源等要素上，通过提高生产要素的组合过程从而提高生产要素的使用效率，促进经济增长。首先，技术进步促进了生产设备技术水平的提高和生产工艺水平的改善，从而提高了投入产出率；其次，技术进步促进了劳动者素质的提高，这不仅使劳动者能与先进的设备、先进的工艺相互配合，并充分发挥作用，而且促进劳动者生活方式的改善和观念的现代化；再次，技术进步促进了宏观和微观管理的改善和提高；最后，技术进步使经济结构发生巨大变革，促进产业结构合理化，从而使宏观结构效益和资源配置效率得到提高。

案例 6.2

技术创新与经济增长

技术创新与经济增长的研究可以追溯到古典经济学时期，在亚当·斯密的《国富论》中，已经有关于技术进步与经济增长关系的初步论述。最早认识到技术创新对经济发展有重要推动作用的是马克思。马克思在《资本论》中论述了生产量的扩大可以不依赖资本量的增加情况，其中如加强对自然力的利用，提高劳动者的技术熟练程度，改进劳动协作和组织，提高劳动生产率等，实际上都与技术进步的作用及其效应相联系。

1912 年，熊彼特首次提出了创新概念，并在 1939 年提出了创新理论。熊彼特理论研究的主要成就在于，始终强调"技术创新"，以此作为推动经济增长和社会进步与发展的"内生变量"，并强调它对经济增长不可替代的作用。熊彼特关于技术创新对经济增长的作用的研究大多停留于文字，没有建立相应的数学模型。而在新古典经济增长理论中，技术创新虽然被看作外生变量，但罗伯特·索洛（1956 年）的经济增长模型表明：技术和传统投入的比较中，技术创新导致了 80% 的经济增长。20 世纪 80 年代出现的新一代增长理论，严格来说并没有真正把技术作为一个独立因素内生化，而是将技术进步内含在物质资本和人力资本中。前者以罗默（1986 年）为代表，后者以卢卡斯（1988 年）为典型。20 世纪 90 年代以来，将技术内生化的增长理论是在生产函数中引入 R&D 活动。在这种模型里，内生的技术进步（体现为 R&D 投资）是推动经济持续增长的主要力量。技术创新究竟是如何影响经济增长的，对于这个问题的回答可以归结为两个作用：一个是技术创新对经济增长的基础性作用，另一个是技术创新对经济增长的宏观效应。技术创新对经济增长的基础性作用缘于它能提高社会劳动生产率以及生产要素的边际生产率和使用效率。同时，通过影响供需结构变化，带动产业结构优化，从宏观上对经济增长做出贡献。

技术进步是促进经济增长的重要因素，而投资是推动技术进步的主要因素。一方面，投资是技术进步的载体。任何技术成果的应用都必须通过某些投资活动来体现，它是技术与经济联系的纽带。另一方面，技术本身也是一种投资的结果。任何一项技术成果都是投入一定的人力资本和资源等的产物，新的技术开发和应用都离不开投资活动。

资料来源：http://news.9ask.cn/touzirongzi/tt/200907/208974.html

40. The Change of Economy Structure

第二，经济结构的变动[40]。产业结构变动是影响经济增长的重要因素。产业结构是指国民经济中各产业之间的比例关系和结合状况[9]。由于生产要素在产业间配置的不均衡及不完全的市场对产业间要素流动的制约，宏观经济运行往往呈现出非均衡性。劳动力和资本等要素在不同产业的生产率和收益是有差别的。因此，推进产业结构调整和优化，促进要素从生产率较低的产业向较高的产业转移，能够提高产出水平、加速经济增长。随着人均收入水平的提高，人们的需求结构将会发生变化。如果产业结构不能随着需求结构的变化而调整，将会导致供求结构的失衡，大量资源滞留在供过于求的衰退行业中，必然引起经济增长率下降；反之，如果能适时调整产业结构，推动资源从衰退的产业向兴旺的产业转移，就能促进资源配置效率的提高，推动经济增长。第二次世界大战后迅速崛起的日本、韩国等国家和地区的经济增长过程表明，加快产业结构转换是推动经济增长的重要因素。

41. Economic System

（三）经济体制[41]

传统的经济增长理论一般不考虑经济制度的因素，将经济制度因素作为"外生变量"予以抽象掉。现实的经济运行总是在一定体制背景下进行的，经济体制不仅为经济增长提供制度框架和平台，而且是经济增长的重要动力来源和保障基础。经济体制是影响经济增长的核心因素[42]。马克思认为，经济制度是人类社会发展到一定阶段生产关系的总和。一种社会形态经济制度的核心是该社会的财产制度，以及由此决定的社会分配制

42. Economic system is the core factor that influences economic growth.

---

[9] Industrial structure refers to the proportional relation and the combined condition among industries in the national economy.

度和交换制度。经济体制则是经济制度的具体实现形式，它是经济活动中各种经济行为规则、政府的经济法规、经济的组织制度和监控制度的总和。

根据生产关系一定要适合生产力的规律，经济体制状况对经济增长有促进和阻碍作用。当经济体制和生产力发展相适应时，就能促进经济增长；当经济体制和生产发展水平不适应时，就会阻碍经济增长。20 世纪 70 年代后，以美国经济学家科斯、诺斯等为代表的新制度经济学深入研究了制度和经济增长的关系。他们认为，制度和资本、技术等要素一样，是经济增长的一个内生性变量。诺斯还从历史的角度阐明，即使技术条件基本不变，只要经济制度发生变化（包括组织形式的革新、市场制度的变化、经营管理方式的革新、产权制度的变革等），生产率也能提高，经济也能增长。

上述影响经济增长的因素是相互影响、相互作用的，但每个因素在经济增长中的作用不尽相同。

案例 6.3

一国的财富

大多数国民财富都集中在公司部门之外。国民财富包括劳动力中教育和技术的人力资本含量；生产性劳工的健康资本；实验室及工厂车间中发展出来的专门技术；储存在图书馆中的信息资本；土地、地下资产及环境资源。因此，国民财富的一份完整清单如下。

国民财富总量

可再生资本：私人企业；居民；政府

人力资本：教育；技术与培训；健康

技术资本：管理；科学与工程基础；学院、大学、图书馆

土地资源：地下资产；环境资源

当考虑到资产概念的广泛性时，就能够理解为什么二战中有形资本遭到重创的德国和日本，能够如此迅速地复兴，原因就在于他们的大部分人力资本和技术资本并未被大炮摧毁。

资料来源：张淑云. 西方经济学教程.

北京：化学工业出版社, 2003.12：P234

第三节　经济增长模型 [43]

半个多世纪以来，经济增长理论出现过三次高潮。第一次是20世纪50年代，哈罗德、多马提出了哈罗德—多马增长模型；第二次是20世纪60年代，以索洛、斯旺等为代表的经济学家肯定了技术进步在经济增长中的重要作用，提出了新古典增长模型；第三次是20世纪80年代，以罗默、卢卡斯为代表的经济学家提出的内生增长理论（新增长理论）及模型。经济增长模型是用数学公式来表示的经济增长理论。它选择与经济增长有关的因素，在一定的假设条件下，分析这些因素与经济增长的关系，说明实现经济稳定增长、持续增长的条件，寻求经济长期稳定增长的途径。学习和比较各种增长理论及模型非常有必要。

一、哈罗德—多马经济增长模型 [44]

经济学家们曾建立了为数众多的经济增长模型，但作为对经济增长理论的一般了解，这里只介绍现代经济学经济增长的基本模型，即哈罗德—多马经济增长模型。

哈罗德—多马经济增长模型是由英国经济学家哈罗德和美国经济学家多马在20世纪50年代分别提出的，由于两人提出的经济增长模型在内容、形式和结论上都十分相似，因而被合称为哈罗德—多马经济增长模型。

（一）哈罗德—多马模型的基本假设条件 [45]

哈罗德—多马经济增长模型有一系列严格的假定条件，主要有以下几点。

第一，全社会只生产一种产品，这种产品既可以作为消费品，也可以作为资本品（或称投资品）。

第二，储蓄 S 是国民收入 Y 的函数，即 $S=sY$，这里的 s 代表这个社会的储蓄比例，即储蓄在国民收入中所占有的份额。

第三，生产过程中只使用两种生产要素：劳动 L 与资本 K，且这两种生产要素为固定技术系数，即它们在生产中的比率是固定的，不能相互替代。

第四，劳动力按照一个固定不变的比例增长。

第五，生产的规模收益不变，即生产规模扩大时不存在收益递增或递减。

第六，不存在技术进步，即生产技术水平是不变的。

（二）哈罗德—多马模型的基本公式 [46]

哈罗德模型涉及三个经济变量：储蓄率（Savings Rate，S），资本—产量比率（Capital-production Ratio，C），国民收入增长率（Growth Rate of National Income，G）。

根据上述基本假设条件，可以推导出哈罗德—多马经济增长模型的基本公式，表达如下：

$$G=\frac{S}{C}$$

公式中，经济增长率（G）是指国民收入的增长率。储蓄率（S）是指储蓄量在国民收入中所占的比例。资本—产量比率（C）是指生产一单位产量所需要投入的资本量。该公式表明一个国家的经济增长率是由该国的储蓄率与资本—产量比率二者共同决定的、经济增长率与储蓄率成正比，与资本—产量比率成反比。因此，如果资本—产量比率不变，则可以通过提高储蓄率来提高经济增长率；如果储蓄率不变，则可以通过降低资本—产量比率来提高经济增长率。

（三）经济长期稳定增长的条件 [47]

哈罗德—多马经济增长模型的基本公式告诉我们，从短期来看，一个国家的经济增长取决于该国的储蓄率和资本—产量比率。那么，一个国家的经济又如何能实现长期稳定增长呢，即经济长期稳定增长的条件是什么？为了说明这个现实的问题，哈罗德—多马经济增长模型还用实际增长率、有保证的增长率与自然增长率这三个概念进行分析。

实际增长率 [48] 是实际上发生的增长率，它是由实际储蓄率（S_t）和实际资本—产量比率（C_t）决定的，即：

$$G_t=\frac{S_t}{C_t}$$

有保证的增长率 [49] 是长期中理想的增长率，它由有保证的储蓄率（S_w）和有保证的资本—产量比率决定（C_w），即：

$$G_w=\frac{S_w}{C_w}$$

自然增长率 [50] 是长期中人口增长和技术进步所允许达到的最大增长率，它由最适宜的储蓄率（S_0）和有保证的资本—产量比率决定（C_w），即：

$$G_n=\frac{S_0}{C_w}$$

哈罗德—多马经济增长模型认为，长期中实现经济稳定增长的条件是上述实际增长率、有保证的增长率与自然增长率相一致，即：实际增长率

46. Basic Formula of Harrod-Domar Economic Growth Model

47. Condition of Stable Economic Growth in The Long Run

48. Growth Rate in Real Terms, G_t

49. Warranted Rate of Growth, G_w

50. Rate of Natural Increase, G_n

（G_t）＝有保证的增长率（G_w）＝自然增长率（G_n）。如果这三种增长率不一致，则会引起经济的波动，所以，应该使这三种增长率达到一致。

（四）哈罗德—多马模型的意义 [51]

哈罗德—多马模型的意义表现在以下几个方面。第一，它将凯恩斯的理论动态化、长期化，并重点阐明了投资的双重作用，从而发展了凯恩斯的理论，并奠定了现代经济增长理论的基础。第二，它说明了经济波动的原因和实现经济长期、稳定、均衡增长的条件，并将复杂的经济增长理论简单化、模型化，为人们研究经济增长问题提供了新的思路。第三，它强调了资本积累（表现为储蓄率或投资率）在经济增长中的作用。第四，它阐明了国家干预和实现调控在促进经济增长中的必然性，为政府制定宏观经济政策及经济计划提供了理论依据、方法和手段。

二、新古典增长模型 [52]

新古典增长模型是由美国经济学家 R·索洛等人提出来的。这一模型认为哈罗德—多马模型指出的经济稳定增长之路是很难实现的。因为，在现实中，由于各种因素的影响，实际增长率、有保证的增长率与自然增长率很难达到一致。因此他们把哈罗德—多马模型指出的经济增长途径称为"增长的刀锋"。他们的模型就是要通过改变资本—产量比率来解决这一"刀锋"问题，并且考虑技术进步对经济增长的作用。

（一）新古典增长模型的基本假设

新古典增长模型也有假设：社会只生产一种产品，使用资本和劳动两种生产要素，以及规模收益不变。这一模型与哈罗德—多马经济增长模型的差别主要在以下三个假设上。

第一，资本与劳动在生产中的投入比例是可变的，即两种生产要素可以替代。而在哈罗德模型的假定中，资本和劳动是按固定比例结合的。

根据新古典增长模型的这一假定，既然资本和劳动可以按不同的比例进行组合，那么资本—产量比率 [53] 也是可变的，即可以采用较少的资本与较多的劳动力相结合的劳动密集型生产方法 [54]，也可以采用较多的资本和较少的劳动力相结合的资本密集型生产方法。而哈罗德模型从资本和劳动的固定比例出发，假定资本—产量比率既定不变，在既定不变的资本—产量比率下，经济增长率与储蓄率呈同方向变化。

第二，考虑到技术进步对经济增长率的影响。而哈罗德模型把生产技术水平看成是既定的，它只强调投资增加对经济增长的作用。

第三，一切经济活动都在完全竞争条件下进行，要素总能得到充分利用，不存在资源闲置问题。而哈罗德模型则不包含这一假定。由于新古典增长模型假定资本和劳动这两个生产要素可以得到充分利用，所以对于哈罗德模型来说，意义重大的实际增长率、有保证增长率和自然增长率之间的背离状态就不存在了。因为在新古典增长模型中，资本和劳动相互替代可以随时调节资本—产量比率，资源得到充分利用，实际增长率总是等于有保证的增长率，经济就可以实现稳定增长。

$$G=a \cdot \frac{\Delta K}{K} + b \cdot \frac{\Delta LP}{L} + \frac{\Delta A}{A}$$

（二）新古典增长模型的基本公式

新古典增长模型的基本公式是：

在上式中，$\triangle K/K$ 代表资本增长率，$\triangle L/L$ 代表劳动增长率，$\triangle A/A$ 代表技术进步率，a 代表经济增长中资本的贡献比例，b 代表经济增长中劳动的贡献比例，a 与 b 之比即资本—劳动比率。由于生产中投入的要素只有资本和劳动，所以 $a+b=1$。这一公式表明，经济增长率取决于资本增长率、劳动增长率、资本和劳动对经济增长的贡献以及技术进步率。资本和劳动对经济增长的贡献是指资本和劳动创造的收入在总收入中的比例[10]，若 $a=0.25$，表明资本每增加 1% 可以带来产量 0.25% 的增长，而劳动每增加 1%，可以带来产量 0.75% 的增长。技术进步是指新知识的创造、新技术的发明和组织管理的改善，它可导致资本效率和劳动效率的提高[11]，也就是说，技术进步会使资本和劳动这两种生产要素带来的产量比以前增加，或者说，生产既定数量的产品所需的投入量比以前减少。因此，新古典模型实际上认为在 a、b 相对稳定的情况下，技术进步是经济增长率与投入要素增长率之间的差额。所以技术进步在新古典增长模型中以一个独立的要素存在。

（三）经济长期稳定增长的条件

新古典模型从资本—产量比率的角度探讨了经济长期稳定增长的条件。

这一模型认为，在长期中实现均衡的条件是储蓄全部转化为投资，即对凯恩斯储蓄等于投资这一短期均衡条件的长期化。这种情况下，如果储蓄倾

---

[10]   The contribution to economic growth made by capital and labor, refers to the proportion of income created by capital and labor in total income.

[11]   Technical progress refers to the creation of new knowledge, new technological invention and improvement of the organization and management, it can lead to the improvement of capital efficiency and labor efficiency.

$$\frac{\Delta Y}{Y} = \frac{\Delta K}{K}$$

向不变，劳动增长率不变，则长期稳定增长的条件就是经济增长率（$\Delta Y/Y$）与资本存量增长率（$\Delta K/K$）必须相等，即：

如果 $\Delta Y/Y > \Delta K/K$，意味着收入的增长快于资本存量的增长，从而资本生产率提高，就会刺激企业用资本代替劳动，从而使资本存量的增长率提高；如果 $\Delta Y/Y < \Delta K/K$，则意味着资本存量的增长快于收入增长率，资本存量的过快增长一方面会使资本边际生产率下降，另一方面也使资本价格提高，从而使企业增加劳动并减少资本使用量，资本存量增长率随之下降。在市场机制的调节下，资本存量增长率的调整最终会与国民收入增长率趋于一致。

总之，新古典增长模型强调市场机制对资本存量增长率的调节作用，即一国可以在完全竞争条件下，通过市场机制的作用，来改变资本与劳动的配合比例或资本—产量比率，使经济在长期中保持在 $\Delta Y/Y = \Delta K/K$ 的状态，从而实现稳定的经济增长。显然，这是一个更为现实的增长模型。

三、新经济增长理论 [55]

55. New Growth Theory

20 世纪 80 年代后期，美国经济学家罗默等人提出了"新增长理论"，该理论是把技术进步作为经济内生变量的经济增长理论。新古典增长模型强调技术进步在经济增长中的作用是一个重大贡献，但是它把技术进步作为增长模型的外生变量，这使得新古典增长理论不适合技术进步快速发展的现代经济。在新经济增长理论中，技术进步被作为内生变量，从而揭示了劳动、资本、技术进步对增长的共同作用以及从不同角度分析了这三者之间的相互关系。这一理论中有影响的是罗默模型、卢卡斯模型和斯科特模型等。

新增长理论认为，作为内生变量的技术进步主要体现在资本和劳动质的变化上 [12]，也就是说，技术进步体现在资本上是运用了更为先进的设备，或使用了更新的原材料等，这些新设备、新原料包含着更为先进的技术；技术进步体现在劳动力身上是劳动者熟练程度的提高，可用人力资本的增加来表示。资本的增加不是原有设备的简单增加，而是技术更先进的设备代替了落后的设备。劳动的增加也不是劳动力数量的增加，而是劳动力素质的提高，或者说是人力资本的增加。资本增加和劳动增加是技术进步的结果，技术进步是经济增长的中心。新经济增长理论反映了现代经济增长的基本特征，指

---

[12]　New Growth Theory is that, as the technological advances of the endogenous variables mainly reflected a qualitative change in capital and labor.

出了经济增长的必由之路是推动技术进步，这一结论已得到公认，并指导各国经济增长政策的制定。

新经济增长理论的研究结果可以归纳为以下几个方面。

首先，关于生产函数的假设。对于大多数工业化国家来说，其生产函数可能是"回报率递增"而不是"回报率固定"。由于工业化国家的生产资源配置比较合理，整个经济部门间相互协作能力较强，再加上信息传递准确、有效，所以生产资源的总体利用率较强，其结果就是少量的生产投入有可能导致大量的产出。而广大发展中国家由于不具备回报率递增的生产条件，只能维持增长模型中假定的固定回报率，甚至由于政府政策失误还有回报率递减的现象的发生。这样一快一慢的差距，累积几十年后，就形成了贫者愈贫，富者愈富的世界经济现象。

其次，新经济增长理论把新古典增长模型中的"劳动力"的定义夸大为人力资本投资，即人力不仅包括绝对的劳动力数量和该国所处的平均技术水平，而且包括劳动力的教育水平、生产技能训练和相互写作能力的培养，等等，这些统称为"人力资本"。经济学家普遍认为增加教育投资是提高人力资本从而促进经济增长的关键。

再次，上述两点只是修正了新古典增长模型中的基本假设和定义，最新增长理论的最重要发现是解释了技术进步的原因。最新增长理论认为企业的盈利动机促使科学技术转化为技术进步，从而导致经济增长。这样，技术进步参数就可以作为一个变量由增长模型来解释了。另外，由于技术进步的动力源于企业的盈利动机，政策制定者应该有意识地保护这种机制，例如，用专利法保障发明人的经济利益，用税收政策鼓励企业进行产品更新换代，扶植有战略意义的产业开拓国际市场空间，等等。

第四节　经济发展 [56]

56. Economic Development.

一、经济发展

（一）经济发展的内涵 [57]

57. Meaning cf Economic Development

经济发展是指发展中国家通过各个时期的经济发展战略的实施使其经济实现工业化的过程。[13] 经济发展广义上看，是指一个国家或地区随着经济增

---

[13] Economic Development refers to its economic industrialization process in developing countries through the implementation of the economic development strategy of various periods.

长而出现的经济、社会和政治的整体演进，它不仅包括这个国家或地区经济的量的增长，而且包括经济的质的变化。具体地说，经济发展的内涵包括三个方面。

一是经济数量的增长，即一个国家或地区产品和劳务通过增加投入或提高效率获得更多的产出，它构成了经济发展的物质基础。

二是经济结构的优化，即一个国家或地区投入结构、产出结构、区域结构、就业结构、社会阶层结构、收入分配结构、消费结构等各种结构的协调和优化，是经济发展的必然环节。

三是经济质量的提高，即一个国家或地区经济效益水平、社会和个人福利水平、居民实际生活质量、经济稳定程度、自然生态环境改善程度以及政治、文化和人的现代化进程，是经济发展的最终标志。

美国经济学家库兹涅茨曾对经济发展做出了一个经典的说明。他认为，经济发展首先表现为一个国家满足本国人民日益增长的各种需要的能力持续提高，这种提高是建立在应用各种先进的现代化技术基础之上，要保证先进技术的不断开发和充分发挥作用，则必须有相应的制度和意识形态的调整。

（二）衡量经济发展的指标 [58]

经济发展涉及经济社会各个层面的变化，因此，衡量经济发展的指标不只是单一的，应该既要有量方面的指标，又要有质方面的指标。但是，究竟使用哪些指标可以较准确地测定经济发展水平，直到现在还没有一个统一的定论。

衡量社会经济发展的总量指标。西方学者无论是对发达国家的经济发展，还是对发展中国家的经济发展，所用的衡量标准通常都是国民生产总值指标体系。主要有：①国内生产总值和人均国内生产总值；②国民收入和人均国民收入。如前所述，国内生产总值或国民收入只是衡量一个国家或地区经济增长的综合指标，而经济发展是一个国家或地区基于经济增长的经济社会全面改善的过程，因此，国内生产总值或国民收入这样的单一性指标并不足以反映经济发展这样一个整体化、多方面、综合性演变过程的结果。实际上，没有任何一个单一的指标能完整地衡量发展。于是，人们一直在设法弥补这些缺陷，建立其他的综合指标体系，以补充或者替代传统的衡量标准。

衡量社会经济发展的相对指标 [59] 主要有：①发展速度 [60]，即按可比价格计算的前后两个时期总量数字的对比；②工业化率 [61]，即制造业附加值与国内生产总值的对比；③文盲率，即不识字的人数在一国人口总数中所占的比重。联合国在其第二个十年（1970～1980年）发展战略中，明显地注意了把社会

58. Measurement of Economic Development

59. Measures of relative indicators of socio-economic development

60. Speed of Development

61. Rate of Industrialization

发展目标集中于教育、保健、营养、住房、收入分配和土地制度等方面。20世纪90年代发展中国家兴起"新的发展战略",把发展理解为满足人们的基本需要和人自身的发展。联合国第三个十年(1980～1990年)发展战略明确指出,"发展的最终目的是在全体人民参与发展过程和公平分配收入的基础上,不断提高他们的福利","经济增长、生产性就业和社会平等、健康水平、居住条件、教育水平等都是发展的根本性和不可分割的因素"。

总之,对经济发展水平的衡量,涉及经济、政治、社会等许多方面的因素。因此,其指标体系的确立是一项极为复杂的工作。虽然至今还没有统一的指标体系,但人们已达成了基本共识,那就是不能仅仅用国民生产总值指标体系来衡量经济发展水平。

二、经济增长与经济发展的关系 [62]

62. The Relationship between Economic Growth and Economic Development

在现实生活中,人们往往把经济增长与经济发展混为一谈,认为经济增长了,就是经济发展了;国内生产总值高速增长了,就是经济快速发展了。其实这种认识是不正确的。经济增长与经济发展并不是一回事,二者是既有区别又有联系的两个概念。

从二者的区别上看:经济增长 [63] 是指一个国家或地区国民经济总量(如国内生产总值和国民收入)的增长,它主要用国内生产总值增长率和人均国内生产总值增长率作为衡量指标 [14]。虽然在这种增长过程中也可能伴随经济结构的变化,但这种变化不是经济增长追求的主要目标,它的主要目标是数量的增加而非质的变化。而经济发展不仅包括国民经济总量的增加,还包括经济结构的基本变化,以及分配情况、社会福利、文教卫生、意识形态等一般条件的变化。其中,经济结构的变化是经济发展的标志,即一个国家或地区的经济从以传统农业为中心的缓慢增长,转变为以现代工业为中心的持续稳定发展。衡量经济发展的主要指标是经济结构、社会福利、文教卫生、环境质量以及经济效益的状态,它表明人类社会经济生活的质的变化 [15]。如果说经济增长是一个单纯的"量"的概念,那么经济发展就是比较复杂的"质"的概念。经济发展不仅包括经济增长的速度、增长的平稳程度和结果,而且包括国民的平均生活质量,如教育水平、健康卫生标准、人均住房面积等,

63. Economic Growth

[14]　Mainly measured by the growth rate of GDP and the growth rate of GDP per capita.

[15]　The main indicators to measure economic development is the state of the economic structure, social welfare, culture, education, health, environmental quality and economic benefits, it indicates a qualitative change in human social and economic life.

以及整个经济结构、社会结构等的总体进步。

从二者的联系上看：经济增长包含在经济发展之中，它是促成经济发展的基本动力和物质保障。一般而言，经济增长是手段，经济发展是目的；经济增长是经济发展的基础，经济发展是经济增长的结果。虽然在个别条件下有时也会出现无增长而有发展的情况，但从长期看，没有经济增长就不会有持续的经济发展。

总之，一方面，经济增长包含在经济发展之中。持续稳定的经济增长是促进经济发展的基本动力和必要的物质条件，经济发展是经济持续稳定增长的结果，国民生活水平的提高、经济结构和社会形态等的进步也都很大程度上依赖于经济增长。因此，没有经济增长便谈不上经济发展。另一方面，经济增长并不等同于经济发展。如果经济增长了，经济结构和其他经济条件未发生根本变化，将有可能造成社会贫富悬殊扩大，也有可能造成经济效益低下，更谈不上经济发展，表现为所谓"有增长而无发展"的现象。经济发展应该是指一个国家经济、政治、社会文化、自然环境、结构变化等方面均衡、持续和协调地发展，它是反映一个经济社会总体发展水平的一个综合性概念。

发展中国家在实现本国工业化起飞的初始阶段，有可能出现悖于经济发展宗旨的现象。比如说，为了工业的高速增长而对农业实行高积累政策，使农业发展延滞，农民生活长期得不到明显的改善和提高，产业结构严重失衡。

三、影响经济发展的基本因素 [64]

64. The Basic Factors Impacting Economic Development

影响经济发展的因素很多，既有经济因素，也有非经济因素。由于经济发展包含经济增长，影响经济增长的因素必然同样影响经济发展。但经济发展又不同于经济增长，因此，影响经济发展还有另外一些因素。这里主要介绍影响经济发展的因素。

65. Allocation of resources

第一，资源配置 [65]。资源配置是影响经济发展的重要因素。在社会经济各部门中，有的部门生产率高，有的部门生产率低，如果资源（包括劳动、资本、土地等生产要素）从生产率低的部门转移到生产率高的部门，那就会引起整个经济总生产率的提高，由此带来经济增长率的提高，从而促进经济发展。例如，劳动力从生产率低的传统农业部门转移到生产率高的现代工业部门，全社会的生产率就会大大提高，社会经济结构也因此得到优化。在当代发达国家的经济中，生产率高的行业（如商业、金融、医疗等服务性行业）占了主要部分（如美国这一比例就高达70%左右），而发展中国家的经济却主要以生产率低的行业（主要是传统农业）为主（不少发展中国家这一比例高达 90% 以上）。

第二，社会政治环境 [66]。社会政治环境优良与否，对社会经济发展至关重要。一个国家只有政局稳定，才能保证社会经济更快发展。发达国家政局一般比较稳定，相反，许多发展中国家自独立以来，政局经常动荡不安，政变、动乱不断，在此背景下，经济活动根本无法正常进行，哪里谈得上经济增长和发展。非洲大陆是世界上最贫穷的大陆，经济长期发展缓慢，其中一个重要原因就是政局的不稳定。战后，许多非洲国家频繁发生军事政变。从 20 世纪 60 年代到 80 年代，非洲国家发生过 240 多次军事政变，其中成功的 70 次，有 11 个国家发生过 10 次以上的军事政变，有 20 多个国家建立过军政府。据统计，参加 1963 年非洲统一组织宪章签字的 29 位非洲国家元首中，有 17 位是被军事政变推翻的。

第三，自然生态环境状况 [67]。自然生态环境包括人类赖以生存的土地、水、大气、生物等，它是经济发展的一个重要影响因素。工业革命以后，随着大工业的形成，人口的增加，人类改造利并用自然环境和自然资源的规模和程度不断扩大，环境问题也就突显出来。如今环境问题已成为全人类共同面临的全球性问题。特别是许多发展中国家，由于在发展经济的过程中忽视对环境的保护，加上一些发达国家转嫁环境污染危机，使生态环境变得非常脆弱。这严重制约了这些发展中国家的经济发展。

此外，人口、教育、文化、对外开放水平等也都是影响经济发展的因素。

四、经济发展模式 [68]

（一）发展中国家经济发展的特点 [69]

由于发达国家经过工业革命后都已完成工业化的任务，而发展中国家大多数还处于从农业经济社会向工业经济社会过渡的阶段，因此，对发展中国家而言，在实现经济增长的过程中还面临着实现经济结构、社会结构总体进步的任务。因此，经济发展主要是对发展中国家而言的。

全世界的发展中国家有 140 多个，大多分布在亚洲、非洲和拉丁美洲广大地区。这些国家尽管社会制度、历史文化、经济结构、资源条件等方面都不一致，但仍具有一些共同的特点。

第一，生产力水平低 [70]。绝大多数发展中国家历史上都是西方发达资本主义国家的殖民地，遭受过长期的殖民掠夺，经济基础十分薄弱，生产力发展的起点低。获得民族独立后，虽然经济也有一定增长，但由于不合理的国

66. Social Political Environment.

67. Ecological Environment Condition

68. Economic Development Model

69. Economic Development Characteristic of Developing Ccountries

70. The low level cf productivity.

际经济旧秩序、人口增长过快、资金技术的缺乏以及发展战略上的偏差和政策上的失误，其生产力水平至今仍然很低。与发达国家相比，发展中国家的劳动生产率极低，例如：2012 年 5 月 25 日世界银行举行的东亚经济发布会上，中国劳动生产率相比发达国家严重滞后，中国的劳动生产率只相当于美国的 1/1，日本的 1/11；同时，中科院现代化研究中心发布的最新报告也认为，2008 年中国农业劳动生产率约为世界平均值的 47%，约为高收入国家平均值的 2%。

71. The low income level per capita

  第二，人均收入水平低[71]，生活质量差。由于生产力水平低下，发展中国家的人均收入水平很低。与此相对应，发展中国家的生活水平也很低，表现在贫困比例大、卫生状况差、教育水平低，穷人的生活困苦不堪。据世界银行专家估计，发展中国家 30% 的人口正在绝对贫困水平上挣扎。在许多人口密集的低收入国家，这个比例还要高得多，如 2010 年 90% 的埃塞俄比亚人在多维贫困指数统计中属于"贫困"，有 39% 的人被列为"极度贫困"；2011 年孟加拉国有 49.8% 的人口生活在贫困线以下，其中 33.4% 为极度贫困人口。

72. Dual economic structure

  第三，经济的二元结构[72]。经济的二元结构是指一个国家（或地区）经济中存在传统经济和非传统经济两大部分。这是发展中国家经济的一个重要共性特征。这一特征普遍存在于发展中国家所有的经济部门，尤其是工业和农业两大部门。发展中国家都有一些相对发达的城市和广大落后的农村地区。城市以工业为主，劳动生产率和工资收入都较高；农村则以农业为主，劳动生产率低，人口多，存在大量隐性失业。

73. Solo economic structure

  第四，经济结构单一[73]。亚非拉地区是世界上许多重要工矿原料的生产和出口地区，同时也是一些重要农产品和经济作物的生产国和出口国。但在殖民统治时期，这些地区往往形成了畸形的单一经济结构，成为殖民国家的原料产地。这种经济结构的转变，不是短期内能完成的。所以尽管发展中国家独立后一再努力，但大多未能摆脱对单一经济的依赖。

74. Shortage of capital

  第五，资本匮乏[74]。发达国家工业化起步前就已通过包括对殖民地掠夺等途径进行过较长时间的资本原始积累，工业化起步后，资本积累规模又进一步扩大。而发展中国家在起步时，由于长期遭受帝国主义的掠夺和剥削，几乎都面临着资本匮乏的问题。由于资本匮乏，无力进行大规模投资，基础设施缺乏，难以在经济中大量使用价格高昂的先进设备，因此劳动生产率大大低于发达国家。

75. Burden of the large population

  第六，人口压力沉重[75]。爆炸性的人口增长是发展中国家面临的严重问题。20世纪50年代以后。发展中国家人口增长率不断上升。过快膨胀的人口，对发展中国家社会经济带来了不利影响，阻碍了经济发展。

（二）传统经济发展模式——以中国为例 [76]

76. Traditional Economic Development Model

经济发展模式是指在一定时期内，一个国家或地区确立的发展战略及其生产力要素增长机制、运行原则的特殊类型，它包括经济发展目标、重点、方式、步骤等一系列要素 [16]。现代经济理论认为，经济发展模式是与一定的生产力水平、一定的经济体制和经济发展战略相适应，能反映特定的经济增长动力结构和经济增长目标的一个经济范畴。其实质是推动经济增长的各种生产要素投入及组合的方式，也就是依赖什么要素，借助什么手段，通过什么途径，怎样实现经济增长。要素不同、手段不同、途径不同，带来的增长质量和结果也不同。经济发展模式可以根据不同的角度进行分类。

第一，以高速增长为主要目标的赶超型、粗放型发展模式 [77]。例如，新中国成立后，为了迅速摆脱贫穷落后的面貌，提出过在尽可能短的时间内赶超西方发达国家的口号，追求经济的高速度成为各级政府的首要目标，从上到下存在强烈的数量扩张冲动，追求外延扩大再生产，通过资源的大量投入来增加产品数量。为了动员所有能利用的资源来推动经济的迅速增长，在宏观层次上，以提高积累率来筹措资金；在微观层次上，对产量、投入和存货实行严格的计划。

77. Catching up, surpassing and extensive development model.

第二，借助政府的行政力量实施的发展模式。在传统计划经济体制下，企业只是被动接受计划指令的行政附属物，没有经营自主权。为了筹措必要的建设资金，政府一方面通过人为地压低消费，提高积累率，实行有利于加快工业化步伐的国民收入分配方式；另一方面，通过扩大工农业产品价格"剪刀差"，使农业部门为工业的发展提供积累资金。政府的行政力量在很大程度上左右了经济发展。

第三，重心倾斜的不平衡发展模式。传统的发展战略试图通过集中使用资源，迅速实现经济发展所要求的较快的结构变动，在较短时间内奠定工业化基础，建立完整的工业体系。但因资金严重短缺，在实践中只能采取以重工业为中心的发展战略，资源则根据经济部门的优先发展顺序按计划分配，优先发展项目可以优先得到资源供应。这种结构倾斜型发展模式导致了农业、

[16]　Economic development model refers to a country or region's development strategy and its productivity factor growth mechanism. the special type of operation principal in a certain period of time, which includes a series of elements of the economic development objectives, focus ,ways and steps.

轻工业等产业部门未能得到应有的发展。

第四，封闭式、内向型的经济发展模式[78]。这种模式发展的重点目标是建立独立、完整的工业体系，建立满足国内需求的产业部门。由于片面强调自力更生，导致了本国经济与世界市场分开。在这种封闭式、内向型的发展模式下，经济的自给自足程度就成为衡量经济发展水平的重要标志。为了实现这一发展战略，相应地就必须实现进出口和汇率的严格控制，高估本币，隔开国际金融市场对人民币汇率的影响，产品的国内价格与国际市场价格也严重脱节。

（三）新的经济发展模式[79]

新的经济发展模式是效益型、集约型、外向型的平衡发展模式[17]，其主要特征有以下几点。第一，以满足人民日益增长的物质文化生活需要，增进人民福利为根本目标，一切经济活动以增加人民的实惠为出发点。第二，转变经济增长方式，以不断提高经济效益为中心。经济发展的主要途径是科技进步和劳动生产率的提高，是实行内涵式扩大再生产，不仅要讲求积累量的增加，更要讲求积累效果的提高。第三，重点发展与平衡协调发展相结合，即要求经济的发展是平衡的、协调的。要以实现平衡协调发展为发展重点，并同非重点部门的发展结合起来，不以牺牲非重点部门的发展为代价。第四，自力更生与对外开放相统一。要在强调自力更生的基础上实行对外开放，积极利用外资以弥补国内资金的不足，进口外国资源以补充国内资源的短缺，积极引进国外技术以加快国内技术进步的步伐，不断扩大出口，增加外汇。

中国经济发展正处于从传统的计划经济向现代市场经济的转变时期。中国经济的发展模式要从过去以高速增长为主要目标，外延发展为主导方式和以重工业为中心，忽视自然生态环境保护的非均衡发展模式，逐步转向在不断提高经济效益的前提下，以满足人民物质文化、生态需要为目的和以内涵发展为主导方式，保护自然生态环境的相对平衡的新的经济发展模式。

实现中国经济发展模式的转变和经济发展的主要目标应着重从以下几个方面进行努力。

第一，要在转变经济增长方式、提高经济效益的基础上，争取实现较高的经济增长速度。在经济增长过程中把速度与效益有机地统一起来。

---

[17] A new economic development model is a balanced model that is effective, intensive and export-oriented.

78. Closed and domestically-oriented economic development model.

79. New Economic Development Model

第二，要在大力发展农业的基础上，实现工业化。工业化绝不应该仅局限于工业部门，而应该涵盖整个国民经济。具体来说，工业化至少应该包括工业和农业的机械化、现代化。中国是一个人口大国，也是一个农业大国，那种忽视农业或靠牺牲农业来发展工业的经济发展模式，实践证明在中国是完全行不通的。

第三，要在提高科学技术水平，实现产业结构优化的基础上，实现现代化。中国经济发展的目标是三重的，一方面是要完成工业化的历史任务；另一方面是要完成以产业结构高度化为主要内容的整个国民经济的现代化；再一方面是要实现自然生态环境的优化。中国产业结构的优化，包括产业结构的合理化和产业结构的高度化。要实现产业结构的合理化就要对原有的产业进行技术改造，实行技术革新；要实现产业结构的高度化就要大力发展新兴产业和高技术产业。因此，只有提高科学技术水平，实现产业结构的优化，才能实现经济的现代化。

第四，要在保护自然生态环境系统的基础上，实现经济与环境的协调发展。世界经济发展的历史证明，人类在追求巨大物质财富的同时会造成自然资源浪费和环境污染，20世纪50年代以来的经济增长已经对整个地球的生态系统和不可再生资源的合理运用造成危害，因此，经济、社会、环境的可持续发展已成为当代世界的主题。中国的生态平衡和资源保持状况已不容乐观，如不引起我们的高度重视，必然造成进一步的恶化，影响经济的持续稳定发展。显然，中国经济的发展决不能以对自然资源的掠夺性开发以及对土地的掠夺性经营和牺牲自然生态环境为代价，破坏人类赖以生存和发展的自然生态系统，而是要在人与自然关系协调的基础上，促进经济发展，保持生态环境优化，实现经济和环境的协调发展。

总之，树立科学发展观，促进中国经济社会的全面协调可持续发展，就是要实现经济增长、社会发展和科技进步的共同发展；要实现生产增长、生活提高、生态改善的全面发展。这就是中国经济发展应选择的模式。

第五节　经济的可持续发展战略 [80]

一、可持续发展战略 [81]

（一）经济发展战略 [82]

经济发展战略是指一个国家（或地区）根据本国（或本地区）发展经济面临的主观和客观条件，从全局和长远角度出发而制定的一个较长时期内经

80. Economic Sustainable Development Strategy

81.Sustainable Development Strategy

82. Economic Development-nt Strategy

济发展要达到的目标，以及实现这一目标的方针和步骤的总体决策。经济发展战略是一个国家（或地区）在一定时期内制定和实施经济政策的总体纲领和基本指导原则[18]。

经济发展战略一般包括战略目标、战略重点、战略阶段和战略对策几个方面，具体内容有以下几点。第一，战略目标[83]。战略目标是指一个国家在较长时期内发展本国国民经济所要实现的总任务。任何国家都应有适合本国特点的相对稳定的战略目标。战略目标在经济发展战略中居首要地位。第二，战略阶段[84]。战略目标不是一蹴而就的，战略目标要经过若干阶段的努力才能实现。战略阶段就是把依据战略目标制定的一个较长的战略计划，分解为若干个实施步骤。第三，战略重点[85]。战略重点就是战略阶段中各个阶段的中心任务，一般是具有关键意义的经济部门和领域。如："瓶颈"产业部门、主导产业部门、先导产业部门，等等。第四，战略对策。战略对策是实现战略目标的重大方针和基本政策措施，包括总体对策和阶段对策。

（二）可持续发展战略的提出[86]

可持续发展是 20 世纪 80 年代随着人们对全球环境与发展问题的广泛讨论而提出的一个全新概念，是人们对传统发展模式进行长期深刻反思的结晶。1992 年 6 月联合国在巴西里约热内卢召开环境和发展大会，把可持续发展作为人类迈向 21 世纪的共同发展战略，在人类历史上第一次将可持续发展战略由概念落实为全球的行动。

20 世纪 60 年代末以来，世界经济快速增长带来的负面效应逐步显现。随着科学技术的进步、生产力的发展、人口的激增，人类破坏自然的能力远远超过了历史上任何一个时期，人口、资源、环境等方面的压力与危机构成了对人类生存、发展、进步的严重威胁。人口膨胀、环境污染、生态破坏、资源枯竭引起了人们的高度重视。一些学者开始从地球对人类的支持能力的角度出发，考虑未来的发展问题，可持续发展战略就是在这样的背景下提出的。

在 1992 年巴西里约热内卢联合国环境与发展大会上，可持续发展作为全人类共同的发展战略得到确认，并有了一个较为公认的定义："在不损害未来世代满足其发展要求的资源的前提下的发展。"1994 年开罗世界人口与发展大会上更明确指出："各国应当减少和消除无法持续的生产和消费方式，并推行适当的政策，以便既满足当代的需要又不影响后代满足自身需要的

83. Strategic Goal

84. Strategic Phase

85.Strategic Focus

86. Advice of Sustainable Development Strategy

---

[18]　Economic development strategy is an overall program and a basic guiding principle to implement economic policy and is set by a country (or region) in a certain period of time.

能力。"

可持续发展是指既满足当代人的需求，又不损害后代满足自身需求的能力的发展[19]。可持续发展的内涵应包括以下三方面内容：一是要使当代人和后代人都获得同等的发展机会；二是要使一代内所有人都获得平等的发展机会，特别是世界上穷人的需求应该被置于压倒一切的优先地位；三是要使人类和自然界享有同等的生存和发展机会，做到人与自然的和谐统一。

要实现可持续发展，必须坚持以下原则。

第一，公平性原则[87]。可持续发展的公平性原则，包括三层内容：一是代内间的公平，就是要使现有一代的所有人的基本需要得到满足，向所有人提供实现美好生活愿望的同等机会。二是代际间的公平，就是要使当代人和后代人获得同等的发展机会，要认识到人类赖以生存的自然资源是有限的，当代人不能因为自己的发展需要而损害后代人对自然资源和环境的需求。三是权利与义务的公平，就是要公平分配资源、公平分配物质财富、公平承担保护自然资源与维持生态环境良性循环的责任与义务。当今世界的现实是一部分人富裕，而另一部分人（特别是占世界 1/5 的人口）处于贫困状态。这种贫富悬殊、两极分化的世界，不可能实现可持续发展。因此，要给世界以公平的分配和公平的发展权，要把消除贫困作为可持续发展进程中特别优先的问题来考虑。

第二，可持续性原则[88]。可持续性是指生态系统受到某种干扰时能保持其生产率的能力。资源与环境是人类生存与发展的基础和条件，离开了资源与环境就无从谈起人类的生存与发展。资源的永续利用和生态系统的可持续性的保持是人类持续发展的首要条件。因此，可持续性原则的核心指的是人类的经济和社会发展不能超越资源与环境的承载能力。

第三，共同性原则[89]。共同性原则强调，虽然鉴于世界各国历史、文化和发展水平的差异，可持续发展的具体目标、政策和实施步骤不可能是唯一的，但是，可持续发展作为全球发展的总目标，体现的公平性和可持续性原则，则是共同的，并且实现这一总目标必须采取全球共同的联合行动。

（三）可持续发展的特征[90]

可持续发展具有以下特征。

第一，可持续发展的核心是发展。发展既要考虑当前发展的需要，又要

87. Fairness principle

88. Sustainability principle

89. Common principle

90. Characteristics of Sustainable Development

---

[19]　Sustainable development refers to a mode of human development in which resource use aims to meet human needs while preserving the environment so that these needs can be met not only in the present, but also for generations to come.

考虑未来发展的需要，不能以牺牲后代人的利益为代价来满足当代人对利益的需要。

第二，可持续发展并不排斥经济增长。虽然经济增长不等于经济发展，更不等于可持续发展，但可持续发展并不排斥经济增长。因为经济增长是国家实力和社会财富的体现。只不过可持续发展要求世界各国（特别是发展中国家）重新审视如何达到可持续意义上的经济增长。可持续发展不仅重视增长的数量，更追求改善质量、提高效益、节约能源、减少废弃物，改变传统的生产和消费模式，实施清洁生产和文明消费。

第三，可持续发展要以保护自然为基础，与资源和环境的承载能力相协调。因此，发展的同时必须保护环境，包括控制环境污染，改善环境质量，保护生命支持系统，保护生物多样性，保持地球生态的完整性，保证以可持续的方式使用可再生资源，使人类的发展保持在地球承载能力之内。要通过适当的经济手段、技术措施和政府干预来减少自然资源的消耗速率，使之低于资源的再生速率。

第四，可持续发展要以改善和提高生活质量为目的，与社会进步相适应。单纯追求产量的经济增长不能体现发展的内涵。单纯的经济增长未必能使社会和经济结构发生进化。因此，不能承认其为经济发展。虽然当代世界各国的发展阶段不同，发展的具体目标也不相同，但发展的内涵均应包括改善和提高人类生活质量，提高人类健康水平，促进人类社会进步。

以上四大特征可总结为：可持续发展包括生态持续、经济持续和社会持续，它们之间互相关联且不可分割 [20]。生态持续是基础，经济持续是条件，社会持续是目的。人类共同追求的应该是自然—经济—社会复合系统的持续、稳定、健康发展。

二、可持续发展的指标 [91]

91. Indexes of Sustainable Development

自从 1992 年里约热内卢联合国环境与发展大会提出可持续发展战略以来，世界各国纷纷开始研究并提出自己的可持续发展指标体系。为了对各国在可持续发展方面的成绩与问题有一个较为客观的衡量标准，联合国可持续发展委员会制定了由驱动力指标、状态指标、响应指标构成的联合国可持续发展指标体系。

92. Driving Force Index

驱动力指标 [92]：主要包括就业率、人口净增长率、成人识字率、可安全

---

[20] Sustainable development including sustainable ecology, sustainable economy and sustainable society which are correlative and inseparable.

饮水的人口占总人口的比率、运输燃料的人均消费量、人均实际 GDP 增长率、GDP 用于投资的份额、矿藏储量的消耗、人均能源消费量、人均水消费量、排入海域的氮、磷量、土地利用的变化、农药和化肥的使用、人均可耕地面积、温室气体等大气污染物排放量等。

状态指标 [93]：主要包括贫困度、人口密度、人均居住面积、已探明矿产资源储量、原材料使用强度、水中的 BOD 和 COD 含量、土地条件的变化、植被指数、受荒漠化、盐碱和洪涝灾害影响的土地面积、森林面积、濒危物种占本国全部物种的比率、二氧化硫等主要大气污染物浓度、人均垃圾处理量、每百万人中拥有的科学家和工程师人数、每百户居民拥有电话数量等。

93. Status Index

响应指标 [94]：主要包括人口出生率、教育投资占 GDP 的比率、再生能源的消费量与非再生能源消费量的比率、环保投资占 GDP 的比率、污染处理范围、垃圾处理的支出、科学研究费用占 GDP 的比率等。

94. Response Index

需要说明的是，上述指标体系仅为各国提供参考。其原因是，一方面，由于不同国家之间的差异，使整个指标体系无法涵盖各国的情况；另一方面，由于可持续发展的内容涉及面广且非常复杂，人们对它的认识还在不断加深，要建立一套无论从理论上还是实践上都比较科学的指标体系，尚需要进行深入的研究和探讨。

三、可持续发展的对策 [95]

为实施可持续发展战略，应采取如下对策。

95. Policies of Sustainable Development

第一，控制人口增长 [96]。对于任何处于某一特定时期的经济体，只要非劳动资源的供应量是固定的，必然存在一个与之相适应的适度人口规模。事实表明，环境污染、生态破坏以及对资源掠夺式的利用等既与追求经济增长有关，也与人口迅速增长有关。因此，当人口的增长和物质资料生产的高度发达使社会经济的可持续发展受到威胁时，我们应该控制人口的增长以减少这种威胁。

96. The growth of population under control.

第二，改变不适宜的生产方式和消费方式 [97]。可持续发展是一种经济上长期运行的战略模式，即基于自然资源基础对于经济发展的长期支持能力而制定的发展战略。它不仅要求经济总量规模的扩大，而且要求经济活动质量和人口生活质量的提高。但长期以来，人们只认识到资源和环境的经济价值，而没有认识到它们的社会价值，从而在生产和消费上陷入误区，结果导致资源枯竭、能源危机和环境污染。因此，为实现可持续发展，必须在生产方式上改变资源消耗型的粗放经营方式，在消费方式上要改变追求能源密集型的消费方式。

97. Change the unsuited production and consumption mode.

98. Exploit resources rationally to protect the environment.

第三，合理开发利用资源、保护环境[98]。资源不合理开发利用的结果是资源的过早枯竭，包括动植物的退化和物种的灭绝；而环境的污染和破坏，严重威胁人类的生存和健康发展。因此，为实现可持续发展，必须恰当地利用现有资源，尽量采用对现有环境产生最小有害影响的发展技术；同时，必须从整体上采取防治环境污染和环境破坏的政策措施，把防治局部的环境污染与保护大自然的生态平衡结合起来。

第四，强化人力资本的积累。人类社会在经历农业经济的漫长、工业经济的辉煌之后，正逐步迈入一个崭新的经济发展阶段——知识经济时代。相对于以土地和劳动力为主要资源的农业经济、以资本和自然资源为主要投入的工业经济，知识经济以人力资本（即物化的知识）为主要资源，它具有投入要素可无限地反复使用、经济长期持续发展、知识要素的报酬递增等特点，这正是可持续发展所要求的。而且人力资本对人类社会和自然环境的和谐发展还具有促进作用。因为，使人类社会和自然环境和谐发展的重要途径是减少资源特别是不可再生资源的开采和利用，这要求人类找到这些资源的替代物，而这种替代要求有一定的技术，更要求有一定的人力资本。因此，要实现可持续发展，必须强化人力资本的积累。

第五，加强国际合作。可持续发展的公平性原则要求世界各国在拥有按其本国环境与发展政策下开发本国自然资源的主权的同时，负有保护在其管辖范围内或在其控制下不损害其他国家或在各国管辖地区以外环境的责任。因此，可持续发展是世界各国的共同使命，世界各国有必要加强这方面的合作。但现实并不令人满意。以环境问题为例，发达国家拥有雄厚的经济实力，为其国内环境问题的防治提供了必需的财力，也取得了较好的效果，但与此同时，他们却转嫁环境污染危机给发展中国家，以邻为壑，损人利己。其实此类行为从长远看是损人又不利己的，因为自然环境和自然资源的破坏将引起一系列地区性乃至全球性的严重生态后果，发达国家到时候又岂能独善其身？因此，世界各国应充分认识到人类根本利益的共同性，必须在可持续发展上相互合作，共同建设美好的未来。

99. China's sustainable development strategy.

四、我国的可持续发展战略[99]

改革开放以来，我国经济取得了举世瞩目的成就。在充分肯定成绩的同时，我们应清醒地看到，我国在经济快速发展的同时，也积累了不少问题，主要是城乡差距、地区差距、居民收入差距持续扩大，就业和社会保障压力增加，教育、卫生、文化等社会事业发展滞后，人口增长、经济发展同生态环境、自然资源的矛盾加剧,经济增长方式落后,经济整体素质不高和竞争力不强等,这些矛盾和问题已越来越成为社会和经济发展的制约因素。究其原因,是由于长期以来,我们片面追求经济增长的速度,而忽视了社会经济的全面发展。特别是一些地方的领导干部对于党中央提出的"发展是硬道理"、"发展是执政兴国的第一要务"等精神的理解出现了偏差,将"发展"简单等同于"增长",认为只要经济增长了,很多问题可以自动解决。

由于片面追求经济增长速度,由于粗放式的经济增长方式没有根本改变,目前我国的经济正面临人口、资源、能源、环境的制约与压力,因此,依靠高投入维持的经济高速增长是不可能持久的,更谈不上社会的全面进步和造福子孙后代。有鉴于此,我国急须实行可持续发展战略。

我国的人均资源并不多(人均水资源拥有量仅为世界平均水平的1/4,石油、天然气、铜、铝等重要矿产资源人均储量分别为世界平均水平的8.3%、4.1%、25.5%、9.7%,就是在这样的自然条件下,我们对一些资源的过度开采甚至到了疯狂的地步),生态环境又先天脆弱,而20多年来盛行的高消耗、高污染、低效益的粗放扩张型经济增长方式,使得资源、能源浪费大、环境破坏严重等问题日益凸显。资料表明,我国每创造1美元国内生产总值所消耗的能源,是美国的4.3倍、德国和法国的7.7倍、日本的11.5倍。

出于对世界未来发展走向的充分把握和对我国国情的深刻分析,在国内国际总体发展趋势的大背景下,1992年6月,我国政府在巴西里约热内卢联合国环境与发展大会上庄严签署了环境与发展宣言;其后又在全世界率先组织制定了《中国21世纪议程——中国21世纪人口、环境与发展白皮书》,作为指导我国国民经济和社会发展的纲领性文件,开始了我国可持续发展的进程。1996年我国正式把可持续发展作为国家的基本发展战略,引起了国际社会的巨大反响。

联合国环境与发展大会刚刚结束,中国国家环保局立即组织力量,根据大会反映出的全球动向和经验,结合我国二十多年来环境保护工作的实际和经验,针对中国的环境和发展问题,提出了对策。它们是:①实行可持续发展战略;②采取有效措施,防止工业污染;③深入开展城市环境综合治理,认真治理城市四害;④提高能源利用效率,改善能源结构;⑤推广生态农业,坚持不懈地植树造林,切实加强生物多样性保护;⑥大力推进科技进步,加强环境科学研究,积极发展环保产业;⑦运用经济手段保护环境;⑧加强环境教育、不断提高全民族的环境意识;⑨健全环境法制,强化环境管理;⑩制定我国的行动计划。

本章小结

（1）经济增长和经济发展是一国长期追求的目标，是整个社会发展的基础。经济增长是指一个国家或地区在一定时期内生产的产品和劳务总量的增加。经济发展是指一个国家或地区随着经济增长而出现的经济、社会和政治的整体演进，它不仅包括这一国家或地区经济的量的增长，而且包括经济的质的变化。经济增长是经济发展的基础，经济发展是经济增长的结果。

（2）影响经济增长的因素有：生产要素和生产要素的使用效率，包括劳动、资本、自然资源、技术进步、经济结构的变动和经济体制。

（3）哈罗德—多马经济增长模型的基本公式为 $G=S/C$。它强调的是资本增加对经济增长的作用。如果实际增长率（G_t）与有保证的增长率（G_w）不等经济中就会出现短期波动，只有在实际增长率、有保证的增长率与自然增长率相一致，即：$G_t = G_w = G_n$ 时，经济才能实现充分就业状态下的均衡增长。

（4）经济周期是指经济增长过程中国民收入及总体经济活动水平有规律地呈现上升和下降的周而复始的运动过程。经济周期是经济增长过程中的普遍现象。不同学派的经济学家对引起经济周期原因有不同的观点。

关键词

经济周期	经济增长	经济发展	康德拉耶夫周期
朱格拉周期	基钦周期	熊彼特周期	可持续发展

综合练习

1. 单项选择题

（1）在经济增长中起最大作用的是（　　　）。

A．劳动　　　　　　B．资本家　　　　　　C．技术进步　　　　　　D．经济制度

（2）经济周期各阶段依次是（　　　）。

A．萧条、衰退、复苏、繁荣

B．繁荣、衰退、萧条、复苏

C．复苏、萧条、衰退、繁荣

D．繁荣、萧条、衰退、复苏

（3）以下不属于可持续发展特征的是（　　　）。

A．强调经济增长是第一位的　　　　　　　　B．不排斥经济增长

C．以提高生活质量为目的　　　　　　　　　D．以保护自然资源为基础

（4）经济增长的标志是（　　　）。

A．失业率的下降　　　　　　　　　　　　　B．先进技术的广泛应用

C．社会生产能力的不断提高　　　　　　　　D．城市化速度加快

（5）GNP 是衡量经济增长的一个极好的指标，是因为（　　　）。

A．GNP 以货币表示，容易比较

B．GNP 的增长总是意味着已发生的实际经济增长

C．GNP 的值不仅可以反映一国的经济实力，还可以反映一国的经济福利程度

D．以上的说法都不对

2. 判断题

（1）经济周期是经济中不可避免的波动。（　　　）

（2）经济增长主要与经济中生产潜力的增长及生产能力得到利用的程度有关。（　　　）

（3）哈罗德的分析表明，为使经济处于均衡状态，实际增长率必须等于有保证的增长率。（　　　）

（4）根据新古典经济增长理论，资本的增加是经济增长的关键因素。（　　　）

（5）经济增长和经济发展是一国长期追求的目标，是整个社会发展的基础。（　　　）

3. 问答题

（1）什么是经济增长？如何理解？

（2）什么是经济周期？经济周期包括哪些阶段？

（3）什么是经济发展？经济发展与经济增长区别和联系怎样？

chapter 7

第七章 宏观经济政策

学习要求

通过对本章的学习，要了解需求管理、财政政策和货币政策的具体内容和运用。学会应用基本的概念和原理对宏观经济均衡进行分析，懂得运用宏观经济政策工具来影响经济总量的变动，达到宏观经济总量的平衡，实现社会经济稳定发展。

重点掌握

财政政策工具；财政政策的运用；赤字财政政策；货币政策及工具；货币政策的运用。

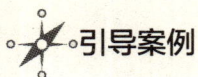

✦ 引导案例

为何托尔兄弟公司在 2001 年衰退时仍然繁荣

2001 年 3 月，美国经济进入衰退。当经济衰退时，通常收入下降，失业上升，新房销售下降。建筑商往往是衰退中损失最大的。例如，在 1974 ～ 1975 年的衰退中，住房消费下降 30%。在 1980 ～ 1982 年的衰退中建筑商的日子更为煎熬，因为住房消费直线下降了 40%，但是 2001 年的衰退有点反常，住房消费反而增长了 5%。

由布鲁斯和罗伯特在 1967 年创建的托尔兄弟公司是一家总部位于宾夕法尼亚州杭丁顿谷的建筑商。公司创建之初规模很小，公司通过购买廉价土地并迅速获得地方政府审批开发房产从而得到逐步壮大。公司专营修建豪华别墅，但也会采用众多本用于低价房的技术。在宾夕法尼亚州的两家以及弗吉尼亚州的一家工厂里，托尔兄弟公司生产屋梁和墙板。在生产车间里使用计算机控制机器来切割门窗。这些举措使得托尔兄弟公司能比其他别墅建筑商以更低成本运作。今天，托尔兄弟公司在 21 个州建房屋，年收入 60 亿美元，位列全美 500 强。

笼罩在美国经济持续放慢中，托尔兄弟公司仍然再次公告了它的优秀业绩。由于员工的努力工作、富有效率的计划以及房产市场可经受衰退的能力，我们取得了历史上最好的第三季度和前九个月的记录！

托尔兄弟公司在 2001 年的成功，并不是因为运气，而是因为 FOMC（美联储公开市场委员会）的一项政策决定。在 2001 年初，FOMC 的成员认为衰退即将发生，主张推行扩张的货币政策以使衰退尽可能短暂和温和。通过降低利率，美联储成功地阻退了一次被一些经济学家预言将会持久并很严重的经济衰退。

资料来源：哈伯德·奥布赖恩著. 经济学（宏观）. 王永钦等译.

北京：机械工业出版社，2007.4：P208

1. The aim of macro-economic policy and demand management.

第一节　宏观经济政策目标与需求管理[1]

宏观经济均衡分析的最终目的是为了论证政府调节宏观经济的必要性，我们必须从市场经济的弊端开始分析，进而阐述需求管理的必然性和方法。先要了解宏观经济政策的目标是什么。

一、宏观经济政策目标和工具 2

宏观经济政策是指国家运用其所掌握和控制的各种宏观经济变量，为实现总体经济目标而制定的指导原则和政策措施[1]。

（一）宏观经济政策目标

任何一种宏观经济政策的制定都要实现一定的经济目标。从西方国家战后的经济实践来看，国家宏观调控的政策目标，主要包括充分就业、物价稳定、经济增长和国际收支平衡。

1. 充分就业 3

充分就业是指不存在周期性失业的一种经济状态。[2] 显然，充分就业并不是人人都有工作，当失业率等于自然失业率时，就实现了充分就业，因为即使经济能够提供足够的职位空缺，失业率也不会等于零，经济中仍然会存在摩擦性失业和结构性失业。在任何一个经济中自然失业都是无法避免的，这种自然失业也是社会可以接受的，不会影响社会的稳定。

2. 物价稳定 4

物价稳定是指一般价格水平的稳定 5。物价稳定不是指一般价格水平固定不变，即不是指通货膨胀率为零。因为通货膨胀率为零要付出较高的失业代价，也是不现实的。物价稳定是指维持一个低而稳定的通货膨胀率，这种通货膨胀率能为社会所接受，对经济也不会产生不利的影响。实践表明，战后西方国家的通货膨胀已经无法完全消除。因此，当经济中只存在温和的通货膨胀时就认为已经实现了物价稳定。

3. 经济增长 6

经济增长是指某个国家或地区在一定时期内生产的产品和劳务总量的增加[3]。衡量经济增长的方法，一般是计算一定时期内实际国民生产总值或国内生产总值的年均增长率。对每个国家而言，经济增长是指在一个特定的时期内国民经济达到一个适度的增长率，这种增长率既能满足社会发展的需要，又是人口增长、资源和技术进步所能达到的。同时，经济增长还应该考虑环境保护问题，以实现可持续增长。

2. The Aim and tools of Macro-economic Policy

3. The Full Employment

4. Stable Commodity Price

5. The stable commodity price mean the stability of the general price level.

6. Economic Growth

---

[1] The macro-economic policy is the guideline and policy measures made by the government to achieve its overall economic aims with the variety of macro-economic means controlled by the government.

[2] The full employment means an economic state that is short of cycle unemployment.

[3] The economic growth indicates the continual increase in the total production per capita and the GDP per capita measured by one country or region during a certain period of time.

4. 国际收支平衡 [7]

国际收支平衡是指在一定时期内一个国家的汇率相对稳定，同时既无国际收支赤字又无国际收支盈余的状态 [4]。国际收支平衡的涵义，不是消极地使一国在国际收支账户上经常收支和资本收支相抵，也不是消极地防止汇率变动，而是使一国国际收支赤字或盈余保持在一定范围内，汇率的变动幅度也相对较小。过度的国际收支赤字或盈余，会对国内经济发展带来不利影响。前者会给一国带来沉重的债务负担；后者会造成资源的闲置，损失发展机会。

应该说，四大目标在总体上是一致的，是经济持续稳定增长所必须的，但是以上四种宏观经济政策目标之间也存在矛盾。一是充分就业与物价稳定是矛盾的，根据短期菲利普斯曲线，失业与通货膨胀之间存在交替关系。要实现充分就业，就必须运用扩张性财政政策和货币政策，而这些政策又会由于财政赤字的增加和货币供给量的增加引起通货膨胀。二是充分就业与经济增长有一致的一面，也有矛盾的一面。经济增长一方面会提供更多的就业机会，有利于充分就业；另一方面经济增长中的技术进步又会引起资本对劳动的替代，相对地减少生产对劳动的需求，使部分工人，尤其是文化技术水平比较低的工人失业。三是充分就业与国际收支平衡之间也有矛盾。因为实现充分就业会引起国内生产总值增加，而在边际进口倾向既定的情况下，国内生产总值增加会引起进口增加，使国际收支状况恶化。此外，在物价稳定与经济增长之间也存在矛盾。因为在经济增长过程中，通货膨胀是难以避免的。

宏观经济政策目标之间的矛盾，就要求政策制定者或者确定重点政策目标，或者对这些目标进行协调。政策制定者在确定宏观经济政策目标时，既要受自己对各项政策目标重要程度的理解，考虑国内外各种政治因素，又要受社会可接受程度的制约。不同流派的经济学家，对政策目标有不同的理解。例如，凯恩斯主义经济学家比较重视充分就业与经济增长，而货币主义经济学家则比较重视物价稳定。这些对政策目标都有相当重要的影响。从战后美国的实际情况来看，不同时期也有不同的政策目标偏重，例如，在20世纪50年代政策目标是兼顾充分就业与物价稳定，在60年代政策目标是充分就业与经济增长，在70年代之后则强调物价稳定和四个目标的兼顾，在90年代是以新经济的增长带动其他目标的实现。

---

[4] The international balance of payment means a relatively stable foreign exchange of one country during a certain period of time, a state that is short of international deficit and surplus.

小资料 7.1

近 5 年中央经济工作会议政策基调

2011 年

召开时间：12 月 12～14 日

政策基调：经济工作稳中求进

会议要求：继续实施积极的财政政策和稳健的货币政策，保持宏观经济政策的连续性和稳定性，增强调控的针对性、灵活性、前瞻性，继续处理好保持经济平稳较快发展、调整经济结构、管理通胀预期的关系，加快推进经济发展方式转变和经济结构调整，着力扩大国内需求，着力加强自主创新和节能减排，着力深化改革开放，着力保障和改善民生，保持经济平稳较快发展和物价总水平基本稳定。

2010 年

召开时间：12 月 10～12 日

政策基调：稳经济调结构控通胀

会议要求：以加快转变经济发展方式为主线，实施积极的财政政策和稳健的货币政策，增强宏观调控的针对性、灵活性、有效性，加快推进经济结构调整，大力加强自主创新，切实抓好节能减排，不断深化改革开放，着力保障和改善民生，巩固和扩大应对国际金融危机冲击成果，保持经济平稳较快发展，促进社会和谐稳定。

2009 年

召开时间：12 月 5～7 日

政策基调：保持经济平稳较快发展

总体要求：保持宏观经济政策的连续性和稳定性，继续实施积极的财政政策和适度宽松的货币政策，根据新形势、新情况着力提高政策的针对性和灵活性，特别是要更加注重提高经济增长质量和效益，更加注重推动经济发展方式转变和经济结构调整，更加注重推进改革开放和自主创新、增强经济增长活力和动力，更加注重改善民生、保持社会和谐稳定，更加注重统筹国内国际两个大局，努力实现经济平稳较快发展。

2008 年

召开时间：12 月 8～10 日

政策基调：保增长扩内需调结构

总体要求：保增长扩内需调结构，保持经济平稳较快发展，实施积极的财政政策和适度宽松的货币政策。立足扩大内需保持经济平稳较快增长，加快发展方式转变和结构调整提高可持续发展能力，深化改革开放，增强经济社会发展活力和动力，加强社会建设加快解决涉及群众利益的难点、热点问题，促进经济社会又好又快发展。

2007 年

召开时间：12 月 3 ～ 5 日

政策基调：稳物价调结构促平衡

总体要求：宏观调控的首要任务是防止经济转向过热和明显通胀，实施稳健的财政政策和从紧的货币政策。紧紧围绕转变经济发展方式和完善社会主义市场经济体制，继续加强和改善宏观调控，积极推进改革开放和自主创新，着力优化经济结构和提高经济增长质量，切实加强节能减排和生态环境保护，更加重视改善民生和促进社会和谐，推动国民经济又好又快发展。

资料来源：陈中.证券时报.2011 年 12 月 15 日

（二）宏观经济政策发展的三个阶段

20 世纪 30 年代至第二次世界大战前：宏观经济政策的试验阶段，凯恩斯的《就业、利息和货币通论》奠定了宏观经济干预的理论基础。

第二次世界大战至 20 世纪 70 年代：国家全面系统干预经济阶段，以凯恩斯理论为基础，财政政策全面启动，对整个西方经济的发展产生积极作用。

20 世纪 70 年代至 90 年代初：经济政策多样化阶段，由于财政政策干预的边际效益递减，西方经济主要是美国经济陷入滞胀陷阱。在此背景下，自由放任思想兴起，经济政策逐步向自由化和多样化的趋势发展。

（三）宏观经济政策工具

宏观经济政策工具是指用来达到政策目标的手段。在宏观经济政策工具中，常用的有需求管理、供给管理和对外经济管理。

1. 需求管理[8]

8. Demand Management

需求管理是通过调节总需求，以实现一定政策目标的宏观经济政策工具。[5]这是凯恩斯素来重视的政策工具。需求管理包括财政政策与货币政策。

---

[5] The demand management is a macro-economic means to achieve some certain aims by regulating the overall demand.

下面我们会重点加以分析。

2. 供给管理 [9]

供给管理是要通过对总供给的调节，以实现一定的政策目标的宏观经济政策工具 [6]。供给即生产。在短期内影响供给的主要因素是生产成本，特别是生产成本中的工资成本。在长期内影响供给的主要因素是生产力，即经济潜力的增长。因此，供给管理包括控制工资收入与物价、指数化政策，改善劳动力市场状况的人力政策，以及促进经济增长的增长政策。

3. 对外经济管理 [10]

对外经济管理是要通过对国际贸易、国际资本流动、劳务的国家输出和输入等的管理和调节，实现国际收支平衡的目标 [7]。在对外经济管理政策中，主要包括对外贸易政策、汇率政策、对外投资政策和国际经济关系协调政策等。

二、市场经济的弊端 [11]

市场经济是通过市场进行资源配置，具有灵活性和有效性的特点，有利于促进生产和需求的协调，推动技术进步，提高社会资源的利用效率。但是，市场并不能完全反映社会需求的长期趋势，难以自动实现社会总供给与社会总需求的均衡。这种情况被称为市场经济的弊端或市场失灵。所谓市场失灵是指由于市场本身的某些缺陷和外部条件的某些限制，市场的资源配置是无效率的 [8]。

市场失灵主要表现在以下几个方面。

第一，市场无法消除垄断。供需双方在市场上的地位、信息并不对称，购买一方往往处于弱势。市场竞争达到一定程度就会走到它的反面，形成垄断，出现强者独占市场或合谋瓜分市场的现象，从而阻碍技术进步，扭曲资源配置，造成市场效率的缺损。

第二，市场无法克服外部不经济。在资源配置中，存在许多市场机制无法施加影响的外部因素，一些人或企业在经济活动中影响甚至危害了他人或社会的利益而不一定需要为这种行为付出代价。比如，一些破坏生态平衡的

9. The Management of Supply

10. Foreign Economic Management

11. Shortage of Market Economy

---

[6] The management of supply is a macro-economic policy to achieve some aims by regulating the overall supply .

[7] The foreign economic management is the regulation of international trade, international capital flow and the output and input of service in order to achieve the balance of payment.

[8] The market failure means the short-comings of the market itself and some external constraints that lead to the inefficient market allocation of resources.

行为就比较普遍，这时，企业的成本就是不真实的。

第三，市场无法提供公共产品。消费中有一类具有公有性的物品，称之为公共产品，如交通警察的行为、马路上的路灯以及国防、法律等，这类产品相对于私人物品而言，具有排他性、非竞争性的特点，其投资规模大，生产周期长，而且成本与收益的核算也比较困难。市场机制无法通过自发调节来解决公共物品的供给，只能由政府来组织生产和供给。

第四，市场无法解决社会目标问题。市场经济遵循的原则是利益最大化，但这一原则会带来一系列如失业、通货膨胀、两极分化等问题。这显然与社会管理的目标背道而驰。

第五，市场对资源配置的调节是一种事后的调节，会引起经济波动。价格机制是市场机制中最有效的调节机制，通过价格的变动反映市场供求状况，从而达到调节生产的目的，但供给量的变动却难以与价格的变动同步。例如，产品价格上升，企业就会增加市场供给，但由于各方面条件的限制而难以同步；产品价格下降，企业就会减少市场供给，但对已经生产出的产品却不得不降价销售，或形成积压造成浪费。

第六，市场不能自行维护市场秩序。维护市场秩序，包括保护市场交易双方的合法权益，打击假冒伪劣商品和其他违法侵权行为，保护有效竞争，消除人为垄断，这一系列问题的解决只有通过政府运用法律等手段方能有效。

三、凯恩斯革命 [12]

1929 年至 1933 年，西方国家爆发了规模空前的经济危机，产品滞销，企业倒闭，工人失业，信用崩溃，资本主义经济陷入了长期萧条状态。而传统经济学却无法解释这一生产过剩的现象。经济学关于资本主义社会可以借助市场机制自动调节，达到充分就业的传统说教彻底破产，恰逢其时，凯恩斯于 1936 年发表了《就业、利息和货币通论》（简称《通论》）一书。

《通论》的出现引起了西方经济学界的极大震动，凯恩斯抨击"供给自动创造需求 [13]"的萨伊定律和新古典经济学的一些观点，对资本主义经济进行总量分析，提出了有效需求决定就业量的理论。他主张用扩大总需求的方法来扩大就业并带动经济总量的增长。这种与以往经济学家们不同的观点和主张被称为是一场革命，史称"凯恩斯革命" [14]。凯恩斯革命的核心内容是，在理论上以有效需求原理否定社会总供求由市场调节自动平衡的理论；在政策主张上反对自由放任，提倡国家干预经济；在分析方法上采用总量分析，代替个量分析，从而创立了现代宏观经济学。

12. Keynes's Revolution

13. The supply automatically creates demands.

14. The Keynesian Revolution

凯恩斯有效需求原理，即有效需求决定国民收入的理论是通过总支出函数进行分析的[9]。正如前面分析的那样，总支出函数中的总支出与均衡线（45°线）中的总收入相等，决定均衡国民收入。如果引入潜在国民收入（充分就业时的国民收入）的概念，可以通过图 7-1 发现需求缺口，凯恩斯称为有效需求不足[15]。

15. The inadequacy of efficient demand.

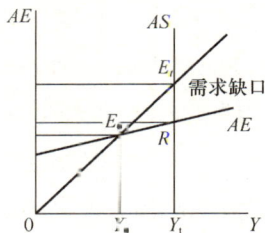

图 7-1　需求缺口

图中总支出曲线与 45°线相交于均衡点 E_0，此时，总支出与总收入相等，形成均衡国民收入。如果总支出构成社会的有效需求，那么，它不等于总供给，即不等于潜在国民收入，出现了均衡点 E_t 与 B 点的需求缺口，表现为总需求小于总供给的状况，即有效需求不足。

凯恩斯认为，揭示三大心理定律可以证明有效需求不足形成的原因，它们如下。

第一，边际消费倾向递减规律[16]。所谓边际消费倾向递减规律是指随着收入的增加，消费也会增加，但在增加的收入量中，用于消费的部分所占的比重越来越少，用于储蓄的部分所占的比重越来越大。也就是说，消费量的增加总是小于收入的增加，且在收入增量中的比例呈递减趋势，不论是个人、家庭还是社会，均是如此，按照这个规律，必然会引起消费品需求的不足。

16. The law of diminishing marginal propensity to consume.

第二，资本边际效用递减规律[17]。所谓资本边际效率递减规律是指在其他条件不变的情况下，投资越多，生产越多，资本的预期收益势必递减，预期利润率就降低，当降低到利息率以下时，资本家就停止投资。所以，资本边际效率会随着投资的增加呈递减趋势。

17. The law of diminishing marginal capital utility.

第三，流动偏好心理规律[18]。所谓流动偏好心理规律是指在货币供给一定时，由于人们愿意以货币的形式保持自己的财富和收入，从而对货币产生过大的需求，并使利息率保持在较高的水平，进而阻碍了投资的增长。

18. The psychological rule to liquidity preference.

上述三大规律说明了造成消费需求和投资需求不足的原因，也就必然造成有效需求不足。

[9]　The principle of efficient demand means that the efficient demand decides the national income, which is resolve by the general expenditure function.

凯恩斯认为，在一般情况下有效需求总是不足的，因而产生了失业和经济危机。同样由于上述原因使消费者和生产者都不能自动地增加有效需求，那么，要克服经济危机、消除失业，只有国家加强对经济生活的调节和干预。

凯恩斯认为国家对经济生活的调节和干预是行之有效的，他通过乘数理论加以证明。乘数理论说明，增加投资就可以增加需求，它不是起一次效果，是累进性的，即连锁反应。这也就是说，任何一次投资支出都会增加投资品工业的生产增加，从而可以增加收入，而收入的增加，消费品也将随之增加，从而引起消费品生产的扩大，这样又可以增加就业，如此继续下去，投资变动给国民收入总量带来的影响要比投资本身变动大得多，投资的增加，可能引起国民收入的成倍增加。因而，政府可以通过增加投资等注入类变动政策，就会产生成倍的调节效果。

凯恩斯把国家调节和干预称为需求管理，它是指通过调节总需求来达到一定政策目标的宏观经济政策。怎样进行需求管理呢？凯恩斯提出了财政政策和货币政策主张。

四、需求管理 [19]

19. Demand Management

需求管理是通过对总需求的调节，以实现总需求等于总供给，达到既无失业又无通货膨胀的目标 [10]。在总需求小于总供给时，经济生活中就会出现由于需求不足而产生的失业，这时就要运用扩张性的政策工具来刺激总需求；在总需求大于总供给时，经济生活中就会出现由于需求过度而发生的通货膨胀，这时就要运用紧缩性的政策工具来抑制总需求。需求管理包括财政政策与货币政策。

在凯恩斯主义出现前，财政政策的目的是为政府的各项开支筹集资金，以实现财政收支平衡，它影响的主要是收入分配，以及资源在私人公共部门之间的配置。在凯恩斯主义出现后，财政政策被作为重要的需求管理工具，以实现既定的政策目标。它包含了三方面的选择：第一，开支政策，即开支多少，以及用于哪些方面的开支。第二，征税政策，即征收多少税，以及采用何种手段征税。第三，赤字政策，即确定赤字的规模大小和分配办法。

凯恩斯主义的货币政策是通过对货币供给量的调节来调节利率，再通过利率的变动来影响总需求的货币政策。其货币政策的机制是：货币量→利率→总需求。在这种货币政策中，政策的直接目标是利率，利率的变动是通过

---

[10]　The demand management is to achieve the aim without unemployment and inflation through the regulation of total demands so that the overall demand equals to total supply.

货币量的调节实现的。调节利率的目的是调节总需求，所以总需求变动是货币政策的最终目标。

货币主义的货币政策在传递机制上与凯恩斯主义的货币政策不同。货币主义的理论基础是现代货币数量论，它主张实行"单一规则"的货币政策。坚持货币政策的首要目标是稳定货币、稳定经济。货币政策只能以货币供应增长率为控制指标。货币增长率一经确定，就应该长期固定，而不能因为长期经济波动或其他因素随便调整。只有切实坚决地实施单一规则，才能有效地稳定货币，克服货币政策的摇摆性和失误，赢得公众对货币政策的信任，真正为经济社会提供稳定的货币环境。

第二节　财政政策 [20]

20. Fiscal Policy

一、财政政策工具 [21]

21. The Tools of Fiscal Policy

财政政策是指通过政府支出与税收来消除通货膨胀缺口或通货紧缩缺口，调节经济以保持经济稳定发展的政策 [11]。

只要有政府就有财政政策，但传统财政政策的任务是为政府的各种支出筹资，能够实现财政收支平衡是财政政策的最高原则，而凯恩斯主义的现代财政政策不仅要为政府支出筹资，还要调节经济，实现稳定。财政政策是运用政府支出和税收来调节经济的经济政策。

财政政策的主要内容包括政府支出与税收。政府支出就是政府对物品和劳务的购买，主要体现在：公共工程支出、政府采购，以及转移支付三个方面。就政府支出的具体内容而言，主要包括：社会福利支出；国防支出（如购买军事设施和装备，支付军事人员工资等）；债务利息支付（如发行国库券及债券后每年都要定期支付利息）；教育和职业培训支出（如政府对各类公立学校的支出）；科研支出；交通和住宅支出（如对机场、港口、公路和铁路等基础工程的支出）；环境保护支出；国际事务支出（如外交费用、对外经济援助）。

政府税收是财政收入的主要来源，主要包括个人所得税、公司所得税、社会保险费、销售税、货物税、财产税等。值得注意的是，纳税者并不一定是税金的最终负担者，因为他们也许能将税金转嫁给他人负担。按照税金能否转嫁，人们又将税收分为间接税和直接税。在转嫁形式上还存在向前转嫁

[11] The fiscal policy is the policy that ensures economic stability and development with the means of government expenditure and taxation to ease inflation or deflation.

和向后转嫁之分，前者指在市场交换过程中，卖方通过加价的方式将税金负担转嫁给买方；后者则指买方通过少支付的方式将负担转嫁给卖方。从计征方法上看，税收还可以分为累进税、比例税、累退税。

政府的税收是按照一定比率基本收入征收的，即：

$$税收 = 税率 \times 税基$$

税率的变化会对人们的经济活动产生一种刺激效应。当税率过高时，人们不愿意努力工作以争取更多的收入，随着收入减少税收也会减少，见图7-2。

图7-2中的坡形曲线即所谓的拉弗曲线，由供应学派的代表人物之一拉弗提出。值得注意的是，曲线顶点对应的税率可能是任何值，不一定是中点，这取决于人们对纳税的态度及反应，如在战争时期该税率可能偏大。同时还可知，任何数额的税收（顶点对应的出外）都可以由两种税率来获得，如当税率为高税率 t_3 和低税率 t_2 时，税收均为 P。但拉弗将图中 $t'C$ 线以上的部分称为禁区，因为这时如果提高税率，私人和企业的生产活动都会下降，税收也会下降。

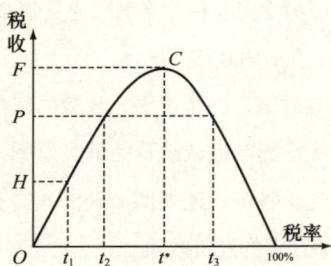

图 7-2　拉弗曲线

政府对物品和劳务的购买是决定国民收入大小的主要因素之一，其规模直接关系到社会总需求的增减。购买支出对整个社会总支出水平具有十分重要的调节作用。在总支出水平不足时，政府可以提高购买支出水平，如举办公共工程，增加社会整体需求水平，以此同衰退进行斗争。反之，当总支出水平过高时，政府可以采取减少购买支出的政策，降低社会总体需求，以此来抑制通货膨胀。因此，变动政府购买支出水平是财政政策的有力手段。

政府转移支付[22]也是一项重要的政策工具。一般来讲，在总支出不足时，失业会增加，这时政府应增加社会福利费用，提高转移支付水平，从而增加人们的可支配收入和消费支出水平，社会有效需求因而增加；在总支出水平过高时，通货膨胀率上升，政府应减少福利支出，降低转移支付水平，从而降低人们的可支配收入和社会总需求水平。除了失业救济、养老金等福利费用外，其他转移支付项目，如农产品价格补贴也应随经济风向而改变。

税收作为政府收入手段，既是国家财政收入的主要来源，又是国家实施

22. The Government Transfer Payment

财政政策的一个手段。税收作为政策工具，它既可以通过改变税率来实现，又可以通过变动税收总量来实现，如以一次性减税来达到刺激社会总需求增加的目的。对税率而言，由于所得税是税收的主要来源，因此改变税率主要是变动所得税的税率。一般来说，降低税率，减少税收会导致社会总需求增加和国民产出的增长；反之，则完全相反。因此在需求不足时，可采取减税措施来抑制经济衰退；在需求过旺时，可采取增税措施来抑制通货膨胀。

但是，实际中财政政策的实施受到多种因素的制约。例如，当政府用借债的方法增加支出以提高国民收入水平时，将产生所谓的挤出效应[23]。当政府决定增加支出而不同时增加税收时，在不增加货币的条件下政府只能用借债的方法筹措资金。但当政府用出售国库券或债券的方式向公众借钱时，将首先导致利息率上升，从而减少私人的投资支出，结果是总支出并不能增加。又如，在财政政策的使用过程中，还存在认识时滞、决策时滞和实施时滞的问题，这些都会影响财政政策的效力。

23. The Effect of Crowding-out

案例 7.1

财政政策的局限：20 世纪 90 年代的日本

日本经济在 20 世纪 90 年代表现得并不好。1950 ~ 1990 年，日本实际 GDP 以平均 6.9% 的速度增长，但 1992 ~ 2004 年，速度只有 1.4%。即使在日本中央银行一夜之间将利率降为 0 时，投资支出仍然没有增加到使日本经济恢复到潜在 GDP 的水平。

日本政府也使用了财政政策来刺激经济。政府支出从 1991 年 GDP 的 30% 增加到 2001 年的 40%。税收收入从 GDP 的 34% 降到大约 31%。然而财政政策并没有将经济拉到潜在 GDP 水平。对于财政政策为什么在日本失效，经济学家的意见并不相同。一些经济学家认为财政政策比看起来有效，因为如果没有扩张性财政政策日本经济会陷入更深的衰退，而不仅仅是低速增长。在 20 世纪 80 年代末和 90 年代初，很多资产的价格特别是房地产和股票达到一个不可以持续的水平，而资产价格在 20 世纪 90 年代初的崩溃导致了消费和投资的减少，这些又因为扩张性财政政策得到缓解。从这种意义上说，这些经济学家认为，财政政策至少是部分成功的。

另外一些经济学家认为严重的问题在于日本的银行系统使得家庭和公司感到保证支出融资很困难。他们认为财政政策需要和银行系统的改

> 革结合起来。然而，另外一些经济学家说投资支出在日本相对于保证潜在 GDP 水平的投资需求而言实在太低了，连扩张性财政政策也无法来填补这个空缺。最后，一些经济学家强调政府支出有很多浪费现象，他们相信有良好规划的财政政策会有更好的效果。
>
> 资料来源：哈伯德．奥布赖恩著，王永钦等译．经济学（宏观）．
>
> 北京：机械工业出版社，2007.4：P386

24. The application of fiscal policy.

二、财政政策的运用 [24]

财政政策的运用就是通过政府支出与税收的变动来影响总需求，进而影响国民收入水平来调节经济活动，以达到既定的目标[12]。

具体来说，在经济萧条时期，由于总需求小于总供给，国民经济中存在失业，政府就要通过采用扩张性的财政政策来刺激总需求，以达到实现充分就业的目标。扩张性财政政策就是通过增加政府支出和减少税收来刺激经济的政策[13]政府公共工程支出与政府采购的增加有利于刺激私人投资，转移支付的增加可以增加个人消费，这样就会刺激总需求。减少个人所得税（主要是降低税率）可以使个人可支配收入增加，从而增加个人消费；减少公司所得税可以使公司可支配收入增加，从而增加私人投资，这样也会刺激总需求。扩张性财政政策的传导机制如下：

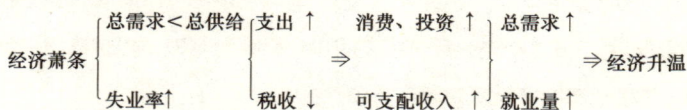

$$
经济萧条
\begin{cases}
总需求<总供给 \\
失业率\uparrow
\end{cases}
\begin{cases}
支出\uparrow \\
税收\downarrow
\end{cases}
\Rightarrow
\begin{cases}
消费、投资\uparrow \\
可支配收入\uparrow
\end{cases}
\begin{cases}
总需求\uparrow \\
就业量\uparrow
\end{cases}
\Rightarrow 经济升温
$$

在经济繁荣时期，由于总需求大于总供给，国民经济中存在通货膨胀，政府则需要通过紧缩性的财政政策来抑制总需求，以达到实现物价稳定的目标。紧缩性财政政策就是通过减少政府支出与增加税收来抑制经济的政策[14]。政府公共工程支出与政府采购的减少有利于抑制投资，转移支付的减少可以减少个人消费，这样就抑制了总需求。增加个人所得税（主要是提高

---

[12] The application of fiscal policy is to achieve a certain kind of aims made by the government expenditure and taxation that influences total demand and then the national income level to regulation economic activities.

[13] Expanded fiscal policy is to stimulate economy by increasing government expenditure and decreasing taxation.

[14] Tightening fiscal policy is to constrain economy by decreasing government expenditure and increasing taxation.

税率）可以使个人可支配收入减少，从而减少个人消费；增加公司所得税可以使公司可支配收入减少，从而减少私人投资，这样也会抑制总需求。紧缩性财政政策的传导机制如下：

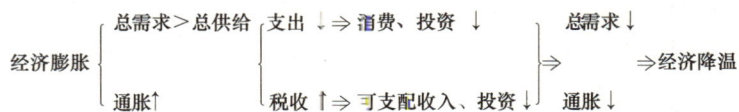

$$
经济膨胀
\begin{cases}
总需求>总供给 \\
通胀\uparrow
\end{cases}
\begin{cases}
支出\downarrow \Rightarrow 消费、投资\downarrow \\
税收\uparrow \Rightarrow 可支配收入、投资\downarrow
\end{cases}
\begin{cases}
总需求\downarrow \\
通胀\downarrow
\end{cases}
\Rightarrow 经济降温
$$

　　上述财政政策工具的运用反映了凯恩斯主义斟酌使用财政政策的观点。凯恩斯主义经济学家认为，斟酌使用财政政策要针对经济风向行事。当总支出不足，失业持续增加时，政府要实行扩张性财政政策，增加政府支出、减税或双管齐下，以刺激总需求，解决衰退和失业问题；反之，当总支出过高，价格水平持续上涨时，政府要实行紧缩性财政政策，减少政府支出、增税或双管齐下，以抑制总需求，解决通货膨胀问题。这种交替使用的扩张性和紧缩性财政政策，称为补偿性财政政策。

三、财政政策的时滞 [25]

　　任何一项政策，从决策到对经济发生影响都会有一个时间间隔，这种时间间隔就叫政策时滞。财政政策时滞主要包括决策时滞和作用时滞 [26]。

　　决策时滞是指从认识到有必要采取某种政策到实际做出决策所需要的时间 [15]。

　　一般来说，财政政策的变动，无论是政府购买还是税收，都要经过一个完整的法律过程。这个过程包括提出方案、议会讨论、政府部门研究、各利益集团的院外活动，最后经总统批准才能执行。由于任何一项财政政策措施都会涉及不同阶层、不同集团和不同部门的利益，要使各方对要实现的政策目标和政策措施达成一致，或者达到大多人意见一致，是相当不容易的，需要的时间较长。

　　作用时滞是指从政策执行到政策在经济中完全发生作用，达到调控目标之间的时间间隔 [16]。

　　财政政策的作用时滞较短，因为财政政策对总需求有较为直接的影响，但不同的财政政策的作用时滞也有差别。某些财政政策对总需求有即时作用，

25. Fiscal Policy Time Lag

26. Decision-delay and Function-delay

---

[15]　Decision-delay is a period of time from recognition of taking actions to making real decision.

[16]　Function-delay is a period of time from the policy implementation to its full function in economy so that to achieve regulating goals.

例如,增加政府购买支出会直接增加总需求;减税会即时增加个人可支配收入,但对消费支出的影响则要经过一段时间后才能产生。财政政策挤出效应的作用时滞最长,因为扩张性财政政策在引起总需求和国民收入的变动后,国民收入的增加又引起货币需求的增加,利率上升,投资减少。一般来说,在短期内,扩张性财政政策会产生乘数效应,在较长时间后才会产生挤出效应。

由于财政政策存在时滞问题,特别是其决策时滞较长,使财政政策工具对经济状况的变动反应较慢。比如,当经济衰退时,为刺激总需求政府提出增支减税的方案,两年后该方案才最后通过,此时经济可能已经复苏,实施已经通过的扩张性财政政策不仅不能起到刺激经济回升的作用,反而会加剧经济波动,引起经济急速膨胀。

27. Automatic stabilizers function fiscal policy.

四、财政政策的自动稳定器 [27]

自动稳定器是指经济系统本身存在的一种会减少各种干扰对国民收入冲击的机制,能在经济繁荣时期自动抑制膨胀,在经济衰退时期自动减轻萧条,无须政府采取任何行动 [17]。经济学者认为,现代财政制度本身就具有自动稳定经济的功能。当经济发生波动时,财政制度的内在稳定器就会自动发挥作用,调节社会总需求水平,减轻以致消除经济波动。财政制度的这种内在稳定经济的功能主要通过三个方面得到发挥。

28. The automatic change of government taxation.

（一）政府税收的自动变化 [28]

当经济衰退时,国民产出水平下降,个人收入减少;在税率不变的情况下,政府税收会自动减少,留给人们的可支配收入也会自动地减少一些,从而使消费需求也自动地下降一些。在实行累进税的情况下,经济衰退使纳税人的收入自动进入较低的纳税档次,政府税收下降的幅度会超过收入下降的幅度,从而可起到抑制衰退的作用。反之,当经济繁荣时,失业率下降,人们收入自动增加,税收会随个人收入增加而自动增加,可支配收入也就会自动地增加一些,从而使消费和总需求也自动地增加一些。在实行累进税的情况下,繁荣使纳税人的收入自动进入较高的纳税档次,政府税收上升的幅度会超过收入上升的幅度,从而起到抑制通货膨胀的作用。由此,西方学者认为,税收这种因经济变动而自动发生变化的内在机动性和伸缩性,是一种有助于减

---

[17] Automatic stabilizers is a economic system itself that will reduce the variety of interference mechanisms impact on national income, in the period of economic prosperity automatic suppression of swelling, alleviate depression, the need for government to take any action during the recession.

轻经济波动的自动稳定因素。

（二）政府支出的自动变化 [29]

这里主要是指政府的转移支付，包括政府的失业救济和其他社会福利支出 [18]。当经济出现衰退与萧条时，失业增加，符合救济条件的人数增多，失业救济和其他社会福利开支就会相应增加，这样就可以抑制人们收入特别是可支配收入的下降，进而抑制消费需求的下降。当经济繁荣时，失业人数减少，失业救济和其他福利支出也会自然减少，从而抑制可支配收入和消费的增长。

（三）农产品价格支持制度 [30]

政府通常对农产品价格实行补贴或支持。当经济繁荣时，农产品价格上升，政府将减少对农产品的价格补贴，这样既抑制了农产品价格的进一步上涨，又减少了财政支出，抑制了总需求；反之，当经济萧条时，农产品价格下降，政府将增加对农产品的价格补贴，以防止农产品价格进一步下降，增加了政府支出，刺激了总需求。

从理论上讲，财政政策的自动稳定机制是存在的。但是，这种自动稳定器调节经济的作用是十分有限的。它只能减轻经济萧条或通货膨胀的程度，并不能改变萧条或通货膨胀的总趋势；它只能对财政政策起到自动配合的作用，并不能代替财政政策。因此，尽管某些财政政策具有自动稳定器的作用，但仍然需要政府有意识地运用财政政策来调节经济。

第三节　货币政策 [31]

一、货币政策工具 [32]

货币政策是指国家根据既定的经济发展目标，宏观货币政策的制定者和执行者是中央银行，中央银行通过运用其政策工具，控制货币供给量和利率，以影响宏观经济活动水平的政策 [19]。同财政政策一样，货币政策也是国家调节和干预经济的主要政策之一。

货币政策具有以下特点。第一，间接作用于消费者和生产者。货币政策不是直接作用于消费者和生产者，货币政策直接作用于货币的供求，通过货币供求的变化，引起市场利息率的变动，并通过市场利息率的变动信息，指

29. The automatic change of government expenditure.

30. Agricultural price support system.

31. Monetary Policy

32. Monetary Policy Tools

---

[18]　The government transferrable payment includes unemployment benefits and other social welfare expenditure.

[19]　The monetary policy refers to the policy that influences macro-economic activities made by the central bank, both maker and executor, to control currency supply and interest rate to achieve certain economic development goals.

导生产者和消费者的存贷款，调节生产者和消费者的供求关系，最终使社会总供给与社会总需求平衡。第二，货币政策由中央银行直接决定，经过的环节少，即内在时延小，但它的作用比较间接，完全发生作用的外延时间长。

中央银行调控货币主要使用以下三大货币政策工具。

（一）存款准备金率

存款准备金指各商业银行吸收的存款中，按一定比例缴存中央银行的那部分资金；准备金与全部存款的比率就是存款准备金率[20]。

由于这一比率是法定的，又称法定存款准备金率。中央银行改变准备金率可以通过对准备金的影响来调节货币供给量，从而可以改变银行创造货币的多少。假定商业银行的准备金率正好达到法定的要求，这时，中央银行降低准备金率就会使商业银行产生超额准备金，这部分超额准备金可以作为贷款放出，从而又通过银行创造货币的机制增加货币供给量，降低利息率。相反，则反，即银行创造货币的多少与法定准备金率成反比。法定准备金率高，货币供应量小，法定准备金率低，货币供应量大。改变法定准备金率政策最大的特点是作用猛、见效快，所以在实际中不太经常被使用，一般要数年甚至十年才会变动一次。

从理论上说，变动法定准备金率是中央银行调整货币供给最简便的办法。然而，现实中，中央银行一般不愿轻易使用这一手段。其原因在于，变动法定准备金率的作用十分猛烈。一旦准备金率变动，所有银行的信用都必须扩张或收缩。如果准备金率变动频繁，会使商业银行和所有金融机构的正常信贷业务受到干扰而无所适从。我国自改革开放以来，已初步建立了存款准备金率制度，中央银行也多次使用这一政策工具。

小资料 7.2

央行历次调整存款准备金率对股市影响一览

中国人民银行决定，从 2011 年 12 月 5 日起，下调存款类金融机构人民币存款准备金率 0.5 个百分点。上一次调整时间是在 2011 年 2 月 24 日。

这是中国央行自 2010 年以来第 12 次提高存款准备金率，也是 2008

---

[20]　Deposit Reserve requirement refers to the absorption of deposits of all commercial banks in the deposit by a certain percentage of that part of the funds of the Central Bank; reserve deposit ratio is the deposit reserve ratio.

年后，三年来首次下调存款准备金率。此次下调存款准备金率后，大型银行存款准备金率仍高达 21%。中小金融机构的存款准备金率也高达 17.5%。表 7-1 为历次存款准备金率调整公布后股市表现一览表。

表 7-1　　　　　历次存款准备金率调整公布后股市表现一览表

公布时间	大型金融机构			中小金融机构			公布次日指数涨跌	
	调整前	调整后	调整幅度	调整前	调整后	调整幅度	上证	深成
2011 年 11 月 30 日	21.50%	21.00%	-0.50%	18.00%	17.50%	-0.50%	2.29%	2.32%
2011 年 06 月 14 日	21.00%	21.50%	0.50%	17.50%	18.00%	0.50%	-0.90%	-0.99%
2011 年 05 月 12 日	20.50%	21.00%	0.50%	17.00%	17.50%	0.50%	0.95%	0.70%
2011 年 04 月 17 日	20.00%	20.50%	0.50%	16.50%	17.00%	0.50%	0.22%	0.27%
2011 年 03 月 18 日	19.50%	20.00%	0.50%	16.00%	16.50%	0.50%	0.08%	-0.62%
2011 年 02 月 18 日	19.00%	19.50%	0.50%	15.50%	16.00%	0.50%	1.12%	2.06%
2011 年 01 月 14 日	18.50%	19.00%	0.50%	15.00%	15.50%	0.50%	-3.03%	-4.55%
2010 年 12 月 10 日	18.00%	18.50%	0.50%	14.50%	15.00%	0.50%	2.88%	3.57%
2010 年 11 月 19 日	17.50%	18.00%	0.50%	14.00%	14.50%	0.50%	-0.15%	0.06%
2010 年 11 月 09 日	17.00%	17.50%	0.50%	13.50%	14.00%	0.50%	1.04%	-0.15%
2010 年 05 月 02 日	16.50%	17.00%	0.50%	13.50%	13.50%	0.00%	-1.23%	-1.81%
2010 年 02 月 12 日	16.00%	16.50%	0.50%	13.50%	13.50%	0.00%	-0.49%	-0.74%
2010 年 01 月 12 日	15.50%	16.00%	0.50%	13.50%	13.50%	0.00%	-3.09%	-2.73%
2008 年 12 月 22 日	16.00%	15.50%	-0.50%	14.00%	13.50%	-0.50%	-4.55%	-4.69%
2008 年 11 月 26 日	17.00%	16.00%	-1.00%	16.00%	14.00%	-2.00%	1.05%	4.04%
2008 年 10 月 08 日	17.50%	17.00%	-0.50%	16.50%	16.00%	-0.50%	-0.84%	-2.40%
2008 年 09 月 15 日	17.50%	17.50%	0.00%	17.50%	16.50%	-1.00%	-4.47%	-0.89%
2008 年 06 月 07 日	16.50%	17.50%	1.00%	16.50%	17.50%	1.00%	-7.73%	-8.25%
2008 年 05 月 12 日	16.00%	16.50%	0.50%	16.00%	16.50%	0.50%	-1.84%	-0.70%

续表

公布时间	大型金融机构			中小金融机构			公布次日指数涨跌	
	调整前	调整后	调整幅度	调整前	调整后	调整幅度	上证	深成
2008 年 04 月 16 日	15.50%	16.00%	0.50%	15.50%	16.00%	0.50%	-2.09%	-3.37%
2008 年 03 月 18 日	15.00%	15.50%	0.50%	15.00%	15.50%	0.50%	2.53%	4.45%
2008 年 01 月 16 日	14.50%	15.00%	0.50%	14.50%	15.00%	0.50%	-2.63%	-2.41%
2007 年 12 月 08 日	13.50%	14.50%	1.00%	13.50%	14.50%	1.00%	1.38%	2.07%
2007 年 11 月 10 日	13.00%	13.50%	0.50%	13.00%	13.50%	0.50%	-2.40%	-0.55%
2007 年 10 月 13 日	12.50%	13.00%	0.50%	12.50%	13.00%	0.50%	2.15%	-0.24%
2007 年 09 月 06 日	12.00%	12.50%	0.50%	12.00%	12.50%	0.50%	-2.16%	-2.21%
2007 年 07 月 30 日	11.50%	12.00%	0.50%	11.50%	12.00%	0.50%	0.68%	0.92%
2007 年 05 月 18 日	11.00%	11.50%	0.50%	11.00%	11.50%	0.50%	1.04%	1.40%
2007 年 04 月 29 日	10.50%	11.00%	0.50%	10.50%	11.00%	0.50%	2.16%	1.66%
2007 年 04 月 05 日	10.00%	10.50%	0.50%	10.00%	10.50%	0.50%	0.13%	1.17%
2007 年 02 月 16 日	9.50%	10.00%	0.50%	9.50%	10.00%	0.50%	1.41%	0.19%
2007 年 01 月 05 日	9.00%	9.50%	0.50%	9.00%	9.50%	0.50%	2.49%	2.45%

资料来源：东方财富网 .2011 年 12 月 5 日

（二）再贴现率是指商业银行向中央银行借款时的利息率[21]

中央银行改变再贴现率，可以改变商业银行向中央银行借款的数量，从而改变货币供应量。中央银行降低再贴现率，可以使商业银行得到更多的资金，这样可以增加贷款，贷款的增加又可以通过创造货币机制增加流通中的货币供给量，降低利息率。相反，则反，即再贴现率与货币供应量成反比。再贴现率高，货币供应量多，再贴现率低，货币供应量少。

再贴现率政策在西方国家得到了相当广泛的运用，收到了良好的效果。

---

[21] Rediscount rate is the interest rate that commercial banks borrow money from the central bank.

我国的中央银行（中国人民银行）也曾多次通过调整再贴现率来调节经济的运行。

（三）公开市场业务

这是目前中央银行控制货币供给最重要也是最常用的工具。公开市场业务是指中央银行在金融市场上买进或卖出政府债券，以调节货币供应量[22]。这里，公开市场业务所指的债券主要有：国库券、公债和其他政府债券等。公开市场业务的操作，可以调节货币供应量。买进政府债券，货币投放市场，从而增加了货币供给量。卖出政府债券，收回货币，从而减少货币供给量。公开市场业务是一种灵活而有效地调节货币量的工具。买卖政府债券与货币供应量成正比。公开市场业务在西方国家得到了广泛的运用，对平抑经济的周期性波动起到了良好的作用。我国从 1996 年开始进行主要以国债为操作对象的公开市场业务操作，已经取得了一些成效，但作为主导操作工具仍有一些问题需要解决，如规模、期限结构、持有人结构不合理以及市场不完善等。

上述三大货币政策工具中，调整法定准备金率的作用最为剧烈，它虽然有助于使经济摆脱严重的萧条或通货膨胀，但同时也可能因为冲击力过大而使经济产生不稳定。同时，商业银行在一般情况下只保留少量超额储备，在法定准备金率提高时，他们不得不在不利的条件下出售有价证券，造成亏损。调整再贴现率使用频率相对高一些，但它的缺点是实行起来比较被动，因为中央银行不能强迫商业银行来再贴现。另外中央银行不愿意通过贴现向商业银行提供长期贷款，而只是提供短期资金。再贴现率的真正重要意义在于它作为市场利率变化和信贷松紧的信号，一般而言，再贴现率变动后，将引起贴现率乃至市场利率的相应变化。公开市场操作较之前两种工具也有自己的特点：首先，它可以在任何规模上进行，即中央银行可能通过控制政府债券的买卖量使货币量发生任意量的变化；其次，它操作起来主动、灵活，中央银行根据情况需要可以随时改变其决定；最后，它可以不间歇地连续进行。因此，它在实际中最为常用。

除上述广泛采用的宏观货币政策工具外，各国还使用一些辅助性的货币政策手段。一、道义上的劝告。中央银行以各种方式将自己的意图通知各商业银行，并希望他们遵照执行。二、管理保证金数额。在有的国家，如美国，购买股票不必马上支付全部金额而只须先缴部分保证金。这样，中央银行可以通过提高或降低保证金额控制信用规模。三、控制抵押贷款。为了控制不

---

[22]　Open market operation means that the central bank buy or sell government bonds in the financial market so as to regulate the supply of currency.

动产抵押贷款以影响建造住宅的支出，中央银行可对签订抵押贷款合同时必须立即支付的现金数额和偿还贷款的年限做出规定。四、调节分期付款。中央银行对购买耐用消费品应付现金的比例和分期付款的年限做出规定，并可借此来调节信贷在消费信贷和其他用途之间的分配。

33. The Application of Monetary Policy

二、货币政策的运用 [33]

（一）运用货币政策的前提

1. 货币政策独立性的确立

货币政策作为一项总量政策，应该是一项中长期政策，而不是一项短期政策，它与其他政策是一种相互配合的关系，但其本身应该是独立的。确保货币政策独立性的实质内容，就是要确立中央银行的独立地位，也就是说，要确立中央银行唯一货币政策主体的地位。

2. 金融市场的形成

金融市场既是中央银行货币政策实施的基础，也是实现宏观调控软着陆的关键。金融市场的形成，不仅可以更好地筹集和融通货币资金，从而增加金融商品供给，而且可以增加中央银行调控的信号和渠道，增加货币政策调控的弹性，从而保证中央银行宏观货币政策有效实施。

3. 利率变动的有效性

货币政策是通过中央银行调节货币供给量，从而影响利率的变动来间接影响总需求。货币供给量可以影响利率是以下列假定为前提的：公众只是在货币和债券这两种形式下进行选择，债券是货币唯一的替代物。货币增加与债券购买量增多、债券价格上升、利率下降之间存在一定的因果关系。

（二）在不同的经济形势下，中央银行要运用不同的货币政策来调节经济活动

在萧条时期，由于总需求小于总供给，为了刺激总需求，就要运用扩张性货币政策，即通过增加货币供给量，降低利率，刺激总需求的货币政策 [23]。其中，包括在公开市场上买进有价证券，降低贴现率并放宽贴现条件，降低存款准备金率，等等。这些政策可以增加货币供给量，降低利率，刺激总需求。

在繁荣时期，由于总需求大于总供给，为了抑制总需求，就要运用紧缩性货币政策，即通过减少货币供给量，提高利率，抑制总需求的货币政

---

[23] Expanded monetary policy is to decrease interest rate and to stimulate overall demand by increasing the supply of money.

策[24]。其中，包括在公开市场上卖出有价证券，提高贴现率并严格贴现条件，提高存款准备金率，等等。这些政策可以减少货币供给量，提高利率，抑制总需求。

上述货币政策工具的运用也反映了凯恩斯主义斟酌使用货币政策的观点。凯恩斯主义经济学家认为，就像斟酌使用财政政策一样，斟酌使用货币政策也要"逆对经济风向"行事。当总支出不足、失业持续增加时，中央银行就要增加货币供给，刺激总支出，以解决衰退和失业问题；反之，当总支出过多、价格水平持续上涨时，中央银行就要减少货币供给，抑制总支出，以解决通货膨胀问题。简言之，大量失业时要实行扩张性货币政策，通货膨胀时则实行紧缩性货币政策。这种交替使用的扩张性和紧缩性货币政策，被称为补偿性货币政策。

三、货币政策的时滞 [34]

34. The Time Lag of Monetary Policy

货币政策对经济的影响也有相当长的时滞。货币政策时滞是指中央银行决定采取某种货币政策后到这项政策完全发挥作用的时间间隔[25]。与财政政策时滞一样，它也包括决策时滞和作用时滞。

货币政策的决策时滞较短。因为货币政策由中央银行决定，无须政府有关部门讨论，也无须议会批准，各利益集团也难以进行院外活动，从而决策快得多。因此，货币政策在短期内可经常变动，对经济进行微调。例如，在美国，决定货币政策的是美联储的公开市场委员会。该委员会每周六开一次会，根据经济状况来决定货币政策，就是对经济的微调，这有助于经济的稳定。

货币政策的作用时滞比较长。这是因为货币政策对总需求的影响不是直接的，它的作用是逐渐发生的。当中央银行改变货币供给量时，只有在经过一段时间后，随着利率的改变，才会有越来越多的家庭和企业对此做出反应，如果某项投资决策是企业在数月或数年前做出的，那么该投资决策对利率变动反应的时滞更长。这种时滞的长短会影响货币政策的时滞。一般来说，在成熟的市场经济国家，货币政策变动对总需求发生较大的作用需要 6 ～ 9 个月的时间，而这些作用可持续两年。

即使利率变动引起了投资变动，由投资变动到引起均衡国民收入变动之

[24]　The tightening monetary policy is to increase interest rate and control overall demand by decreasing the supply of money.

[25]　The time lag of monetary policy is a period of time that the central bank decides to take some monetary policies and to make their full play.

间也存在一个时间间隔。通常投资变动后首先引起企业存货变动，这种存货变动引起企业的生产调整，进而才引起均衡国民收入水平的变动。

由于货币政策的时滞，中央银行也不能够对经济状况的变动做出及时的反应，常常是经济衰退已经发生，中央银行才出台货币政策，该政策在经过一个相当长的过程后发挥作用时，经济状况可能已经改变。货币政策不仅起不到抑制经济衰退的作用，反而可能引起经济的不稳定。

货币政策之所以存在时滞问题，很重要的原因是中央银行难以对经济做出准确的预测。如果决策者可以提前一年正确地预测到经济状况，并且及时地做出政策决策，在这种情况下，货币政策虽然存在时滞，但可以起到稳定经济的作用。但是，实际上决策者很少知道经济风怎么刮。最好的决策者也只能在经济衰退和经济过热发生时对经济变动做出反应。

财政政策和货币政策都属于需求管理政策，它们被凯恩斯主义者作为稳定经济最主要的宏观经济政策。为了对凯恩斯主义的需求管理政策有一个更直观的认识，下面以两个例子来说明需求管理政策是如何被用来稳定经济的。

35. The Meaning of Demand Management

四、需求管理理论的借鉴意义 [35]

1997 年以来，我国经济开始出现社会需求不足，市场消费疲软，产品库存积压，企业亏损严重，物价指数持续负增长的低迷状态。与此同时，职工下岗失业加剧，居民消费支出不足。加之东南亚金融危机的影响以及国内发生百年不遇的洪涝灾害，在人民币不贬值的承诺下，我国的外贸出口受到较大影响，更加重了市场疲软状况。

面对消费疲软，社会需求不足的经济形势，我国政府有效地实施了积极的财政政策和稳健的货币政策，以拉动社会总需求。从 1998 年起连续实施了以积极的财政政策为主的政策手段，主要包括：调整国家预算，加大财政赤字规模以及国债的发行量，扩大财政支出，增加投资规模，增加就业岗位。在稳健的货币政策方面，通过放松银根的一系列办法，刺激国内需求。主要包括：从 1996 年中期起，央行先后八次下调了存贷款利率，并开征利息税，较大幅度降低存款准备金率，等等。这些宏观调控措施在一定程度上取得了积极效果。

我国近几年的宏观调控实践证明，只有努力加强和完善宏观调控，建立一套行之有效的具有中国特色的宏观调控体系，才能克服市场经济自身存在的某些缺陷，促进经济总量平衡和结构优化，保持国民经济持续、快速、健康发展。在对待西方宏观经济理论方面，我们既要虚心学习，又要反对盲目崇拜。在借鉴和运用西方宏观调控理论时，必须做到以下三个方面的结合。

第一，必须同我国具体经济环境相结合。任何一种政策要达到预期的目的，必须符合实际情况。在宏观经济管理中，要保证所选用的宏观经济政策是恰当的，其前提是必须对当时的经济形势有清醒的正确认识。

第二，必须同我国不发达的市场经济相结合。我国的市场经济和西方的市场经济存在许多相同之处，但是由于我国建立社会主义市场经济体制只有十多年时间，市场经济发育还不成熟，同西方发达的、有几百年历史的市场经济相比还存在很大的差距。而宏观调控的财政政策和货币政策只有在完善的市场机制中才能有效地发挥作用。因此，我们不能盲目地借用发达的市场经济宏观调控理论，来指导不发达的市场经济实践。

第三，必须同我国改革实践相结合。尽管从 1978 年以来我国的经济改革取得了巨大成就，但传统体制的深层次矛盾并没有解决，改革仍处于关键时期，机遇与挑战并存。因此，宏观调控的政策必须与改革进程相适应，相互促进。

总之，需求管理理论是资本主义国家调控资本主义市场经济的理论概述，我们必须采取正确的态度，既要看到它的一些理论反映了市场调节的基本规律，具有很强的实用性，对于我们建设有中国特色的宏观调控体系具有重要参考价值，又要看到，西方资本主义市场经济以私有制为基础，这与我国以公有制为基础的社会主义市场经济体制是有根本区别的。只有在学习借鉴西方宏观经济理论时看到这两个方面，才是我们应采取的正确态度。

◁ 本章小结

（1）需求管理是通过对总需求的调节，以实现总需求等于总供给，达到既无失业又无通货膨胀的目标。需求管理包括财政政策与货币政策。

（2）财政政策是指通过政府支出与税收来调节经济的政策。凯恩斯主义的现代财政政策不仅要为政府支出筹资，还要调节经济，实现稳定。财政政策的主要内容包括政府支出与税收。政府支出就是政府对物品和劳务的购买，主要体现在：公共工程支出（如政府投资兴建基础设施）、政府采购（政府对各种产品与劳务的采购），以及转移支付（如各种福利支出等）三个方面。政府税收是财政收入的主要来源，主要包括个人所得税、公司所得税和其他税收。

（3）货币政策是指国家根据既定的经济发展目标，通过中央银行运用其政策工具，控制货币供给量和利率，以影响宏观经济活动水平的政策。货币政策工具有存款准备金率、再贴现率、公开市场业务。其中公开市场业务是中央银行控制货币供给最重要，也是最常用的工具。

（4）自动稳定器是指经济系统本身存在的一种减少各种干扰对国民收入冲击的机制，能在经济繁荣时期自动抑制膨胀，在经济衰退时期自动减轻萧条，无须政府采取任何行动。财政政策的内在稳定经济的功能主要通过政府税收的自动变化、政府支出的自动变化、农产品价格支持制度得到发挥。但这种自动稳定器调节经济的作用是十分有限的，它只能减轻经济波动程度，并不能改变经济波动的总趋势。

◁ 关键词

宏观经济政策	财政政策	财政支出	财政收入
自动稳定器	货币政策	存款准备金率	再贴现率
公开市场业务			

综合练习

1. 选择题

（1）市场经济的弊端（　　）。

A. 竞争过度 B. 政府不能发挥作用

C. 垄断 D. 两极分化

（2）提高法定准备金率的政策适用于（　　）。

A. 经济繁荣时期 B. 经济萧条时期

C. 以上都是 D. 以上都不是

（3）凯恩斯主义所重视的政策工具是（　　）。

A. 供给管理 B. 需求管理

C. 需求管理与供给管理同时并重 D. 都不是

（4）按照凯恩斯主义的政策主张，在经济萧条时应使用的政策有（　　）。

A. 扩张性的财政政策 B. 紧缩性的财政政策

C. 扩张性的货币政策 D. 紧缩性的货币政策

（5）宏观经济政策的目标是（　　）。

A. 通货膨胀率为零，经济加速增长

B. 稳定通货，减少失业，保持经济稳定增长

C. 充分就业，通货膨胀率为零

D. 充分就业，实际工资的上升率等于或超过通货膨胀率

2. 判断题

（1）任何一种货币政策工具只要增加超额准备金就会增加货币。（　　）

（2）在长期的通货膨胀期间，相对于社会商品来说，补偿性的财政政策将造成私人产品的生产过剩。（　　）

（3）自动稳定器不能完全抵消经济的不稳定。（　　）

（4）如果国家预算周期性地得到平衡，那么国债量将不变。（　　）

（5）改变再贴现率是中央银行用以稳定国民经济的主要政策工具之一。（　　）

3. 问答题

（1）什么是凯恩斯革命？

（2）需求管理包括哪些内容？在一国经济持续低迷时如何运用需求管理来调节经济活动？

（3）简述并评论财政制度的自动稳定器。

chapter 8

第八章 开放经济与对外经济政策

学习要求

通过对本章的学习要掌握经济全球化的发展趋势及本质特征，经济全球化对发展中国家的影响，区域经济一体化的成因、形式及对世界经济格局的影响，全球化条件下我国对外开放的新战略。

重点掌握

懂得应用经济全球化的眼光来看待我国对外经济发展战略。认清当代开放经济给予我国的机遇和挑战，并提出应对的措施。

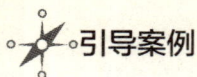

引导案例

中国对世界经济的影响越来越大

　　按名义汇率计算，2000 ~ 2006 年，中国占全球 GDP 的比重从 3.8% 上升到 5.5%，对同期世界经济增长的贡献率为 8.8%，仅次于美国 20.5% 的贡献率。同期，中国进出口占全球货物贸易的比重从 3.6% 上升到 7.2%，成为世界第三大贸易国。对全球贸易增长的贡献率达到 11.2%，排名世界第一。2007 年，美国经济由于次贷危机而放缓，中国有可能成为对世界经济增长贡献率最大的国家。近年来，中国对外直接投资也迅速增长，据联合国贸发会议统计，2006 年中国对外直接投资达到 161 亿美元，是 2004 年的 3 倍，排名世界第十八位。2007 年中国外汇储备突破 1.5 万亿美元，成为全球外汇储备最多的国家。据美国财政部统计，截止到 2007 年 10 月底，中国持有的美国国债为 3881 亿美元，相当于公众持有的美国国债余额的 7.7%。中国已多年来成为吸收外商直接投资最多的发展中国家，也是私人资本净流入最多的发展中国家。2006 年，我国办公和通讯设备出口占全球出口总额的 19.8%，排名世界第一。亚洲新兴工业经济、东盟乃至日本的出口和经济增长越来越依赖于中国市场。我国进口大量石油和矿产品成为拉动非洲和拉美地区资源输出国经济增长的重要因素。在未来 20 年里，中国继续以较高的速度增长，国际地位将显著提高。照目前的发展趋势，中国将在 2010 年前超过美国和德国成为世界第一大出口国，并超过德国成为世界第二大进口国。到 2030 年，中国有可能超过美国成为世界第一大市场、能源消费国和第一大经济体，占全球 GDP 总量的 1/5 左右，成为对世界经济影响最大的国家之一。[1]

资料来源：http://www.sinosure.com.cn/sinosure/xwzx/jmtx/zcyll/72133.html

　　目前，中国现已成为世界经济和贸易增长的主要动力之一、世界上重要的投资目的地和资金来源国、全球生产链的重要环节和原材料、中间产品的重要市场。在中国对外开放的过程中，中国与世界经济相互影响、共同发展，学习研究开放经济和对外经济政策对于更好地把握对外经济的发展规律有着深远的意义。

[1] 编者按：2010 年中国出口约 1.2 万亿美元，事实上已经超过德国，成为全球出口第一大国。

第一节　经济全球化[1]及本质

1. Economic Globalization

一、经济全球化的含义[2]

2. The definition of economic globalization.

早在 150 多年前，马克思、恩格斯在《共产党宣言》中就指出：资产阶级由于开拓了世界市场，使一切国家的生产和消费都成为世界性的了。从一定意义上看，这个论断是对经济全球化趋势的某种预言。到了 20 世纪末 21 世纪初，马克思、恩格斯所预言的这种趋势已经成为强劲的时代潮流。那么，究竟什么是经济全球化？"全球化"这一概念，最早在 20 世纪 60 年代由"罗马俱乐部"提出；到了 80 年代中期，开始迅速在世界范围内流行开来。如今，"全球化"已成为一个描述以世界经济发展为动力，把世界各个国家和地区的经济、政治、文化等方面紧密联成一体的发展进程，以及关于世界未来发展趋势及其特征的最常用的、不断强化的、日益深入人心的概念。由于这一概念涉及许多不同领域，渗透到社会生活的各个方面，因此，关于全球化的含义，社会上存在许多不同的观点和争论。有人认为全球化就是西方化，有人认为全球化就是信息化，甚至有人认为全球化就是帝国主义的变种，当然也有人认为全球化是实现资源在全世界范围内配置的过程。

国际货币基金组织 1997 年对经济全球化定义为：经济全球化是指跨国商品与服务贸易及国际资本流动规模和形式的增加，以及技术的广泛、迅速传播，使世界各国经济互相依赖性增强[2]。其中最重要的标志是国际贸易的迅速增长。一般认为，经济全球化就是指随着社会生产力的不断发展，世界各国、各地区经济，包括生产、流通和消费等领域相互联系、相互依赖、相互渗透，以前那些由于民族、国家、地域等因素造成的阻碍日益减少，世界经济越来越成为一个不可分割的有机整体。经济全球化要求各国更加开放，经济更加市场化，从而使各国经济相互依赖程度提高，以实现世界经济一体化。

经济全球化的主要动因是：一、以信息技术为中心的科技革命成果迅速转化为生产力，导致了生产国际化，加速了创新技术的扩散；二、跨国公司迅速发展，其贸易和投资是以全球战略为目的的，它将产品价值链各个环节布局于世界各地，以充分利用各地的技术、资本、劳动力、市场，使生产要素能够在全球范围内优化配置；三、使贸易和投资自由化成为各国吸引跨国公司的基本国策，阻碍生产要素全球自由流动的壁垒大大降低，通过贸易和

---

[2] Economic globalization means larger scales and more forms available for international commodities and service trade and international capital flow, as well as stronger tie among the countries due to the wide and fast spread of technology.

投资的传导机制，极大地推动了经济的全球化；四、国际经济组织的推动，尤其是国际货币基金组织、世界银行、世界贸易组织起到了关键作用，它们使经济全球化能够更有序的进行，使各国都从中得到好处。与此同时，欧盟、北美自由贸易区、亚太经合组织等区域性经济合作组织也起到了不可忽视的作用。

3. The Nature and Substance of Economic Globalization

4. The Nature of Economic Globalization

二、经济全球化的本质与内容 [3]

1. 经济全球化的本质 [4]

随着经济全球化进程的加快，人们对经济全球化本质属性的认识也愈来愈深入。从马克思主义历史唯物主义的方法论出发，全球化的本质应包含两个方面。

（1）经济全球化是人类社会生产力发展的必然结果和客观要求，是商品生产跨越国界发展的结果 [3]

首先，经济全球化既是生产力发展到新阶段的产物，又进一步促进了生产力的发展。经济全球化的发生、发展，首先是生产力发展到新阶段的产物。进入 20 世纪以来，科技的发展日新月异，特别是 20 世纪 60 年代以后，科学技术出现了空前繁荣的景象，各种发明和发现超过前 200 年的总和，人类进入以微电子技术为标志的信息技术革命时代。科技革命推动了生产力的大幅提高，使社会分工日益深化，劳动生产率成倍增长，从而使全球生产能力大幅度增长。生产能力的扩张客观上要求市场的支持。在这种情况下，最先受益于科技革命的发达国家纷纷实行更自由的贸易政策，并鼓励企业走出国门，在世界范围内组织生产，这就推动了全球贸易和投资的快速增长。许多发展中国家借助于发达国家的资金和产业转移，在实现工业化的过程中，逐渐形成了一定的产业规模和产业优势，客观上也要求各国市场相互开放，以发展本国经济，由此形成了贸易、生产与资本流动的全球化格局。

其次，经济全球化又进一步促进了世界生产力的发展。第一，促进了资本流动的国际化。据联合国贸发会议统计，跨国直接投资在 1983 年～1998 年的 15 年里增加了 6.5 倍，到 1998 年底为 4300 亿美元，其中 1300 多亿美元流入发展中国家和地区。第二，促进了世界多边贸易体制的形成，使国际贸易增长迅速，大大超过世界国内生产总值的增长。第三，促进了世界经济

---

[3] Economic globalization is the inevitable outcome and objective demand of the development of productivity, and it is also the result of the globalized production.

结构的新一轮调整。进入 20 世纪 80 年代以来，全球产业结构布局呈现出两种趋势，一种是以信息技术为核心的高新技术产业群的崛起，引起了全球产业结构新一轮的纵向调整；另一种趋势是跨国公司根据自己的发展战略，在全球范围内进行横向的产业布局。

（2）当前的经济全球化在很大程度上又是资本主义生产关系向全球扩展的产物，带有资本主义的性质[4]

早在 150 多年前，马克思、恩格斯在《共产党宣言》中就做过精辟的论述："不断扩大产品销路的需要，驱使资产阶级奔走于全球各地，它必须到处落户，到处创业，到处建立联系"，"资产阶级，由于一切生产工具的迅速改进，由于交通的极其便利，把一切民族甚至最野蛮的民族都卷到文明中来了"。不可否认，当前的经济全球化是由发达资本主义国家主导的。首先，发达资本主义国家在世界经济中占据优势和主导地位。占全球人口不到 1/5 的发达国家中，美国、西欧和日本拥有世界生产的 70% 以上，世界贸易的 60% 以上，世界每年海外直接投资总额的 80% 以上，世界最大的 100 家银行中的 90 多家，世界最大的 500 家公司中的 80% 以上，最大的 100 家公司中的 70% 以上。

其次，制定全球化规则的国际货币基金组织、世界银行和世界贸易组织等世界性经济组织被发达资本主义国家所控制。在制定全球化规则和制度时，只以那些发达的富国为模型，把这些国家已经实行的国内规则修修补补后推广到全世界，并要求世界上所有的国家和政府都遵守这些规则。很显然，全球化的规则适应富国而不适应穷国，在某种程度上只是富国国内规则在世界上的延伸。所以，在全球化浪潮中，许多发展中国家抱怨说，世界性的经济组织只是发达国家的御用工具，是美国等发达国家推行其价值观念、经济模式乃至政治模式的"代理人"。

综上所述，我们可以得出这样的结论：全球化是人类社会生产力发展的一种必然结果，同时也是资本主义生产关系向全球扩展的一种产物。它不仅对全球政治、文化、思想和社会生活的发展变化进程起了巨大的推动作用，同时也打上了明显的资本主义印记。

2. 经济全球化的内容 [5]

全球化是以经济利益为主要动因的经济活动引起的，当前所说的全球化主要是指经济全球化，即全球范围的经济融合，经济全球化本质上是资源配置的国际化，其内容主要包括以下方面。

5. The substance of economic globalization.

---

[4]   Nowadays, the economic globalization has the color of capitalism, because in a large part it is the outcome of the spread of capitalist production relation.

6. The globalization of production.

7. The globalization of trade.

8. The finance globalization.

（1）生产全球化 [6]

生产全球化是指随着科学技术的发展和高精尖产品及工艺技术的出现，生产领域的国际分工和协作得到增强。生产全球化改变了国际分工的内容，使以自然资源为基础的分工发展为以现代工艺和技术为基础的分工，使垂直型国际分工发展为水平型国际分工，使注重产品的前后联系发展为重视产品型号、产品零部件以及产品工艺流程的分工。在此基础上，形成了世界性的生产网络，各国国内的生产活动成为世界生产的一个组成部分，成为产品生产过程的一个环节。跨国公司越来越成为世界经济的主导力量。例如，美国波音公司生产的波音客机，所需的 450 万个零部件，来自 6 个国家的 1500 家大企业和 1.5 万家中小企业。波音公司完成的不过是科技的设计、关键零部件的生产和产品的最终组装而已。据统计，目前全世界有 40% 的产品是由跨国公司生产的。

（2）贸易全球化 [7]

贸易全球化是指随着科学技术的发展和各国对外开放程度的提高，流通领域中国际交换的范围、规模、程度得到加强。特别是新技术革命释放出来的巨大生产能力使国内市场相对狭小，开辟广阔的世界市场势不可挡，世界市场的形成使各国市场逐渐融为一体，并极大地促进了全球贸易的发展。国际贸易范围不断扩大，世界市场容量越来越大，各国对世界市场的依赖程度也日益增大。世界商品贸易额 1948 年 ~ 1998 年年均增长 6%，远高于同期世界生产总值的增长（平均增长率 3.8%）；1998 年，世界商品贸易额达 5.8 万亿美元，其中服务贸易额占 1.3 万亿美元。根据 2005 年 4 月 14 日世贸组织发布的《2004 年全球贸易形势和 2005 年贸易展望报告》，2004 年全球货物贸易出口总额 8.88 万亿美元，进口总额 9.22 万亿美元，与上年相比均增长 21%（实际增长率为 9%）。全球服务贸易出口总额 2.1 亿美元，进口总额 2.08 亿美元，与上年同比均增长 16%。全球货物贸易增长率为 25 年来最高水平，由于石油及基础产品价格上涨等原因，发展中国家在全球贸易中的比重达到 31%。

（3）金融全球化 [8]

随着国际资本大量迅速流动，各国相互开放金融领域，多数国家的金融机构和金融业务跨国发展，导致各国的金融命脉更加紧密地与国际市场联系在一起。迅速扩展的跨国银行、遍布全球的电脑网络，使全世界巨额资本和庞大的金融衍生品在全球范围内流动。据统计，国际融资总额 1992 年仅为 2149 亿美元，1997 年就增至 8.8 万亿美元。全球十大外汇交易市场日均外汇交易额近 1.5 万亿美元。

（4）投资全球化 [9]

在国际投资中，资本流动规模持续扩大，并呈现出多元化格局。1995 年发达国家对外投资总额达到了 2.66 万亿美元，为 1945 年的 130 多倍。资本投向由单向发展为双向，过去只有发达国家输出资本，现在发展中国家也对外输出资本，包括向发达国家输出资本。

（5）区域性经济合作日益加强

区域经济组织遍及全世界，如欧洲联盟、北美自由贸易区等。这些组部、大力倡导贸易投资自由化、降低关税、减少非关税壁垒、改善投资环境，从而促进区域集团内部商品、资本、技术和劳务的自由流动，使得区域范围内能够合理配置资源，优化资源组合，加快和增强区域内的经济实力，实现规模经济，提高经济效益。

三、经济全球化对发展中国家的影响 [11]

（一）经济全球化对发展中国家经济发展的机遇和挑战 [12]

经济全球化是当代世界经济发展的大趋势，是任何民族、任何一个国家、任何一种制度都无法回避的事实。在经济全球化这一大背景下，发展中国家的经济必须融入世界经济的发展，实行对外开放，参与国际分工，减少生产要素国际流动的障碍，提高经济效益。经济全球化对广大发展中国家来说，既是机遇，也是挑战。从生产、交换、分配到消费各环节，从宏观经济到微观企业经营、从国内经济到涉外经济各领域，经济全球化都产生着多方面的影响。

1. 经济全球化带来的机遇 [13]

第一，有利于促进资本、技术、知识等生产要素在全球范围内的优化配置，发挥后发优势，获得比较利益 [5]。参与国际分工的过程就是在更广阔的领域运用、交换比较优势的过程，合理配置经济资源的过程。如市场的扩大使比较优势拥有更多的实现机会，要素的流入使闲置资源得以利用，直接投资有利于加速发展中国家先进产业的形成。据统计，1990 年至 1997 年间，流入发展中国家的国际资金增长了 5 倍，年均流量达 2650 亿美元。

第二，通过对外开放，有利于提高企业生产效率和国民经济整体素质 [6]。实践证明，积极参与国际分工、发展国际贸易、引进国外资本的开放经

9. The globalization of investment.

10. The closer regional econimic coorperation.

11. The influence of economic globalization on developing countries.

12. The opportunities and challenges for developing countries brought by economic globalization.

13. The opportunities brought by economic globalization.

---

[5]　Eonomic globalization can help optimize the alloation of elements such as capital, technology and knowledge so that the develop ng countries can catch up with the Comparative advantage.

[6]　Opening-up can help the productive efficiency of enterprises and the quality of national economy.

济体会取得较高的经济增长率和更高的资本回报率，也能较快地提高国内人民的生活水平。正因为如此，许多国家都鼓励本国企业参与到国际分工体系中，积极在国际市场上进行竞争，占有自己的一席之地。目前的竞争不仅是自然资源多寡的竞争，更是科技的竞争及人才多少和素质的较量，这对各国的科技发展提出了新的、更高的要求，为科技的推广和传播提供了机会。

第三，有利于促进世界的和平与稳定，经济全球化使整个世界"你中有我，我中有你"，使各国经济的发展越来越紧密地联系在一起[7]。这就有利于克服封闭、保守、狭隘的观念，促进各国、各民族之间物质、文化和人员的交流，增进彼此之间的理解、沟通、合作和友谊。为发展中国家国内经济发展构造一个相对宽松的外部环境。

2. 经济全球化带来的挑战[14]

经济全球化带来的挑战主要表现在以下几个方面。

第一，经济全球化增大了各国特别是发展中国家经济运行的风险[8]。由于历史和生产力发展水平的原因，发展中国家在国际竞争中处于不利地位，在国际经济风险面前更具有脆弱性。例如，迄今为止的国际金融体系是以发达国家的利益为基础形成的，本身既没有反映发展中国家的现实，也不利于发展中国家防范金融风险。

第二，经济全球化扩大了发达国家与发展中国家的不平衡[9]。在发达国家尽享全球化"红利"的同时，广大发展中国家却饱受贫穷落后之苦。"迄今为止的全球化是不平衡的，它加深了穷国和富国、穷人和富人的鸿沟。"这是联合国开发计划署 1999 年度《人类发展报告》中做出的结论。20 世纪 90 年代，是经济全球化进展最快的时期，也是南北国家差距持续扩大的时期。据世界银行的统计资料显示，全世界最富有的 1/5 人口与最贫穷的 1/5 人口之间的收入差距从 1960 年的 30∶1 扩大到 1997 年的 74∶1。在经济全球化中，蛋糕是做大了，但是绝大部分被发达国家拿走了。

第三，经济全球化使发展中国家主权容易受到冲击和削弱[10]。国际经济的"游戏规则"总体上是在西方发达国家主导下制定的，国际货币基金组织、

14. The challenges brought by economic globalization.

---

[7] Economic globalization makes every country in the same boat and more dependent, which can promote peace and Stability in the world.

[8] With the spread of economic globalization, the economic risks increase especially in the developing countries.

[9] Economic globalization increases the inbalance between the developed and developing countries.

[10] Economic globalization may endanger the sovereign of the developing countries.

世界银行、世界贸易组织这类重要的经济组织也是被西方发达国家所控制。某些经济发达的大国动辄以经济制裁相威胁，给不听从其指挥的发展中国家造成很大经济困难，甚至使有些国家的产业陷入绝境。不仅如此，它们还利用经济全球化进程，以帮助和推动经济发展为借口，试图把它们的价值观念和社会制度强加给发展中国家。

总之，从目前来看，并非所有国家、地区或群体都从经济全球化中获益。

（二）经济全球化环境下我国对外开放的新战略 [15]

经济全球化是适应社会生产力发展而产生的一种客观趋势，面对机遇和挑战，中国必须正视和积极参与。为此，中国对外开放需要始终坚持独立自主、自力更生原则，坚持国家主权和利益的原则，并在这两项原则的指导下，既要积极、大胆，又要从容、谨慎，抓好机遇，战胜挑战，在经济全球化潮流中不断拓宽改革开放、加快发展的空间。

（1）深化体制改革，建立健全适应全球化发展的新体制，尽一切努力为对外开放创造条件。在发展的各个时期要不间断地加大对外开放的力度，力求保持与提高对外开放的有效性。经济对外开放与经济体制改革应并进，使我国经济在日益全球化的今天，充分获得经济开放对我国带来的最大利益，实现跨越式的发展。

（2）加强与国外的经济技术合作，提高中国企业自身发展能力和参与国际竞争的能力。具体来说有以下几个方面。第一，重视人力资源开发，要培养具有国际商业头脑和全球化经营战略的企业家。培养一批熟悉国际惯例和市场环境，又具有在海外从事经营和管理能力的人才，这是我国企业走向全球化与国际化的关键。当前，应进一步加强大型企业派往海外人员和海外企业在职人员的培训，进一步充实、更新和提高他们的业务知识、全球化与国际化经营技能和外语水平，使其适应全球化与国际化经营的需要。第二，建立和完善现代企业制度，提高企业依据国际惯例的生产经营与管理水平。要按照"产权清晰、权责明确、政企分开、管理科学"的要求，继续深化国有企业改革，健全责权统一运转协调、有效制衡的公司法人治理结构。中国加入 WTO 后，企业将更加广泛地参与国际市场竞争，面临的市场扩大了，风险增多了，竞争将更加激烈，对此，企业必须做战略上的调整以适应新的形势，按照国际管理规范、国际标准体系、市场需求和经销惯例来组织生产经营活动，更加广泛地参与国际经济，全面、系统地按国际规则运作。第三，加强经济技术合作，提高企业创新能力。加快现有企业的技术改造，提高生产技术水平是增强我国国际竞争力的重要基础，也是进一步扩大投资需求、改善

15. The new strategy of China's opening up under the economic globalization.

供给能力的重要举措。要加强与国外的经济技术合作，积极引进我国现代化建设所需要的高新技术和先进适用技术，改造一批重点产业和骨干企业；同时，下大气力培育新的经济增长点，有选择、有重点地加快高新技术产业的发展，尽快形成具有中国特色的和竞争优势的高新技术产业群。

（3）应当把我国的对外开放建立在全球化过程中经济民族化的基础上，优先发展民族工业。自20世纪90年代以来，经济全球化与经济民族化成为世界经济发展的两大潮流。一方面，经济全球化正在打破民族国家的传统壁垒，加速世界经济的一体化过程；另一方面，世界经济的民族化趋势伴随着全球化而日益明显。中国应当正确处理经济全球化与民族化的关系，在大力发展民族经济的同时，加速与全球经济接轨。实际上，各国参与经济全球化，都是为了加快本国民族经济的发展，增强本国的经济实力。世界经济越是全球化，经济中的民族利益就越是突出，民族化倾向就越明显。

（4）加快高新技术产业及知识服务业发展，积极推进传统产业的高新技术化。高新技术产业及知识服务业代表了产业和社会的发展方向，会改变我国现行产业结构并使之向高级化发展，会提高我国在国际市场上竞争力；高新技术产业及知识服务业既是我们的发展目的，又是一种手段，即通过关联和辐射效应可对我国传统产业发展产生积极影响，能激发传统产业的青春活力。如信息技术既是高新技术产业发展的目的，又是激活传统产业的一种有效手段，尤其在降低交易成本方面具有独特作用。我国在加快高新技术产业及知识服务业发展的同时，还必须积极推进传统产业的高新技术化。我国高新技术产业产值目前仅占工业总产值的8%左右，即使加快发展进程，在相当长时间内相对于传统产业仍是较小的一块。因此，积极推进我国传统产业的高新技术化至关重要。

总之，中国作为世贸组织成员，必须树立起全球意识，具有世界眼光，以积极的姿态加入全球化进程。必须要进一步提高对外开放水平，借助世界经济的舞台，加强与世界各国经济、科技、文化的交流与合作，吸收和借鉴一切先进的东西，实现振兴中华的大计。同时，也应该看到，不能对全球化抱盲目乐观的态度，不应把全球化理解为西方强国会自动放弃强权政治和掠夺政策，以为从此便天下太平，世界大同，而要对经济全球化带来的挑战有清醒的估计。要强化国家利益、民族意识教育。充分利用我国人口资源的优势，加大人力资源开发，提高民族创新能力，全面提升中国经济在全球经济中的竞争能力。

第二节　区域经济一体化 [16]

一、区域经济一体化的含义与成因 [17]

（一）区域经济一体化 [18] 的含义

区域经济一体化是第二次世界大战后伴随经济全球化的发展而出现的新现象，也是对 20 世纪后半期的世界经济产生了重大影响，并且在 21 世纪仍将产生重大影响的经济现象。如今，区域经济一体化和经济全球化一起构成了当代世界经济发展的基本趋势。

区域经济一体化是指区域内两个或两个以上的国家或地区之间，在一个由各国授权组成的并具有超国家性质的共同机构协调下，通过制定统一的经济贸易等政策，消除国别间阻碍经济贸易发展的壁垒，实现区域内共同协调发展和资源优化配置，以促进经济贸易发展，并最终形成一个经济贸易高度协调统一的整体。

区域经济一体化要求参与国之间消除各种贸易壁垒及阻碍生产要素自由流动的歧视性经济政策，因而从本质上就会涉及将参与国对外贸易、财政金融、人员劳务等经济领域内的国家主权部分或全部地让渡给共同建立起的超国家机构，通过一系列的协议和条约形成具有一定法律约束力和行政管理能力的地区经济合作组织，在成员国之间达到权利和义务平衡。

（二）区域经济一体化的形成 [19]

区域经济一体化起源于经济最发达和市场机制发展最充分的西欧。作为一种新生事物，以欧洲经济共同体为典型的全球经济一体化组织始建于 20 世纪 50 年代后期，其初期发展阶段进展顺利，从而产生了巨大的辐射效应，使 20 世纪 60 年代新独立的大批亚、非、拉美的国家纷纷效仿，先后出现了一些以关税同盟、共同市场和共同体命名的区域经济一体化组织。然而，在其后的 20 年左右时间里，除欧共体外，绝大多数区域经济一体化组织或进展缓慢，或陷于停滞瘫痪状态，个别甚至解散。根本原因在于这些地区的市场经济还很不发达，成员国之间缺乏进行贸易合作的物质基础。一方面，各国的经济发展水平平均比较低，经济结构类似，因而难以形成产业间贸易；另一方面，各国经济发展水平不高还决定了他们没有进行产业内贸易的基础，加上内部政治纷争和外部环境的干扰，致使不少一体化协议竟成一纸空文，连初级的经济合作和协调也难以奏效。

区域经济一体化出现于 20 世纪 50 年代，到 20 世纪 80 年代逐渐形成了一种不可抗拒的潮流。其主要原因是：①世界各国之间的经济联系日益密切、

16. Regional Economic Integration

17. The definition and contributing factor of regional economic integration.

18. Regional Economic Integration

19. The formation of regional economic integration.

相互依赖加深；②科技革命推动生产力极大提高，客观上需要跨越国界，走向经济联合；③国际市场竞争激烈，贸易保护主义加剧。因此，从某种意义上说，世界经济全球化过程直接催生了区域经济一体化，没有经济全球化，也就没有区域经济一体化。

随着经济全球化的发展，区域经济一体化程度和影响也不断加深。20世纪90年代以来，不仅区域经济一体化协议和经济联合组织在数量上猛增、规模上不断扩大，而且在体制、机制等方面出现多样化和跃进的变革创新，从而出现了一系列十分突出的、能给人以启示的重要发展趋势和崭新特点。

二、区域经济一体化形式[20]

20. The modes of regional economic integration.

各种形式的区域经济一体化组织遍及全球。区域经济合作形式也包括共同开发、利用自然资源或论坛性质的经济组织。按照成员国经济联合的程度或共同调节、干预的深度，区域经济一体化的形式可分为自由贸易区、关税同盟、共同市场、经济同盟、完全的经济一体化等几种。

21. Free Trade Area

1. 自由贸易区[21]

自由贸易区是一体化水平比较低的组织形式，它是指在成员国间废除关税和数量限制，实现商品的自由流动。在自由贸易区内，各成员国相互取消关税和其他贸易限制，但仍保持各自对来自非成员国进口商品的限制政策。它是区域经济一体化的初级阶段。最典型的自由贸易区是"北美自由贸易区"。

22. Customs Union

2. 关税同盟[22]

关税同盟是指成员国之间彻底取消了在商品贸易中的关税和数量限制，使商品在各成员国之间可以自由流动。关税同盟还对非成员国实行统一的关税和贸易政策。共同外部关税消除了非成员国进行转运的可能，比如安第斯集团、东南亚国家联盟、阿拉伯马格勒布联盟等。比起自由贸易区，关税同盟又沿着一体化方向登上一个新台阶。

23. Common Market

3. 共同市场[23]

共同市场是比关税同盟高一层次的一体化国家集团。共同市场要求在关税同盟的基础上，成员国之间实行资本和劳动力等生产要素自由流动，各成员国也采取统一的对外关税税率。如加勒比共同市场、中美洲共同市场、独联体、中非国家经济共同体、西非国家经济共同体、南美共同市场等。

4. 经济同盟 [24]

24. Economic Union

经济同盟是指成员国间不但商品和生产要素可以完全自由流通，建立对外共同关税，而且要求成员国制定和执行某些共同经济政策和社会政策，逐步废除政策方面的差异，使一体化的程度从商品交换扩展到生产、分配乃至整个国民经济，形成一个庞大的经济实体。经济同盟一般都成立几个超国家的机构，其决策对所有成员国都具有约束力。当经济联盟发展到采用统一货币时，就成了货币同盟，如欧盟。

5. 完全经济一体化 [25]

25. Complete Economic Integration

它是经济一体化的最高阶段，既要求成员国在经济上实行统一的经济政策，又要求成员国在政治上有共同的权力机构，拥有各国政府授予全权的中央议会及其执行机构。

三、区域经济一体化模式 [26]

26. The models of regional economic integration.

在区域经济一体化的历史发展过程中，形成了几种有代表性的区域经济一体化模式。

（一）欧洲联盟 [27]

27. European Union

欧洲联盟前身为欧洲共同体，又称欧洲共同市场，即欧洲经济共同体、煤钢共同体和原子能共同体的统称[11]。其成立于 1958 年，1995 年 1 月，"欧共体"演变为"欧洲联盟"。欧盟的主要机构有理事会、欧盟委员会、欧洲议会。此外还有欧洲法院仲裁机构、欧洲审计院等机构。目前有 25 个成员国。"欧盟"在成员国内部建立关税同盟，实行共同的农业政策，建立欧洲贸易体系，使欧盟经济一体化趋势不断加强，政治一体化也取得很大进展。欧洲联盟的建立，推动了各成员国经济的发展，增强了西欧抗衡的经济力量，促进了西欧各国之间保持和平与稳定的关系。

欧盟是成立最早、运行时间最长、一体化程度最高的区域经济一体化组织，也是迄今影响最大、最有活力、最成功的区域经济合作组织。它以德、法两国为核心推动力，以制度化合作演进为基本特点，不仅突破了国别的限制，形成了统一的欧洲大市场，而且统一了货币。欧盟在统一大市场的基础上，实行货币交换、商品流通、人员流动、服务四大自由，区内自由贸易已经达到迄今为止世界上区域一体化的最高水平。

---

[11]　European Union which grew out of European Communities, also called European common market, is the joint name of European Communities, European Coal and Steel Community and Euratom.

（二）北美自由贸易区[28]

北美自由贸易区（NAFTA）由美国、加拿大和墨西哥三国组成，是在原美国、加拿大自由贸易区基础上的扩大和延伸[12]。最早有美国、加拿大，后有墨西哥，三国于1992年8月12日就《北美自由贸易协定》达成一致意见，并于同年12月17日由三国领导人分别在各自国家正式签署该协定，从此该协定具备法律效力。1994年1月1日，协定正式生效，北美自由贸易区宣布成立。协定的宗旨是：取消贸易壁垒；创造公平的条件，增加投资机会；保护知识产权；建立执行协定和解决贸易争端的有效机制，促进三边和多边合作。此协议促使三国3.8亿消费者组成了一个庞大的市场，年出口总值达6134亿美元，进口总值达7728亿美元。这是世界第一个由最富有的发达国家和发展中国家组成的区域经济贸易集团。北美自由贸易区的建立，将促进美国与拉美国家的双边或多边贸易协定的谈判，对美国、加拿大、墨西哥等国乃至世界经济都将产生重大影响。

（三）日本的雁行模式[29]

雁行模式的基本内涵是：二战后以来，率先实现工业化的日本依次把成熟了的产业转移到亚洲"四小龙"，后者又将其成熟的产业依次转移到泰国、马来西亚、菲律宾、印度尼西亚等国[13]。20世纪80年代初，中国东部沿海地区也开始参与东亚国际分工体系，勾勒出一幅以日本为"领头雁"的东亚经济发展的雁行图景。

随着东南亚金融危机的爆发，雁行模式引起了人们的重新审视。客观地评价，20世纪90年代以前，日本通过直接投资推行的雁行模式确实对东亚经济增长起了重要的推动作用，也一度因此成为世界经济增长点，其积极作用显而易见。中国经济的崛起，使以往的梯度经济转移已不可能。中国经济的发展使国际产业分工发生巨大变化，带动了区内经济的发展脱离了以往的经济运行轨迹，走向新的经济合作模式。日本充当亚洲经济发展领头雁的"雁行结构"被打破。随着中国经济的持续增长，雁行模式将被"大竞争格局"（也

有学者称为"群马模式"[30]）代替，亚洲已进入真正的竞争时代。

（四）美国的亚太扇形模式[31]

这一模式认为，美国同太平洋其他国家的关系犹如一把打开的扇子。

---

[12]　North American Free Trade Area made up by America, Canada and Mexica, is the outstretch of America and Canada Free Trade Area.

[13]　The basic connotation of Flying Geese Pattern of Japan is that after WWII Japan who industralized first in Asia transfer the matured industries to Four Tigers and then Thailand, Malaysia, the Philippines, Indonesia,etc.

基轴是美国，由东向西辐射，扇子的主干线是美日同盟，其他三条射线位于骨干线两侧，分别由美国与韩国、东盟国家和南太平洋联盟构成。而以共同利益为基础的亚太经济合作组织就像纤维组织一样，把骨干线和其他射线有机地联结起来。扇形模式以美国为核心，目的是保住美国的霸主地位。

四、区域经济一体化对世界经济格局的影响 [14]

冷战结束后，世界经济格局在世界政治经济发展不平衡规律的作用下，继续在不断地进行分化组合。经济全球化与区域经济一体化并行，这使世界经济在趋于融合的同时，又不断地以一些地区为核心进行聚合。在可预见的未来，经济全球化以及与之并行的区域经济一体化对世界经济格局的影响，大体表现为如下几个方面。

（一）区域经济一体化组织将成为未来世界经济格局多极化的主体 [15]

当前的北美、欧盟、亚太三大区域经济组织之间的竞争和亚欧会议、跨大西洋自由贸易区等松散的一体化、自由化组织对话的加强，将进一步推进当代世界经济格局多极化主体由主权国家向政府间的区域经济一体化组织过渡，这种过渡在经济实力和规模上将经历一个此消彼长的分化组合过程，尤其是现存的北美、欧盟和亚太三大区域经济组织间的竞争将会更加激烈持久。现代生产力的发展和经济生活的国际化是当代世界经济发展和人类生活进步的表现，区域经济一体化反映和顺应这种发展与进步，并且起着积极的推动作用。在当代世界经济格局中，各行为主体要想巩固和发展自己的主体地位，除了加速自身经济发展以外，最有效的方法就是与利益一致的行为主体结盟，以实现区域内资源合理配置，优化资源组合，实现规模经济，提高经济效益，促进经济增长。区域经济一体化组织在当代世界经济格局中的主体化倾向，为世界经济的发展提供了更多的挑战和机遇，如何使其走向全球经济一体化，建立公正、合理的新经济格局，以实现各国经济的共同发展，是世界经济面临的重大课题。

（二）南北经济关系 32

将进一步表现为区域经济一体化的特征 [16]。

32. North-south Economic Relations

---

[14] Regional economic integration's influence on the world economic framework.

[15] The organizations of regional economic integration will be the main part of future world economic multi-polarization .

[16] North-South economic relations will be characterized with regional economic integration further.

随着区域经济一体化蓬勃兴起，在以欧盟为代表的发达国家区域经济一体化取得令人瞩目进展的同时，越来越多的发展中国家意识到，在世界经济区域化不断加深的形势下，为了增强经济实力，改善自己与发达国家经济竞争中的地位，只有依靠区域集团的联合才能加强同发达国家斗争和对话的力量，争取自身在国际经济中的合法权利。为此，由发展中国家组成的区域化集团纷纷涌现，如南美洲、非洲的经济合作，南亚的经济合作，一些基础较好的区域化集团在向高层次演进，如东盟。

由于国际经济秩序终归取决于经济实力对比，发展中国家虽然在资源、市场和产业结构等方面与发达国家存在互补因素，但双方在贸易、科技和资金等方面的差距正在逐步扩大，以对话代替对抗的空间有渐趋缩小之势。1997 年 28 个发达国家和地区的国民生产总值占世界总产值的 56.6%。1998 年 177 个发展中国家的国内生产总值仅占世界总产值的 39.2%。可以说，发展中国家的经济区域化和全球化任重而道远。

（三）全球将形成多种层次的经济合作、相互配合的格局 [17]

随着生产活动的全球化（一体化）、贸易的自由化（世界统一大市场逐步形成）和金融市场的全球化，以及科技发展国际化、环境保护全球化等，各国经济活动更广泛、更密切和更深入地交织融合，全球化趋势迅速发展。全球化使各国和各种类型经济相互渗透，相互依存度加深，今后世界经济的发展将在更大程度上依赖各国和各种类型经济的共同发展。但是，由于各国政治、经济、文化、历史等的差异以及竞争实力等因素的影响，全球一体化不可能在短期内实现，其在现阶段的主要表现形式是区域集团化。在可预见的将来，全球将形成在西欧、北美、东亚三大经济板块鼎立的大格局下，大小经济板块关联、融汇、合作、竞争的空间态势，即小区域（增长三角）、次区域与大区域多种层次的经济合作相互融合的格局。

第三节　我国对外经济关系

一、对外开放是我国的基本国策 [18]

开放的世界是指各国家、民族全面的相互影响、相互制约、相互渗透，相互依赖，世界实现"一体化"的状态。我国市场经济必然要与世界市场经济融为一体，不可能孤立于世界经济之外，实行对外开放是我国经济发展不

[17] Every country will corporate and work together with each other in economy at mutilevel.

[18] Opening to the outside word is the basic national policy of our county.

可缺少的重要条件。

（1）我国社会主义市场经济走向国际化是历史的必然趋势[19]

①实行对外开放是经济生活国际化的客观要求[20]。当今世界，每个国家经济的发展都置于国际经济关系的制约和影响下，我国的现代市场经济当然也不例外。"中国的发展离不开世界"，只有积极走向世界，把自己置身于世界市场之中，积极参与国际经济技术合作和国际竞争，才能获得更多的增长机会，促使劳动生产率提高。②实行对外开放是我国现代市场经济发展的内在要求。建立在社会化大生产基础上的市场经济，不仅要求有统一的国内市场，而且也要求与世界经济紧密联系起来，打破民族、国家、地域之间的壁垒，使商品、资金、技术和劳动力能够在国际间流通，在国际竞争和国际交流中取长补短、趋利避害，获得比较好的效益。我国现代市场经济也只有这样，才能迅速发展。③实行对外开放是加快我国现代化建设的迫切需要。我国是一个脱胎于半封建半殖民地社会的发展中大国，科学技术落后、建设资金不足、许多资源尚未探明和开发。只有坚定不移地实行对外开放，才能加快现代化建设的步伐。因此，对外开放是我国的一项基本国策，是尽快实现中华民族振兴的必由之路。

（2）对外开放是我国的一项基本国策[33]

一个国家要发展，就必须实行对外开放。如果实行闭关锁国政策，不与其他国家和民族发展积极友好的交流，不注重吸收别国的先进成果，那它的发展就缓慢，就停滞。新中国自诞生之日起，就置身于高度发展的国际交流环境中。建国初期，以美国为首的主要资本主义国家对我国实行长期经济封锁和禁运，我国只是同苏联等社会主义国家有一定的交流。但20世纪50年代后期开始，前苏联撕毁协议，撤走专家，中苏两国关系恶化。在十年文革中，我国基本处于自我封闭的状态，对世界各国几乎都关上了大门。20世纪60年代至70年代，世界科学技术和国际经济关系迅速发展，一些国家和地区积极参与国际经济大循环，实现了经济的起飞，而我国丧失了与发达国家缩小差距的机遇。对外开放是我国的一项长期基本国策，是我国历史经验的总结，是由我国的基本国情决定的。我国是一个发展中的社会主义国家，人口多、耕地少，自然资源不足；生产力总体水平低，技术基础比较薄弱，高素质的人才资源很缺乏。我们必须实行对外开放，吸收和引进我国发展急需或紧缺

33. Opening up is a basic policy of our country.

---

[19]   It is an inevitable trend that China's socialist market economy will go to outside world.

[20]   Opening up is demanded by the principle of economic globalization.

的资源、技术、人才、资金，同时扩大出口，互通有无，互相促进，使国民经济保持合理的比例关系，快速、稳定、健康地发展。我国加入世界贸易组织后，经济将在更大程度和更大范围内融入世界经济体系，我们要以更加积极的姿态抓住机遇，迎接挑战。

二、发展外向型经济 [34] 和自力更生 [35] 的关系

我国在现代市场经济条件下实行对外开放，还必须坚持下列原则。

1. 独立自主、自力更生 [36]

独立自主是指自主地解决和处理本国的事务，包括经济事务，不受任何外来干涉；自力更生则是指主要依靠自己的力量，充分利用本国的资源和市场来发展本国经济。我国是拥有 13 亿人口的大国，不可能指望国际市场解决我国的一切问题，必须依靠全国各族人民的智慧和力量，充分挖掘自身潜力，实现经济发展战略目标。但是，独立自主、自力更生决不等于闭关自守、盲目排外，而是与现代市场经济的国际化相辅相成。

2. 平等互利、互通有无 [21]

平等互利就是在国际经济交往中相互尊重对方的主权和愿望，等价交换，互惠互利，平等互利，既是社会主义市场经济发展内在要求，也是各国独立平等经济交往的基本原则和前提。

3. 经济利益最大化 [37]

在国际商品交换中，力争以最少的劳动耗费取得尽量多的经济利益，或以同量的劳动耗费取得更多的经济利益，实现社会劳动的节约。

4. 统一与分散相结合 [22]

在对外经济活动中既要做到国家统一领导、统一政策、统一计划、统一市场、一致对外，又要切实注意发挥地方、部门和企业的积极性，使其有充分的经营自主权。

5. 全方位开放 [23]

全方位开放包含两层含义：一是世界的全方位开放，不论大国、小国，都要本着平等互利、共同发展的精神同世界各国广泛联系；二是国内的全方位开放，即地区之间、城乡之间、行业之间和企业之间都要打破封锁，互相交流，互相促进，共同发展。

34. Export-oriented Economy

35. Self-reliance

36. Independence and Self-reliance

37. Maximizing the Unity

---

[21] Equality and mutual Benefit, as well as exchanging needed goods.

[22] Combination of centralization and decentralization.

[23] Opening to the outside world in an all round way.

三、我国发展对外经济关系的基本形式和格局 [24]

（一）我国现阶段对外经济关系的基本形式

我国现阶段对外经济关系的基本形式主要有以下几点。

1. 国际贸易 [38]

我国的国际贸易是国民经济的重要组成部分，在社会主义建设中起着十分重要的作用。首先，通过国际贸易，可利用国内外两个市场和两种资源，调剂余缺，有利于促进我国工农业生产的发展和经济结构的调整。通过国际贸易，增加了我国的财政收入，积累了建设基金，有利于综合国力的增强。其次，通过国际贸易，引进国外的先进技术和经营管理经验，促进了国内生产技术水平和管理水平的提高。最后，通过国际贸易，扩大了我国的劳动就业，也增加了国内市场供应，繁荣了国内市场，有利于人民生活内容的丰富和水平的提高。此外，国际贸易也培养了一批精通外经工作的干部，对于促进我国经济生活国际化和创造现代化建设所需的良好国际环境起到了重要作用。

2. 引进先进技术 [39]

引进国外先进科学技术是我国对外经济关系的一个很重要的方面。我国引进国外先进科学技术主要有以下几类。一是购买先进设备和重要零部件，包括新型和优质材料。二是购买专有技术知识的产权和资料。三是进行技术交流，如通过协议等交换专利、技术知识、科研情报资料，派遣专家、学者进行技术交流，举办技术设备展览会等。四是引进先进的经营管理方法等。引进国外先进技术对我国经济的发展具有极为重要的意义。首先，引进先进技术可以避免漫长的摸索过程，加快技术发展速度。据统计，一项技术发明，从科研、试验、设计到投产，一般需要十年到十五年的时间，而引进国外先进技术到投产，平均需要五年，有的只要二至三年的时间就可以完成。其次，引进先进技术可以减少研究和试制的费用，节省社会主义建设资金。最后，引进先进技术，可以推动国民经济的技术改造和设备更新，加快生产技术的发展速度，提高劳动生产率。通过引进先进技术，填补了国内生产技术上的空白，使我国一些生产领域在短短的几年中，同国外的差距缩短了二三十年。

3. 国际资金交流 [40]

国际资金交流、包括利用外资和对外投资。改革开放以来，我国利用外资的主要形式大体有两种：一是利用国外贷款，包括外国政府和国际金融组

[24]　The foreign economic forms and configurations of this phase in China.

织向我国提供各种中长期、中低息贷款和各种开发基金、救济基金；通过对外发行债券、股票等，募集国外资金；接受各种商业贷款；二是吸收国外直接投资，就是由国外公司、企业或个人来我国投资举办合资企业、合作经营企业和独资经营企业，以及进行来料加工、来件装配、来样生产和补偿贸易等。改革开放以来，我国引进和利用的外资逐年增长，对我国经济建设具有重要作用。首先，可以弥补国内建设资金不足，加快经济建设，扩大再生产规模。其次，可以借用外资，引进和利用国外先进技术和先进经营管理经验，提高我国的经济管理水平。最后，利用外资加快技术改造，优化产业结构和产品结构，有利于增强出口和竞争能力，开辟新的国际市场。对外投资通常是指我国国内的企业、事业和其他经济组织，在境外以一定的形式投资创办生产或经营性企业，直接从事生产或商业活动，以获取一定利润和掌握对外投资企业的管理控制权的经济行为，主要有独资企业和合资经营企业两种形式。

我国资本流入规模大，吸引外资能力居世界前列。2006 年实际利用外商直接投资为 694.68 亿美元，是吸收外国直接投资最多的发展中国家，占全球外国直接投资总额的 7%。2006 年我国对外直接投资额为 185.47 亿美元。

41. Opening Up Arrangement of China

（二）我国对外开放格局 [41]

对外开放格局是指我国对外开放的范围及其推进层次的布局。经过 20 多年的对外开放历程，我国的对外开放取得了很大进展，形成了全方位、多层次、有重点、宽领域的对外开放格局。我国对外开放格局由以下几个不同层次构成：经济特区、沿海开放城市、沿海经济开放区、沿边和沿江地区的开放、内陆地区的开放及加入世贸组织后的全境开放。

42. Special Economic Zones

1. 经济特区 [42]

经济特区泛指一个国家或地区在交通和信息便利的地方划出一定的范围，在对外经济活动中实行一些特殊的经济政策和特殊经济管理体制的区域 [25]。在经济特区用减免关税、提供良好的投资环境等优惠方式，发展进出口贸易或转口贸易，利用外资和技术，发展出口加工业及其他经济事业，以扩大出口、赚取外汇，增加劳动就业，促进本国、本地区经济的迅速发展。虽然我国的经济特区在某些形式上借鉴了别国的经验，但是经济特区姓社不姓资。我国

---

[25]　Special Economic Zones refers to the zone apart from the district convenient in transportation and information, where a nation can employ special economic policies and control systems.

的经济特区同样坚持四项基本原则，在政治体制上没有特殊性。特区特在经济政策和经营管理体制上。经济特区的特点是：①经济成分以"三资"企业为主；②以工业为主、工贸结合、衣牧渔和旅游业并举的外向型经济；③依靠吸收和利用外资，产品以外销为主；④对前来投资的客商在税收、出入境等方面给予优惠和方便等。

经济特区的作用：吸引外资；引进先进技术和现代管理方法；有利于对外国际经济技术合作；有利于训练技术和管理人才；有利于对经济体制改革先行试验。经济特区是我国最先实行市场经济体制的地区。经济特区创办以来，已经取得了举世瞩目的成就。实践证明，兴办经济特区对推动我国的改革开放，促进全国经济发展，有着积极作用。

2. 开辟沿海开放城市 [43]

开辟沿海开放城市是继建立经济特区后，我国对外开放的又一重大步骤，是我国对外开放格局的重要组成部分[26]。1984 年 4 月国务院决定进一步开放14 个沿海港口城市，从北到南，包括大连、秦皇岛、天津、烟台、青岛、连云港、南通、上海、宁波、温州、福州、广州、湛江、北海。这些沿海城市的开放主要包括两个方面的内容：一是扩大这些城市的自主权，让它们有充分的活力去开展对外经济活动；二是对前来投资的客商给予优惠待遇，以利于更好地利用外资，引进先进技术。前者是为了增强地方和企业的活力，后者是为了增强对外商的吸引力，开创这些城市对外经济活动的新局面。14 个沿海开放城市都设立了经济技术开发区，重点引进外国的技术与资金，集中兴办"三资"企业，建成外向型的新型工业区。十多年的实践证明，沿海开放城市取得了卓越成就，不仅加速了沿海地区的建设和经济技术的发展，而且在吸收、推广先进技术和科学管理经验，传递经济信息，培养和输送人才，支援和带动内地等方面发挥了积极作用。

3. 开辟沿海经济开放区 [44]

开辟沿海经济开放区是我国对外开放的第三大步。继沿海港口城市开放后，1985 年中央又确定将长江三角洲、珠江三角洲、闽南（厦门－漳州－泉州）三角地区划分为沿海经济开放区。1988 年，全国人大决定海南建省并全省作为经济特区，辽东半岛和山东半岛全部对外开放，与原先开放的大连、秦皇岛、天津、烟台、青岛等城市连成一片，形成环渤海的开放区。

43. Opening Coastal Cities

44. Opening Coastal Economic Zones

---

[26]　Opening coastal cities is another step made by China after the establishing of special economic zones, and they are important parts of Opening-up.

4. 沿边和内陆省会城市的开放 [27]

进入 20 世纪 90 年代后，随着我国对外开放的不断展开，尤其是 1990 年 4 月党中央、国务院决定上海浦东新区的开发、开放后，我国又沿长江进一步开放了芜湖、九江、武汉、黄石、岳阳、重庆 6 个大中城市，形成了以上海浦东为龙头的长江流域开放带。此后，中央又批准合肥、南昌、成都、长沙、郑州、太原、西安、兰州、西宁、贵阳、昆明、哈尔滨、长春、呼和浩特、石家庄等省会城市为内陆开放城市，实行较多的优惠政策，从而使一些基础较好、交通便捷的内陆城市，也能通过对外开放获得经济发展的新的活力。我国还先后开放了珲春、绥芬河、黑河、满洲里、二连浩特、伊宁、塔城、博乐、河口、畹町、瑞丽、凭祥、东兴、普兰等边境市、县、镇形成了内陆周边开放的新格局。

45. Opening Up Throughout China

5. 全境开放 [45]

2001 年中国加入 WTO，在 5 年的过渡期后，中国进入全境开放时代。

小资料 8.1

中国加入世界贸易组织十周年

高层论坛世界银行副行长卡努托致辞

世界银行副行长卡努托：

胡锦涛主席阁下，王岐山副总理阁下，女士们、先生们：

值此庆祝中国加入世贸组织十周年之际，我非常荣幸能在此发言。

自 1979 年开始改革及逐步开放以来，中国的经济表现堪称奇迹。从 1979 年到 2010 年，中国保持了 9.9% 的年均 GDP 增长率。仅靠中国的成就，就足以确保世界关于减贫的"千年发展目标"得到实现。特别是当 2008 年全球金融危机爆发时，中国实施了及时而有效的财政刺激方案，成为推动全球复苏的主要力量。在加入世贸组织时，中国对进一步改革和开放做出了坚定的承诺。这些努力取得了非凡的成就：从 1979 年到中国加入世贸组织的 2001 年，中国对外贸易年均增长 13.9%，加入世贸组织后，这一增长率提高到 21.6%；而在 2010 年，中国的贸易一体化率超过了 50%，在世界主要经济体中位居第一；中国入世也极大地促进了在华外国直接投资，在过去的十年中增长了十倍；今天，超过一半的中国出口制成品由在华外资企业生产。

---

[27] Opening the border cities and offshore provincial capitals.

根据世界银行等国际组织的研究，中国有潜力继续保持强劲的增长，在 2030 年人均收入将翻两番，达到 16000 美元，并成为世界最大经济体。但是，要实现这一目标，中国需要克服新的挑战，调整增长模式，以避免"中等收入陷阱"，降低巨额贸易顺差，以减少和贸易伙伴的纠纷，并在各个全球论坛和多边机构中更多地发挥积极的领导作用。

首先，中国需要增加服务业和消费的比重。世界银行预计，到 2030 年，中国的服务部门占 GDP 的比率将从目前的 43% 增加到接近 60%。消费所占比率也将从目前的 50% 左右增加到 60%。

其次，由于中国实际工资的增长，中国需要向附加值更高的产业升级，并逐步将劳动密集型产业转移到成本更低的亚洲和非洲国家。这意味着中国将增加对外直接投资。

再者，中国需要改革国有企业，促进私营部门的增长和竞争。

最后，中国需要向更加绿色的增长模式转变，以实现持续发展。

在过去的 10 年里，中国从一个单纯的世贸组织成员成功地转变为一个负责任的世贸组织利益攸关方。现在，无论在决定世贸组织的未来，还是在更广泛地参与全球治理方面，中国都可以成为一个领袖。中国现在有机会告诉国际社会，多哈回合之后的世界应该是什么样。而世界其他地区，包括发达国家，也将获益和受教于中国对世界贸易新体制的推动，以及中国在全球舞台上发挥的更重要的作用。中国的成功发展和消除贫困的成就现在是全球关注的话题。许多发展中国家都把中国当做自己学习知识和经验的榜样。今天，我也认为，中国与世行集团将在未来形成一种共同学习和分享知识的关系。世界银行将继续和中国一同努力，帮助中国及全世界数以百万计民众摆脱贫困，促进中国经济的再平衡，使中国成为一个现代、和谐以及有创造力的高收入社会。

第四节　对外经济政策 [46]

46. Foreign Economic Policies

国际贸易和国际金融离不开世界经济组织的协调，但二者又涉及主权国家之间的经济交往。对外经济政策是各国制定的对外贸易政策和国际金融政策，规范着一国对外贸易和资金流动。

47. Foreign Trade Policies

一、对外贸易政策 [47]

对外贸易政策是指一国一定时期内影响其进口贸易的政策措施总和，是一国政府在经济发展战略指导下，运用经济、法律和行政手段对国际贸易活动的方向、数量、规模、结构和效益进行的一系列干预和调节行为 [28]。对外政策主要通过关税、非关税壁垒以及鼓励进口等措施来实施。

48. Tariff

1. 关税 [48]

关税是进出口商品经过一国关境时，由政府设置的专门执行国家有关进出口政策法令和规章的行政管理机构——海关对其征收的税收。关境是一国的关税法令完全实施的境城。在未加入关税同盟条件下，一国的国境除其特殊规定的自由区和自由港外，都属于关境。关税一般包括基本关税、特别关税和特惠税。

征收关税具有增加国家财政收入、保护国内产业、调节国民经济、维持国际收支平衡、维护对外关系的作用。但是，关税是一把双刃剑，它同时也有消极作用：进口商品的征税提高了商品的价格，增加了消费者的开支；关税减少了进出口的流量，不利于开展国际贸易；关税的过度保护就是保护落后，抑制了本国企业的创新能力；高关税还助长了走私行为。

49. Non-tariff Barrier

2. 非关税壁垒 [49]

非关税壁垒是指除关税以外的一切限制进口的措施。随着新贸易保护主义的抬头，非关税壁垒以其隐蔽性强、灵活性强、歧视性强而得到日益盛行。其趋势表现为：非关税壁垒的项目有增多的趋势。据统计，20 世纪 60 年代仅 850 项，现在达到 2500 多项；适用的商品进口范围日益扩大；歧视性加深，许多国家根据与不同国家或地区经济贸易关系的性质和规模，采取了不同的非关税壁垒措施；受非关税壁垒损害的国家日益增多。非关税壁垒具有很大的灵活性、针对性、隐蔽性和歧视性，它可以通过数量的限制，直接达到限制进口的目的。

50. Incentine Policies for Exports

3. 鼓励出口政策 [50]

鼓励出口政策包括以下措施。

51. Export Credit

（1）出口信贷 [51]

出口信贷是一国为鼓励出口而由本国银行对本国出口商、外国进口商或

---

[28] Foreign trade policy refers to the policies and measures employed be a nation in a period. It means a nation uses law and administrative means to influence the direction, quantity, scale, structure and benefits under the guide of national economic development strategy.

外国进口商银行提供的贷款，包括卖方信贷、买方信贷。

（2）出口信贷国家担保制 52

由国家设立专门机构对本国出口商或商业银行向外国进口商或银行提供的信贷进行担保。需要确定担保项目与金额、担保对象、担保期限和费用等内容。

（3）出口补贴 53

出口补贴是一国政府对出口商品现金补贴或财政上的优惠待遇，又称为出口津贴，可以分为直接补贴（直接对出口商现金补贴）、间接补贴（退税、减免税、优惠汇率等）。

二、对外金融政策 54

一国对外贸易政策必须与对外金融政策相互配合。这包括外汇管理政策、国际收支调节政策。

1. 外汇管理政策 55

外汇管制的方法被很多发展中国家直接用于调整国际收支的平衡和保持汇率的稳定。所谓外汇管制是指一国政府通过法令对国际结算和外汇买卖来限制以平衡国际收支和维持本国货币汇价的一种制度。外汇管制的对象分为人和物两方面。前者分为对自然人（居民、非居民）、法人的管理，对于居民的管理较严。后者是对外币、外汇支付工具、外汇有价证券和黄金的管理。由中央银行设立的外汇管理局进行外汇管理，并指定专门的银行经营外汇业务。

对于贸易外汇收支，出口商必须把出口所得外汇收入按照官方汇率卖给外汇管理机关，进口方也必须在外汇管制机关按照官方汇率申请购买外汇。外汇管制方式又分数量性外汇管制（对外汇买卖直接进行限制和分配）、成本性外汇管制（不同的商品实行不同的汇率）、混合性外汇管制。

对于非贸易外汇收支，采用直接限制（按期结汇给国家指定银行）、最高限额（对非贸易支出规定最高限额）、登记制度（对一定数额的外汇收入支出登记）、特别批准方式管理。对于资本输出、输入的管理，发达国家比较宽松，发展中国家则量入限出。

在汇率管制方面，实行间接和直接管制。间接管制主要是指政府利用外汇平衡基金干预汇市，以维持汇率稳定。直接管制主要是通过选择具备管理性的汇率制度实现。

对于货币输出、输入的管制是限制现钞输出、输入，超过限额须申报批准，

52. Export Credit Guarantee System

53. Export Subsidy

54. Foreign Financial Policies

55. Foreign Exchange Management Policies

严禁黄金输出。

56. Balancing the Payment Account

2. 调节国际收支[56]的措施

国际收支调节政策主要包括外汇缓冲政策（用融资手段弥补）、财政和货币政策、汇率政策和直接管理的手段，具体调节措施因国际收支不平衡的因素而定。对于国际收支的短期不平衡通常采用央行对外借贷和外汇平衡基金干预进行调节，对于国际收支因产业结构调整而产生的长期不平衡则要采用必要的财政和货币政策、货币升值、贬值甚至外汇管制进行调节，调节必须有助于产业结构改善。通常在短期逆差时采用央行对外联络借款、减少外汇平衡基金的方法调整，在长期逆差时采用紧缩财政和货币政策进行调整，在一国实行固定汇率制时，还可宣布货币贬值调节。在国际收支发生短期顺差时，采用央行对外贷款、增加外汇平衡基金的方法调整，在长期顺差时采用松动的财政和货币政策调整，在一国实行固定汇率制时可宣布货币升值调整。

案例 8.1

"靴子安全论"与"剪刀安全论"

有个学者 1996 年在澳大利亚国立大学访问时听到这样一个故事。我们知道，澳大利亚是一个地广人稀的国家，国土面积接近中国的国土面积，但是人口不到 2000 万，因而在劳动密集型产业上缺乏优势。随着 20 世纪 70～80 年代其国内制鞋和服装业面临的外国竞争压力加大，澳大利亚学术界和政策部门就是否应当保护国内纺织业发生争论。纺织业利益代言人认为应当保护国内纺织品和鞋帽业，理由之一是如果打起仗来，澳大利亚士兵得不到靴子，战斗力将会下降，因而保护纺织鞋帽业具有国防意义。后来该国经济学家提供的专题研究报告表明，澳大利亚每保护一个纺织业工作职位，国内纳税人和消费者需要支付相当于纺织工人平均工资好几倍的福利损失作为代价。这类研究和讨论，改变了公众对纺织业保护政策的看法，有关政策逐步发生调整和改变。与"靴子安全论"相媲美的另一个从国家安全角度倡导行业保护的观点，应推美国人发明的"剪刀安全论"。当历史上美国传统剪刀制造行业面临外国竞争时，代表这一行业的证词争辩说："万一国家处于紧急关头而进口中断时，美国将没有剪刀的来源。而剪刀是许多行业的基本生产工具并且对我国的国防至关重要。"

因而，对于从国家安全角度提出的形形色色的贸易保护政策和观点，问题实质不在于贸易政策是否需要考虑安全目标，而在于倡导保护行业的利益是否与国家安全目标存在真实联系。如果每个行业都大张旗鼓地以安全名义寻求保护，公众和决策者显然需要对其真实性和严肃性给以谨慎的评估。

资料来源：湖南财政经济学院院级精品课程——西方经济学

本章小结

（1）经济全球化就是指随着社会生产力的不断发展，世界各国、各地区经济，包括生产、流通和消费等领域相互联系、相互依赖、相互渗透，以前那些由于民族、国家、地域等因素造成的阻碍日益减少，世界经济越来越成为一个不可分割的有机整体。国际贸易的迅速增长是经济全球化最重要的标志。

（2）经济全球化的内容主要包括以下方面：生产全球化、贸易全球化、金融全球化和投资全球化，区域性经济合作日益加强。经济全球化对广大发展中国家来说，既是机遇，又是挑战。从生产、交换、分配到消费各环节，从宏观经济到微观企业经营、从国内经济到涉外经济各领域，经济全球化都产生着多方面的影响。

（3）区域经济一体化是指区域内两个或两个以上的国家或地区之间，在一个由各国授权组成的并具有超国家性质的共同机构协调下，通过制定统一的经济贸易等政策，消除国别间阻碍经济贸易发展的壁垒，实现区域内共同协调发展和资源优化配置，以促进经济贸易发展，并最终形成一个经济贸易高度协调、统一的整体。

（4）开放的世界是指各个国家、民族全面地相互影响、相互制约、相互渗透，相互依赖，世界已经"一体化"的状态。我国市场经济必然要与世界市场经济融为一体，不可能孤立于世界经济之外，实行对外开放是我国的一项基本国策。

（5）独立自主、自力更生，平等互利、互通有无，经济利益最大化，统一与分散相结合，全方位开放是我国实行对外开放必须坚持的原则。

（6）对外经济政策的主要内容包括对外贸易政策和对外金融政策，其中对外贸易政策主要通过关税、非关税壁垒、鼓励进出口等措施来实施；对外金融政策包括外汇管理政策和国际收支调节政策。

关键词

经济全球化　　区域经济一体化　　对外经济关系　　对外经济政策
对外贸易政策　　对外金融政策

综合练习

1. 单项选择题

（1）实行对外开放是我国的（　　）。

A. 权宜之计　　　　　　　　　　B. 初级阶段的政策

C. 目前的一项基本方针　　　　　D. 一项长期的基本国策

（2）我国对外经济关系的基础是（　　）。

A. 对外贸易

B. 对外技术交流

C. 对外资金交流

D. 对外承包工程和劳务合作

（3）我国加入世贸组织后对外开放格局是（　　）。

A. 经济特区开放　　　　　　　　B. 沿海开放城市

C. 沿边和沿江地区开放　　　　　D. 全境开放

（4）以下选项中，对外贸易政策不包括（　　）。

A. 关税　　　　　　　　　　　　B. 外汇管制

C. 非关税壁垒　　　　　　　　　D. 鼓励出口政策

（5）衡量一国开放程度高低的标准是（　　）。

A. 进口与 GDP 的比率　　　　　B. 出口与 GDP 的比率

C. 净出口与 GDP 的比率　　　　D. 以上均正确

2. 判断题

（1）经济全球化是人类社会生产力发展的必然结果和客观要求，是商品生产跨越国界发展的结果。（　　）

（2）开放经济中的均衡并不要求出口和进口相等，只要能通过适量有效的资本交易来抵消外贸顺差或逆差即可。（　　）

（3）关税一般包括基本关税、特别关税和特惠税。（　　）

（4）增加出口有助于增加国民收入，而增加进口则会减少国民收入。（　　）

（5）1984 年 4 月国务院决定进一步开放 14 个沿海港口城市。（　　）

3. 问答题

（1）经济全球化的主要内容有哪些？

（2）如何认识经济全球化发展的客观趋势？

（3）区域经济一体化对世界经济格局的影响有哪些？

（4）简论经济全球化给发展中国家经济带来的机遇和挑战。

（5）我国对外开放的基本途径和方式有哪些？

（6）如何认识我国全方位对外开放的战略格局？

（7）对外经济政策的主要内容包括哪些？

参 考 文 献

[1] 保罗·A.萨缪尔森，威廉·D.诺德豪斯.经济学（18版）.北京：人民邮电出版社，2008.

[2] 曼昆.经济学原理：宏观经济分册（5版）.北京：北京大学出版社，2009.

[3] 高鸿业.西方经济学（宏观部分）（5版）.北京：中国人民大学出版社，2011.

[4] 鲁迪格·多恩布什，斯坦利·费希尔，理查德·斯塔基.宏观经济学（10版）.北京：中国人民大学出版社，2010.

[5] 奥利维尔·布兰查德.宏观经济学（4版）.北京：清华大学出版社，2010.

[6] 保罗·克鲁格曼，罗宾·丰尔斯.宏观经济学（2版）.北京：中国人民大学出版社，2012.

[7] 安德鲁·B.亚伯，本·S.伯南克，迪安·克劳肖.宏观经济学（7版）.北京：中国人民大学出版社，2011.

[8] 龚刚.宏观经济学—中国经济的视角（2版）.北京：清华大学出版社，2012.

[9] 罗伯特·J.巴罗.宏观经济学现代方法.北京：清华大学出版社，2009.

[10] R.格伦·哈伯德，安东尼·P.奥布赖恩.经济学（第3版）.机械工业出版社，2011.

[11] 约瑟夫·E·斯蒂格利茨，卡尔·E·沃尔什.经济学（第四版）.中国人民大学出版社，2010.

[12] N·格里高利·曼昆.宏观经济学（第7版）.中国人民大学出版社，2011.